CURSO DE GESTÃO ESTRATÉGICA NA ADMINISTRAÇÃO PÚBLICA

JOSÉ MATIAS-PEREIRA

CURSO DE GESTÃO ESTRATÉGICA NA ADMINISTRAÇÃO PÚBLICA

SÃO PAULO
EDITORA ATLAS S.A. – 2012

© 2011 by Editora Atlas S.A.

Capa: Roberto de Castro Polisel
Composição: Lino-Jato Editoração Gráfica

Dados Internacionais de Catalogação na Publicação (CIP)
(Câmara Brasileira do Livro, SP, Brasil)

Matias-Pereira, José
  Curso de gestão estratégica na administração pública / José Matias-Pereira. -- São Paulo : Atlas, 2012.

  Bibliografia.
  ISBN 978-85-224-6735-8

  1. Administração pública 2. Administração pública – Estudo e ensino 3. Planejamento estratégico. I. Título.

11-09437   CDD-350.7

Índice para catálogo sistemático:

1. Gestão estratégica na administração pública : Estudo e ensino 350.7

TODOS OS DIREITOS RESERVADOS – É proibida a reprodução total ou parcial, de qualquer forma ou por qualquer meio. A violação dos direitos de autor (Lei nº 9.610/98) é crime estabelecido pelo artigo 184 do Código Penal.

Depósito legal na Biblioteca Nacional conforme Decreto nº 1.825, de 20 de dezembro de 1907.

Impresso no Brasil/*Printed in Brazil*

Editora Atlas S.A.
Rua Conselheiro Nébias, 1384 (Campos Elísios)
01203-904 São Paulo (SP)
Tel.: (011) 3357-9144
www.EditoraAtlas.com.br

Sumário

Prefácio, vii

Parte 1 – A Gestão Pública Brasileira em Movimento, 1

  1 Fundamentos e Evolução da Gestão Pública Brasileira, 3

  2 Administração Pública Brasileira: Fragilidades e Perspectivas, 7

  3 Programa Nacional de Gestão Pública e Desburocratização – Gespública, 14

  4 Forma de Organização da Administração Pública no Brasil, 19

  5 Mudanças de Paradigmas na Administração Pública no Brasil, 27

  6 Administração Pública Orientada para a Gestão por Resultados, 32

Parte 2 – O Sistema de Planejamento Governamental Brasileiro, 39

  7 Funções do Planejamento Governamental, 41

  8 Características do Sistema de Planejamento Brasileiro, 48

  9 O Planejamento como Instrumento de Desenvolvimento, 51

Parte 3 – Estado e Sociedade: as Novas Relações na Gestão das Políticas Públicas no Brasil, 59

  10 Características das Sociedades Modernas e Políticas Públicas, 61

  11 A Compreensão das Relações entre Estado e Sociedade, 65

  12 As Novas Relações entre Estado e Sociedade na Gestão das Políticas Públicas, 68

  13 Formulação e Gestão das Políticas Públicas, 77

14 Teorias de Análise de Políticas, 91
15 Mecanismos de *Policy Feedback*, 106

Parte 4 – Visão Estratégica da Administração Pública no Brasil, 115

16 Visão Estratégica da Administração Pública no Brasil, 117

Parte 5 – Um Debate sobre Licitações e Contratos na Administração Pública do Brasil, 125

17 Licitações e Contratos na Administração Pública, 127
18 Sistema de Registro de Preço (SRP), 145
19 Regime Diferenciado de Contratação Pública – RDC, 150

Parte 6 – A Gestão de Logística na Administração Pública: Gestão de Compras e de Estoques, 163

20 A Gestão de Logística na Administração Pública, 165
21 A Importância do Capital Humano na Administração Pública, 173
22 Agentes Públicos e a Investidura dos Agentes Públicos, 177
23 Ética e Moral na Administração Pública, 190

Considerações finais, 198

Referências, 201

Prefácio

Neste livro de Gestão Estratégica na Administração Pública temos como objetivo elevar o nível do conhecimento sobre a administração pública, com vista a permitir ao leitor uma melhor compreensão sobre o papel da administração pública no contexto dos negócios, da economia e da administração, bem como contribuir para aumentar a sua percepção dos movimentos da administração pública no plano interno e externo.

No debate sobre gestão estratégica na administração pública entendemos que é importante levar em consideração as suas perspectivas macro e micro, sendo que a primeira está relacionada ao âmbito governamental, e a segunda, com o âmbito organizacional. Assim, na perspectiva governamental temos as questões que envolvem o planejamento governamental, planejamentos setoriais, agencificação e contratualização de resultados e o monitoramento e avaliação de políticas públicas; por sua vez, no âmbito organizacional temos a gestão estratégica de políticas, programas e organizações públicas. É sabido que o grande desafio da administração pública na atualidade é promover de forma efetiva a integração dessas duas perspectivas: macro (governamental) e micro (organizacional). Nesse sentido, torna-se relevante destacar que a orientação da gestão pública para resultados exige, além de uma estratégia consistente, a mobilização das organizações e dos demais atores envolvidos nesse esforço, notadamente os gestores e servidores públicos.

A partir dessas observações, podemos argumentar que a preocupação de elevar o nível de compreensão sobre Gestão Estratégica na Administração Pública está presente ao longo deste livro, razão pela qual o texto está estruturado em níveis teóricos e práticos, com vista a permitir que os leitores possam compreender e apreender os temas nele abordados.

É relevante ressaltar que a mudança de paradigma no mundo contemporâneo, que passou de uma sociedade industrial para uma sociedade apoiada no conhecimento, está exigindo o abandono do modelo de gestão mecanicista e a construção de um modelo sistêmico. Diante desse contexto, o conhecimento é um assunto que foi incluído de forma definitiva na agenda da gestão. Assim, na elaboração de um modelo de gestão estratégica deve-se buscar alinhar as seguintes dimensões: o contexto, a estratégia, o modelo de gestão e a gestão de pessoas. Nesse esforço é importante não desconsiderar as rápidas mudanças que estão ocorrendo na sociedade e para os efeitos dessas transformações.

A ação do Estado para viabilizar e garantir direitos, ofertar serviços e distribuir recursos se efetiva por meio da administração pública. A literatura recente evidencia que, tendo como base de apoio uma estrutura pesada, burocrática e centralizada, a administração pública brasileira não tem sido capaz de responder, enquanto organização, às demandas e desafios da modernidade.

É sabido que o principal objetivo da administração pública, em última instância, é a promoção da pessoa humana e do seu desenvolvimento integral em liberdade. Para cumprir de forma adequada esta tarefa a Administração Pública necessita criar as condições necessárias para garantir os direitos constitucionais dos cidadãos. O livro, ao examinar os aspectos e as questões mais relevantes que envolvem a administração pública, com destaque para o planejamento governamental e as políticas públicas, tem como propósito possibilitar aos interessados no tema, em especial os estudantes, professores, pesquisadores e analistas do setor público, uma visão mais ampla da gestão estratégica na administração pública no Brasil.

Por fim, manifestamos o reconhecimento e a nossa gratidão aos autores que aqui foram citados, cujas teorias, conceitos e reflexões contribuíram para elevar a qualidade deste livro. Registramos, de forma especial, os nossos agradecimentos aos nossos alunos de graduação e pós-graduação da Universidade de Brasília.

Brasília, primavera de 2011.

José Matias-Pereira

Parte 1

A Gestão Pública Brasileira em Movimento

1

Fundamentos e Evolução da Gestão Pública Brasileira

Introdução

Neste capítulo trataremos dos fundamentos e evolução da gestão pública brasileira. Nessa abordagem daremos especial atenção para as concepções e conceitos que envolvem os fundamentos da administração pública, o controle estratégico e operacional de gestão e a qualidade no serviço público e sua efetividade.

No debate sobre os fundamentos da administração pública torna-se relevante inicialmente fazer referência aos principais modelos de administração: patrimonialista, burocrático e a nova gestão pública ou gerencial. Registre-se que a evolução histórica da administração pública é percebida pelos diferentes modelos utilizados na administração pública brasileira: patrimonialista (1508 a 1930), burocrático (1930 a 1985), gerencial (em vigor na atualidade).

A gestão burocrática, ressaltam Osborne e Gaebler (1995, p. 13-15), teve grande sucesso desde a Revolução Industrial ao substituir o governo das famílias reais e da nobreza por uma administração baseada na impessoalidade, profissionalismo e racionalidade técnica, como foi enfocado por Weber nos seus estudos. A burocracia, vista como um fim em si mesmo, mediante o carreirismo e corporativismo, fechando-se às mudanças que se aceleraram após a Segunda Guerra, passou a ser percebida pela sociedade como um governo lento, ineficiente e impessoal, com pouca sensibilidade às demandas da comunidade.

A literatura mostra que, em muitos casos, as burocracias do setor público acabam dominadas por interesses próprios, onde a preocupação dos principais atores (burocratas, profissionais e sindicatos) é a ampliação do seu próprio poder, tornando-se mais dispendiosa e menos controlável ou sensível aos interesses da sociedade.

No caso da Inglaterra, observa Henkel (1991, p. 11):

> "The bureaucracies through which the public sector was administered were said to be dominated by self serving interests, bureaucrats, professionals and unions, whose main concern was to enlarge their own power. In consequence, bureaucracies got bigger, consumed an increasing proportion of the gross national product and at the same time became progressively less manageable or responsive."

A concepção do plano diretor do aparelho do Estado de 1995

A reforma do aparelho do Estado, na concepção do Plano Diretor do Aparelho do Estado (PDRAE/MARE, 1995), não pode ser concebida fora da perspectiva de redefinição do papel do Estado e, portanto, pressupõe o reconhecimento prévio das modificações observadas em suas atribuições ao longo do tempo. Dessa forma, partindo-se de uma perspectiva histórica, verificamos que a administração pública – cujos princípios e características não devem ser confundidos com os da administração das empresas privadas – evoluiu através de três modelos básicos: a administração pública patrimonialista, a burocrática e a gerencial. Essas três formas se sucedem no tempo, sem que, no entanto, qualquer uma delas seja inteiramente abandonada.

Nesse sentido, aquele Plano (PDRAE/MARE, 1995) define os conceitos dos modelos patrimonialista, burocrático e gerencial.

Administração Pública Patrimonialista. No patrimonialismo, o aparelho do Estado funciona como uma extensão do poder do soberano, e os seus auxiliares, servidores, possuem *status* de nobreza real. Os cargos são considerados prebendas. A *res publica* não é diferenciada da *res principis*. Em consequência, a corrupção e o nepotismo são inerentes a esse tipo de administração. No momento em que o capitalismo e a democracia se tornam dominantes, o mercado e a sociedade civil passam a se distinguir do Estado. Neste novo momento histórico, a administração patrimonialista torna-se uma excrescência inaceitável.

Administração Pública Burocrática. Surge na segunda metade do século XIX, na época do Estado liberal, como forma de combater a corrupção e o nepotismo patrimonialista. Constituem princípios orientadores do seu desenvolvimento a profissionalização, a ideia de carreira, a hierarquia funcional, a impessoalidade, o formalismo, em síntese, o poder racional legal. Os controles administrativos visando evitar a corrupção e o nepotismo são sempre *a priori*. Parte-se de uma desconfiança prévia nos administradores públicos e nos cidadãos que a eles dirigem demandas. Por isso, são sempre necessários controles rígidos dos processos, como por exemplo na admissão de pessoal, nas compras e no atendimento a demandas.

Por outro lado, o controle – a garantia do poder do Estado – transforma-se na própria razão de ser do funcionário. Em consequência, o Estado volta-se para si mesmo, perdendo a noção de sua missão básica, que é servir à sociedade. A qualidade fundamental da administração pública burocrática é a efetividade no controle dos abusos; seus defeitos: a ineficiência, a autorreferência, a incapacidade de voltar-se para o serviço aos cidadãos vistos como clientes. Esses defeitos, entretanto, não se revelaram determinantes na época do surgimento da administração pública burocrática porque os serviços do Estado eram muito reduzidos. O Estado limitava-se a manter a ordem e administrar a justiça, a garantir os contratos e a propriedade.

Administração Pública Gerencial. Emerge na segunda metade do século XX, como resposta, de um lado, à expansão das funções econômicas e sociais do Estado e, de outro, ao desenvolvimento tecnológico e à globalização da economia mundial, uma vez que ambos deixaram à mostra os problemas associados à adoção do modelo anterior. A eficiência da administração pública – a necessidade de reduzir custos e aumentar a qualidade dos serviços, tendo o cidadão como beneficiário – torna-se então essencial. A reforma do aparelho do Estado passa a ser orientada predominantemente pelos valores da eficiência e qualidade na prestação de serviços públicos e pelo desenvolvimento de uma cultura gerencial nas organizações.

As bases da reforma do Estado

Observa-se que a reforma do Estado surgiu como uma resposta à ineficiência do velho modelo estatal e às demandas sociais crescentes de uma emergente sociedade democrática e plural, no final do século XX. A necessidade de reduzir a presença do Estado na economia e a aceleração do fenômeno da globalização foram os fatores indutores neste movimento. Criaram novas necessidades e desafios para os Estados, quanto à conciliação de um modelo orientado para o mercado, de modo a garantir o seu perfeito funcionamento, e que atendesse às necessidades dos membros da sociedade, na nova roupagem de cliente-cidadão, com a prestação de serviços de qualidade a custos mais baixos.

As reformas administrativas que chegaram à maioria dos países no mundo foram impulsionadas pelo Consenso de Washington. Nessa orientação, em especial para os países em desenvolvimento latino-americanos, o Banco Mundial, em 1997, já ressaltava a importância das capacidades burocráticas para o desenvolvimento. A implantação dessas reformas foi realizada por etapas. Para a teoria da *path-dependent* (dependência de caminhos), os processos passados tendem a influenciar o presente. Assim, instituições herdadas condicionam fortemente os caminhos a serem tomados, determinando, inclusive, a persistência de arranjos institucionais pouco eficientes.

As molas impulsoras da nova administração pública

Os teóricos da administração pública, no passado, se preocupavam em focar os seus estudos nos fenômenos administrativos dentro do seu próprio país, no quadro do seu sistema político-administrativo específico. Esse contexto foi profundamente alterado com a globalização, que trouxe no seu bojo uma maior discussão dos problemas administrativos e das soluções encontradas, bem como uma ampla difusão dos estudos sobre o tema. A globalização fomentou as mudanças na teoria e na prática da administração pública, abandonando as tendências paroquiais que têm permeado a ciência da administração nos diferentes países.

Observa-se, tendo como divisor a década de 1980, que o mundo caminhou de uma administração pública comparada clássica ou tradicional para uma nova administração pública. Esta última foi estimulada pela necessidade de encontrar respostas para problemas como: eficiência, eficácia, efetividade, legitimidade democrática, impacto das tecnologias da informação na administração, entre outros, e por avanços em uma série de disciplinas ligadas à teoria organizacional, ciência política e economia. A partir dessas novas ideias procurou-se abandonar a generalização e aproveitar o grande número de informação publicada sobre a administração pública dos mais diferentes países no mundo.

Para alguns autores, como, por exemplo, Caiden (1994, p. 45), essa tendência a olhar para outras realidades traz ainda vantagens científicas, já que, ao se adotar uma perspectiva comparativa e global, evita-se o erro de tecer generalizações apenas com base no estudo de uma realidade administrativa restrita (a administração pública dos EUA, por exemplo). Registre-se que existe uma tendência de que os problemas que muitos países possuem são comuns aos demais, para os quais também se poderão encontrar soluções semelhantes. Assim, despesa pública elevada na economia, baixo nível de eficiência, eficácia e efetividade na administração pública, o crescente nível de insatisfação dos cidadãos com a qualidade dos serviços prestados pela administração pública são problemas inerentes a quase todos os países. Nesse sentido, a utilização do método comparativo nos estudos que visam à resolução desses problemas poderá ser bastante útil na busca de resolver esses problemas comuns.

2

Administração Pública Brasileira: Fragilidades e Perspectivas

Introdução

Observa-se que o processo de transformação institucional no setor público brasileiro, orientado nas últimas duas décadas, ainda sofre os efeitos da visão imposta pelo paradigma neoliberal, tendo como referência a preocupação com o "ajuste fiscal". A face pouco visível dessas recomendações é a geração de estímulos para promover o enfraquecimento do Estado brasileiro. Esse quadro evidencia, de forma preocupante, as enormes dificuldades para encontrar novas alternativas e corrigir disfunções de um Estado de direito inacabado. Esse Estado de direito, sobre o qual se erigiram nossas instituições republicanas, federativas e democráticas, apresenta enormes imperfeições estruturais, especialmente nos âmbitos da Justiça, das instituições políticas, da forma e regime de governo, e em especial no campo social, onde tem enormes dificuldades para reduzir na intensidade e tempestividade necessárias as desigualdades e promover a inclusão social.

> O efetivo exercício do poder no Brasil depende da capacidade do Poder Executivo de propor e implementar uma agenda de governo. No Brasil, a paralisia do Executivo – diferente do que ocorre no parlamentarismo tipicamente europeu, no âmbito do qual a integração Executivo-Parlamento é patente; e diferentemente do presidencialismo norte-americano, onde o Legislativo compete com o Executivo na formulação e supervisão da implementação das políticas públicas – conduz ao vácuo ou à predação política (MATIAS-PEREIRA, 2010a).

Na gestão pública, o país nunca chegou a ter um modelo de burocracia pública consolidada. Constata-se a existência de um padrão híbrido de burocracia patrimonial. Há uma trajetória de construção burocrática e outra de construção democrática, mas ambas parecem reciprocamente disfuncionais (MARTINS, 1997). É perceptível que o Estado patrimonialista está fortemente presente na cultura política brasileira e se manifesta no clientelismo, no corporativismo, no fisiologismo e na corrupção.

A crise da burocracia pública brasileira permeia as dimensões da estratégia (foco e convergência de programas e ações), da estrutura (lenta, excessiva em alguns setores, escassa em outros), dos processos (sujeitos às regras padronizadas altamente burocratizadas), das pessoas (com inúmeras distorções relativas à distribuição, carência, qualificação e remuneração), dos recursos (inadequados, desde os logísticos e instalações à tecnologia da informação, embora haja focos de excelência) e da cultura (excessivamente burocrática e permeável às práticas patrimonialistas).

> REFORMA DA ADMINISTRAÇÃO PÚBLICA
>
> Observa-se que o tema "reforma da administração pública no Brasil" tem estado presente, especialmente após 1995, nos debates e na agenda política do país. Essas reformas, que deixaram muito a desejar, retomam com maior intensidade na primeira década do século XXI, visto que uma nova sociedade e uma nova economia exigem uma administração pública mais competitiva, eficiente, eficaz, efetiva e transparente.

Tendo como base de apoio uma estrutura pesada, burocrática e centralizada, a administração pública brasileira não tem sido capaz de responder, como organização, às demandas e aos desafios da modernidade. As evidências disponíveis sinalizam como resultado dessas deficiências e distorções:

- uma reconhecida incapacidade de satisfazer, de forma eficaz e tempestiva, as necessidades dos cidadãos;
- uma forma de funcionamento que prejudica a concorrência e a competitividade internacional do país e das empresas;
- falta de coerência do modelo de organização global;
- processos de decisão demasiado longos e complexos, que impedem a resolução, em tempo útil, dos problemas dos cidadãos e que criam desconfiança em matéria de transparência e de legalidade;
- falta de motivação dos funcionários e desvalorização do próprio conceito de missão de serviço público.

Uma avaliação sucinta da gestão pública brasileira

É perceptível, na atualidade, que a intenção do governo federal de implantar um novo processo de planejamento, com participação social, ainda não conseguiu atingir os seus propósitos de estimular a modernização da administração pública. Na medida em que essa modernização ainda não se efetivou, e na tentativa de retirar o governo da inércia instalada no governo federal – em grande parte provocada por inúmeras denúncias de corrupção –, surge de forma recorrente a proposta de inclusão na agenda política do país da realização de um choque de gestão na administração pública.

> EFEITOS DA POLITIZAÇÃO DA ADMINISTRAÇÃO PÚBLICA
>
> É sabido que qualquer governo, para atender adequadamente às demandas da sociedade, necessita contar com uma administração pública profissional. A prática da politização da administração pública direta e indireta brasileira, entretanto, especialmente nos escalões superiores, vem contribuindo para prejudicar o desempenho governamental nas últimas décadas.

As avaliações recentes sobre o desempenho da administração pública no Brasil indicam que o ponto de estrangulamento do governo federal encontra-se no campo operacional, visto que a administração pública para obter sucesso nas suas políticas públicas depende da competência de seus funcionários. Programas e projetos com deficiências de "gestão" tendem a dificultar o alcance dos objetivos das políticas públicas, além de propiciar a geração de corrupção. Um choque de gestão na administração pública deve ter como propósito a modernização do Estado, para torná-lo menos burocrático e mais competitivo. Por meio da eficiência na administração dos recursos públicos, buscará o governo solucionar um maior número de demandas da sociedade, que devem estar traduzidas nas suas políticas públicas contidas no orçamento da União.

Assim, a realização de um profundo "choque de gestão" no Brasil é uma medida factível somente no longo prazo. A complexidade e extensão de ações que serão necessárias para viabilizar um projeto dessa envergadura, que necessita ser discutido intensamente com a sociedade organizada, somente irão produzir resultados anos depois de implementado de forma efetiva. Um choque de gestão no Brasil exige que sejam reexaminadas, por exemplo, as distorções provocadas pelos custos de uma carga tributária elevada (que representa 34% do PIB na atualidade) – nos três níveis de governo: federal, estados e municípios –, com baixo retorno dessa arrecadação para a sociedade. Exige, também, que sejam adotadas medidas para reduzir as dificuldades na vida dos cidadãos, com imposições burocráticas perversas e injustificadas.

> O modelo de reforma do Estado implantado no Brasil sob a ótica neoliberal não se mostrou capaz de resolver adequadamente os problemas socioeconômicos do país. Ficou evidenciado que, em geral, além da ausência de vontade política dos governantes, as reformas – apoiadas em decisões pontuais e casuísticas – se apresentaram desarticuladas e incoerentes. Os custos dessas distorções se refletem na capacidade de competitividade do país, na vida dos cidadãos e na motivação dos funcionários públicos.

Controle estratégico e operacional de gestão

É sabido que os níveis de planejamento são: o estratégico, o tático e o operacional. No que se refere a sua temporalidade, em geral, o planejamento estratégico é orientado para o longo prazo; o tático envolve um horizonte de tempo médio; e o operacional o curto prazo.

O planejamento estratégico, distinto de outros tipos de planejamento organizacional, diz respeito às decisões tomadas pela alta administração; envolvendo a interação da organização com o ambiente externo e as definições sobre a utilização de recursos significativos, e que refletem de forma impactante no longo prazo.

> O planejamento estratégico tem como foco as ações e atividades que levam à definição da missão da organização, ao estabelecimento de objetivos e ao desenvolvimento de estratégia que possibilitem o sucesso no seu ambiente.
> O planejamento tático tem o objetivo de otimizar parte do que foi planejado estrategicamente. Tem um alcance temporal mais curto em relação ao planejamento estratégico.
> O planejamento operacional tem como propósito a maximização dos recursos da organização utilizados em operações de determinado período. Trata-se, em geral, de um planejamento de curto e médio prazo, envolvendo as decisões mais repetitivas e descentralizadas, e de maior reversibilidade.

A implantação do planejamento estratégico nas organizações públicas, na busca por repensar ou fortalecer a sua forma de atuar, necessita ter como referência padrões de eficiência, eficácia, efetividade e participação de todos os atores que atuam na mesma (MATIAS-PEREIRA, 2011).

Nesse sentido, sustenta Pfeiffer (2000), para que o planejamento estratégico possa ser aplicado no setor público com tanto êxito como em empresas privadas deve haver algumas condições prévias favoráveis: além da óbvia condição da vontade política para iniciar um processo de transformação nas organizações, é importante que o processo disponha de uma liderança competente, de preferência composta por representantes de organizações públicas e privadas. Também são necessários recursos mínimos, sensibilidade social e um forte sentido comum.

A administração estratégica, para Certo e Peter (1993), é definida como um processo contínuo e interativo que visa manter uma organização como um conjunto apropriadamente integrado ao seu ambiente, com diretriz estabelecida, em que estejam equacionadas a formulação e implantação da estratégia organizacional, bem como o controle estratégico.

Evidencia-se, assim, a importância do controle estratégico e operacional da gestão na administração pública, na medida em que cabe a ela promover a identificação correta e o atendimento tempestivo das necessidades da população, o que exige, em especial, a oferta de serviços públicos de qualidade.

Qualidade no serviço público e sua efetividade

A percepção de que é preciso melhorar o desempenho da gestão pública está cada vez mais evidente no Brasil (MATIAS-PEREIRA, 2010c). A administração pública na atualidade, que tem como referência o modelo de gestão privada, não pode desconsiderar que o setor privado busca o lucro e a administração pública visa realizar sua função social. Esta função social deve ser alcançada com a maior qualidade possível na sua prestação de serviços, ou seja, sendo realizada de forma eficiente, eficaz e efetiva.[1]

> O princípio da eficiência, que foi incluído pela Emenda Constitucional nº 19, de 1998, aos princípios constitucionais da Administração Pública (art. 37, *caput*, da Constituição Federal), impõe ao servidor público o encargo de realizar suas atribuições com maior agilidade, perfeição, qualidade e orientada pelas modernas técnicas administrativas.

O Estado é o local no qual o cidadão exerce a cidadania. Os esforços de reforma e modernização na administração pública, portanto, devem ter como propósito melhorar a qualidade da prestação do serviço público na perspectiva de quem o usa e possibilitar o aprendizado social de cidadania. A administração pública, por sua vez, tem como objetivo principal a promoção da pessoa humana e do seu desenvolvimento integral em liberdade. Para isso, deve atuar de maneira eficiente, eficaz e efetiva para viabilizar e garantir os direitos do cidadão que estão consagrados na Constituição do país.

---
[1] Veja a esse respeito o Programa Nacional de Gestão Pública e Desburocratização – Gespública.

As mudanças nas relações entre a administração pública e os usuários

A modernização da administração pública, em sentido amplo, deve buscar de forma permanente a estruturação de um modelo de gestão que possa alcançar diversos objetivos, como, por exemplo: melhorar a qualidade da oferta de serviços à população, aperfeiçoar o sistema de controle social da administração pública, elevar a transparência, combater a corrupção, promover a valorização do servidor público, entre outros (GIL, 1992).

É sabido que a transformação na administração pública requer mudanças estruturais, de regras e processos, e medidas efetivas para criar novos sistemas de valores. O sucesso desse novo modelo de gestão, deve-se ressaltar, passa pelo interesse de cada organização e de cada servidor de atingir esses objetivos. Isso exige que tanto a instituição como o servidor tenham uma postura mais flexível, criativa e empreendedora. Por sua vez, as diferenças de desempenho e de alcance de resultados precisam ser valorizadas na administração pública.

É perceptível que as mudanças nas relações entre a administração pública e seus usuários decorrem, em grande parte, da crise gerada pelo atendimento deficiente ao cidadão. Os usuários de serviços públicos, além de mostrarem nível elevado de insatisfação com a qualidade do atendimento, passaram a exigir, cada vez mais, a prestação de serviços de qualidade. Assim, a prestação de serviços tornou-se um fator bastante crítico para a administração pública no mundo, e particularmente no Brasil. Os motivos para a crescente insatisfação com os serviços prestados passam, entre outros problemas, pela ineficiência e ineficácia do atendimento. Nesse contexto, a ausência de conhecimento e a resistência à adoção das ferramentas necessárias para a melhoria do atendimento contribuem para dificultar qualquer mudança significativa nessa área.

> No elenco dos deveres do agente público para com os cidadãos, destacam-se: a qualidade na prestação do serviço público; a isenção e imparcialidade; a competência e proporcionalidade; cortesia e informação; e probidade.

Observa-se que a administração pública busca encontrar soluções para esses problemas, trazendo o cidadão para o centro das suas atenções e preocupações. As mudanças em curso no setor público, que vêm sendo implementadas por inúmeros países, em função das expectativas crescentes da sociedade, estão concentradas no usuário. Dessa forma, parcela significativa dos problemas trazidos para a administração pública passa a ser resolvida com maior facilidade, tendo como suporte as inovações tecnológicas que permitem a utilização de inúmeras ferramentas para melhorar o atendimento. Assim, a intensificação da utilização da informática, redes e *softwares* e das telecomunicações possibilita as mudanças do modelo administrativo.

> O ressurgimento do conceito de qualidade no debate público, para Crozier (1989), não é somente uma questão de moda. Ele é o sinal de uma mudança de conjuntura, cuja importância não foi ainda apreciada nem reconhecida, mas que aparecerá com o tempo, como uma das maiores viradas da nossa civilização.

Princípios de qualidade do serviço público

A priorização do atendimento das crescentes demandas da sociedade exige que o Estado se torne mais inteligente, ou seja, cada vez mais eficiente, eficaz e efetivo na prestação de serviços públicos, com qualidade e menores custos para a sociedade. Nesse sentido, o esforço para criar uma cultura empreendedora na administração pública se apresenta como um fator-chave para a elevação da gestão pública no Brasil, em termos de resultados e qualidade dos serviços públicos ofertados.

> Podemos conceituar a qualidade em serviços públicos como uma filosofia de gestão que permite alcançar uma maior eficiência, eficácia e efetividade dos serviços, a desburocratização e simplificação de processos e procedimentos e a satisfação das necessidades explícitas e implícitas dos cidadãos (MATIAS-PEREIRA, 2010a).

Observa-se que as rápidas mudanças em termos de acesso a informações, elevação do nível de educação e de cidadania, entre outras, contribuem para aumentar a cobrança por uma gestão pública moderna. Por sua vez, a construção desse novo paradigma de gestão pública empreendedora, orientada para resultados efetivos, depende, especialmente, do nível de qualificação profissional e remuneração das carreiras de Estado, bem como de geração de estímulos para a formação de novas lideranças no setor público. Esses atores devem estar motivados em direção a objetivos comuns, tendo como referência o desejo de servir ao público. Isso exige a vontade política dos governantes de priorizar a administração pública, por meio de investimentos em infraestrutura, máquinas e equipamentos, pesquisas e estímulos à inovação, bem como em capital humano, investindo fortemente no processo de seleção e formação continuada de gestores públicos.

> Em relação aos princípios da qualidade no serviço público, destacam-se os que envolvem a satisfação do cidadão; envolvimento de todos; gestão participativa; gerência de processos; valorização das pessoas; constância de propósitos; melhoria contínua; gestão proativa, entre outros.

3

Programa Nacional de Gestão Pública e Desburocratização – Gespública

A missão do Programa Nacional de Gestão Pública e Desburocratização – Gespública é contribuir para a melhoria da qualidade dos serviços prestados ao cidadão e para o aumento da competitividade do país. Para alcançar esse propósito o governo federal tem como estratégia promover a articulação, a mobilização e o fomento dos agentes comprometidos com a causa da gestão pública, divulgando o conhecimento associado.

Destacam-se no conjunto das realizações do Programa a constituição de uma rede de pessoas físicas e de instituições comprometidas com o desenvolvimento e o compartilhamento de conhecimentos, ferramentas e soluções, além da consolidação do Prêmio Nacional da Gestão Pública – PQGF. Observa-se nesse contexto que o portal da Gestão Pública (<www.gespublica.gov.br>) constitui-se num fórum de discussão relevante para permitir que cada cidadão possa participar da melhoria do modelo de excelência em gestão pública.

> PROGRAMA NACIONAL DE GESTÃO PÚBLICA E DESBUROCRATIZAÇÃO
>
> O Programa Nacional de Gestão Pública e Desburocratização, instituído pelo Decreto nº 5.378, de 23 de fevereiro de 2005, é a aglutinação do Programa da Qualidade no Serviço Público (PQSP) e do Programa Nacional de Desburocratização. O programa, além de contribuir para a melhoria da qualidade dos serviços públicos prestados aos cidadãos e para o aumento da competitividade do país, busca formular e implementar medidas integradas em agenda de transformações da gestão, necessárias à promoção dos resultados preconizados no plano plurianual, à consolidação da administração pública profissional voltada ao interesse do cidadão e à aplicação de instrumentos e abordagens gerenciais.

Destacam-se no Programa Nacional de Gestão Pública e Desburocratização os seguintes critérios:

- **Liderança.** Promove o estabelecimento dos valores da organização que devem balizar as decisões e ações dos servidores públicos e a definição das orientações estratégicas da organização.
- **Estratégias e Planos.** Muitas organizações públicas têm planos, mas carecem de estratégias, não porque não as formulam, mas porque não as tornam em efetivo instrumento de orientação e execução dos planos.
- **Cidadãos e Sociedade.** O interesse coletivo deve gerar o mecanismo virtuoso do setor público, no qual a satisfação do usuário e a elevação da cidadania – do sentimento de pertencer a uma coletividade – conduzem a uma ampliação das expectativas de serviço por parte dos cidadãos-usuários e a um esforço maior das organizações.
- **Informação e Conhecimento.** É o elemento fundamental para a implementação do modelo público de gestão voltada para resultados, pois oferece aos dirigentes e colaboradores informações precisas e de qualidade.
- **Pessoas.** A política adotada pela organização para gerir seus servidores precisa da avaliação quanto às práticas adotadas para captação de novos servidores, desenvolvimento profissional, sistema remuneratório etc.
- **Processos e Resultados.** Toda organização pública, para atender à sua missão, precisa funcionar como um organismo integrado, com todas as suas ações sistematizadas e direcionadas para a consecução de objetivos comuns.
- **Flexibilidade no Gerenciamento das Organizações.** Propicia flexibilidade no gerenciamento das organizações, já que o quadro funcional detém o conhecimento das técnicas gerenciais.

Fundamentos do Programa Nacional de Gestão Pública e Desburocratização – Gespública

O Programa Nacional de Gestão Pública e Desburocratização (GESPÚBLICA, 2008, p. 7-18) tem como base os princípios constitucionais e como pilares os fundamentos da excelência gerencial, orientados para sustentar o Modelo de Excelência em Gestão Pública. Esses princípios são os seguintes: excelência dirigida ao cidadão; gestão participativa; gestão baseada em processos e informações; valorização das pessoas; visão de futuro; aprendizado organizacional; agilidade; foco em resultados; inovação.

1. Excelência dirigida ao cidadão: a excelência em Gestão Pública pressupõe atenção prioritária ao cidadão e à sociedade na condição de usuá-

rios de serviços públicos e destinatários da ação decorrente do poder de Estado exercido pelas organizações públicas. Enfoca-se que as organizações públicas, mesmo as que prestam serviços exclusivos de Estado, devem submeter-se à avaliação de seus usuários, obter o conhecimento necessário para gerar produtos e serviços de valor para esses cidadãos e, com isso, proporcionar-lhes maior satisfação. Esse fundamento envolve não apenas o cidadão individualmente, mas também todas as formas pelas quais se faça representar: empresas, associações, organizações e representações comunitárias.

2. Gestão participativa: determina uma atitude gerencial de liderança, que busque o máximo de cooperação das pessoas, reconhecendo a capacidade e o potencial diferenciado de cada um e harmonizando os interesses individuais e coletivos, a fim de conseguir a sinergia das equipes de trabalho. Uma gestão participativa genuína, ao requerer cooperação, compartilhamento de informações e confiança para delegar, dá autonomia para o alcance de metas. Como resposta, as pessoas tomam posse dos desafios e dos processos de trabalho dos quais participam, tomam decisões, criam, inovam e dão à organização um clima organizacional saudável.

3. Gestão baseada em processos e informações: o processo é entendido como um conjunto de atividades inter-relacionadas ou interativas que transforma insumos (entradas) em serviços/produtos (saídas) com alto valor agregado. Gerenciar um processo significa planejar, desenvolver e executar as suas atividades, e avaliar, analisar e melhorar seus resultados, o que proporciona melhor desempenho à organização. A gestão de processos permite a transformação das hierarquias burocráticas em redes de unidades de alto desempenho. Os fatos e dados gerados em cada um desses processos, bem como os obtidos externamente à organização, se transformam em informações que assessoram a tomada de decisão e alimentam a produção de conhecimentos. Esses conhecimentos dão à organização pública alta capacidade para agir e poder para inovar.

4. Valorização das pessoas: as pessoas fazem a diferença quando o assunto é o sucesso de uma organização. A valorização das pessoas pressupõe dar autonomia para atingir metas, criar oportunidades de aprendizado e de desenvolvimento das potencialidades e reconhecer o bom desempenho.

5. Visão de futuro: a busca da excelência nas organizações públicas é diretamente relacionada à sua capacidade de estabelecer um estado futuro desejado que dê coerência ao processo decisório e permita à organização antecipar-se às novas necessidades e expectativas dos cidadãos e da

sociedade. A visão de futuro pressupõe a constância de propósitos – agir persistentemente, de forma contínua – para que as ações do dia a dia da organização contribuam para a construção do futuro almejado. A visão de futuro indica o rumo para a organização; a constância de propósitos a mantém nesse rumo.

6. Aprendizado organizacional: na cultura organizacional, deverá fazer parte do trabalho diário em quaisquer atividades, seja na constante busca da eliminação da causa de problemas, seja na busca de inovações e na motivação das pessoas pela própria satisfação de executarem suas atividades, sempre da melhor maneira possível. Destaca-se que esse fundamento é transversal a toda a organização. Isso significa que, independentemente do processo produtivo, da prática de gestão ou do padrão de trabalho, o aprendizado deve ocorrer de maneira sistêmica. É preciso ir além dos problemas e procurar novas oportunidades para a organização. Isso é um processo contínuo e inesgotável que engloba tanto os aperfeiçoamentos incrementais como as inovações e a ruptura de práticas que deixam de ser necessárias, apesar da competência da organização em realizá-las.

7. Agilidade: a postura proativa está relacionada à noção de antecipação e resposta rápida às mudanças do ambiente. Para tanto, a organização precisa antecipar-se no atendimento às novas demandas dos seus usuários e das demais partes interessadas. Papel importante desempenha as organizações públicas formuladoras de políticas públicas, à medida que percebem os sinais do ambiente e conseguem antecipar-se evitando problemas e/ou aproveitando oportunidades. A resposta rápida agrega valor à prestação dos serviços públicos e aos resultados do exercício do poder de Estado.

8. Foco em resultados: o resultado é a materialização de todo o esforço da organização para o atendimento das necessidades de todas as partes interessadas. O sucesso de uma organização é avaliado por meio de resultados medidos por um conjunto de indicadores.

9. Inovação: quer dizer mudanças significativas (tecnologia, métodos, valores) para aperfeiçoar os serviços e produtos da organização.

Observa-se, assim, que a qualidade é reconhecida mundialmente, visto que a satisfação do cidadão/cliente a custos adequados tornou-se um imperativo para todas as organizações públicas. A qualidade, mais além de uma nova teoria, se apresenta como uma filosofia de gestão para qualquer organização – pública ou privada – que queira ter credibilidade e ser socialmente útil.

Pode-se concluir, nesse sentido, que a ideia de qualidade nos serviços públicos tornou-se uma imposição, diante da nova postura dos cidadãos, que estão cada vez mais exigentes em relação aos serviços prestados pela administração pública. Os custos econômicos e sociais resultantes da ausência de qualidade dos serviços públicos são cada vez maiores e mais pesados para o cidadão e para os agentes econômicos. Assim, num mundo onde as mudanças ocorrem de forma célere, não é mais possível que um país tenha uma administração pública emperrada, formalista, desmotivada, de modelo burocrático, e distanciada da ideia da qualidade do serviço ofertado à sociedade.

4

Forma de Organização da Administração Pública no Brasil

Introdução

Neste capítulo trataremos, em especial, dos fundamentos do Direito Administrativo, com vista a debater de forma mais aprofundada as concepções e conceitos que envolvem as questões da forma de organização da administração pública na Constituição Federal de 1988, com destaque para as entidades públicas administrativas e órgãos públicos e os princípios norteadores da administração pública.

Estado, governo e administração pública

É sabido que o Estado existe fundamentalmente para realizar o bem comum. A doutrina costuma analisar esta grande finalidade do Estado, desdobrando-a em três vertentes: o bem-estar; a segurança; e a justiça. A interdependência dos fins do Estado assume particular importância em relação à grande e última finalidade do Estado: a promoção do bem comum. Assim, o Estado, enquanto forma de organização política por excelência da sociedade, pode ser aceito como o espaço natural de desenvolvimento do poder político (MATIAS-PEREIRA, 2010a, 2010b, 2010c).

É sabido que o ente Estado é composto obrigatoriamente por três elementos essenciais: povo, território e governo soberano. Por sua vez, as funções do Estado são exercidas por meio dos Poderes do Estado,[1] representado pelas instituições

---
[1] O Poder Legislativo tem como principal função a elaboração de leis (função legislativa), ao Poder Executivo cabe a execução das leis (função administrativa), e o Poder Judiciário tem como

Legislativo, Executivo e Judiciário. Deve-se ressaltar que, conforme explicita a Constituição Federal de 1988, no seu art. 2º, esses poderes exercem as suas atribuições de forma independente e harmônica entre si.

O Estado, ao definir os seus planos de governo, necessita da administração pública para que os mesmos possam ser concretizados. Assim, a administração pública é o instrumento do Estado para que a sua vontade seja efetivada. O governo – que pode ser entendido como o Estado em ação – se apresenta como um elenco de objetivos, metas, ações e medidas delineadas pelo Estado para serem realizadas em certo período e em locais e áreas específicas.

Conceitos de Estado e administração pública

O Estado, conforme assinala Hely Lopes (2006), é a expressão política de comando, de iniciativa, de fixação de objetivos, do estado e da manutenção da ordem jurídica vigente; enquanto a administração é o instrumental de que o Estado dispõe para pôr em prática as opções políticas de governo.

Em sentido formal, ensina Bandeira de Mello (2007), a Administração Pública, é o

> "conjunto de órgãos instituídos para consecução dos objetivos do Governo; em sentido material, é o conjunto das funções necessárias aos serviços públicos em geral; em acepção operacional, é o desempenho perene e sistemático, legal e técnico, dos serviços do próprio Estado ou que por ele assumidos em benefício da coletividade. Numa visão global, a Administração Pública é, pois, todo o aparelhamento do Estado preordenado à realização de seus serviços, visando à satisfação das necessidades coletivas".

No que se refere à classificação da administração pública, argumenta Di Pietro (2010) que esta pode classificar-se em administração pública em sentido objetivo, que refere-se às atividades exercidas pelas pessoas jurídicas, órgãos e agentes incumbidos de atender concretamente às necessidades coletivas; e administração pública em sentido subjetivo, que refere-se aos órgãos integrantes das pessoas jurídicas políticas (União, Estados, Municípios e Distrito Federal), aos quais a lei confere o exercício de funções administrativas.

A expressão *Administração Pública*, para Meirelles (2006), pode ser analisada sob duas acepções: objetiva (material ou funcional) ou subjetiva (formal ou orgânica). Conforme assinala aquele autor, em sentido formal, administração pública é o conjunto de órgãos instituídos para consecução dos objetivos do governo; em sentido material, é o conjunto das funções necessárias aos serviços públicos

---

função a aplicação das leis aos casos concretos (função judicial). Veja o título IV da Constituição Federal de 1988, que trata da organização dos poderes (arts. 44 ss).

em geral; em acepção operacional, é o desempenho perene e sistemático, legal e técnico, dos serviços próprios do Estado ou por ele assumidos em benefício da coletividade. Numa visão global, a administração é, pois, todo o aparelhamento do Estado preordenado à realização de seus serviços, visando à satisfação das necessidades coletivas.

Os entes administrativos, para Moreira Neto (2005), são dotados de personalidade jurídica para serem sujeitos de direitos e obrigações. Externamente, o Estado se personifica como a República Federativa do Brasil, unidade política soberana constituída como um Estado Democrático de Direito (art. 1º, CF), e, internamente, como uma pluralidade de entidades políticas, a União, os Estados-membros, o Distrito Federal e os Municípios, todas elas política e administrativamente autônomas, em seus respectivos espaços geográficos e setores de competência.

Observa-se que no seu aspecto formal, a administração pública é o elenco de órgãos instituídos para consecução dos objetivos do governo. No aspecto **material,** é o conjunto das funções necessárias aos serviços públicos em geral. Na sua concepção **operacional,** é o desempenho contínuo e sistemático, legal e técnico, dos serviços próprios do Estado ou por ele assumidos em benefício da coletividade. Assim, numa visão integral, a administração pública é o aparelhamento do Estado, no seu todo, organizado e orientado à realização de seus serviços, tendo como propósito último a satisfação das necessidades coletivas.

> As relações jurídicas entre os cidadãos particulares ocorrem no âmbito do direito privado. As relações nas quais está presente o Poder Público, ou mesmo o interesse público, são pautadas pelo direito público. O direito privado se divide, essencialmente, em duas vertentes: civil e comercial. O direito público, por sua vez, é dividido em vários ramos: direito constitucional, administrativo, penal, previdenciário, eleitoral, internacional público e privado, processual civil e penal, do trabalho, tributário e financeiro.

Conceitos de serviço público

Serviço público, para Bandeira de Mello (2007), é toda atividade de oferecimento de utilidade ou de comodidade material fruível diretamente pelos administrados, prestado pelo Estado ou por quem lhe faça às vezes, sob um regime de direito público (portanto, consagrador de prerrogativas de supremacia e de restrições especiais), instituído pelo Estado em favor dos interesses que houver definido como próprios no sistema normativo.

Por sua vez, Di Pietro (2010) define serviço público como toda atividade material que a Lei atribui ao Estado para que exerça diretamente ou por meio de seus delegados, com o objetivo de satisfazer concretamente às necessidades coletivas, sob regime jurídico total ou parcialmente público.

Forma de organização do Estado

A Constituição Federal, ao tratar da organização do Estado, define, no seu art. 18, que "a organização político-administrativa da República Federativa do Brasil compreende a União, os Estados, o Distrito Federal e os Municípios, todos autônomos, nos termos desta Constituição (Emenda Constitucional nº 15, de 1996)".

A administração pública pode ser classificada como: *direta* e *indireta*. Administração *direta* é aquela exercida pela administração por meio dos seus órgãos internos (presidência e ministros). A administração *indireta* é a atividade estatal entregue a outra pessoa jurídica (autarquia, empresa pública, sociedade de economia mista, fundações), que foram sendo criadas na medida em que o Estado ampliava o seu âmbito de atuação.

É oportuno recordar que no Brasil a legislação que trata da organização da administração pública é o Decreto-lei nº 200, de 25 de fevereiro de 1967.[2] O referido instrumento legal define no seu art. 4º a divisão entre administração direta e indireta. Assim, a administração direta constitui-se dos serviços que estão contidos na estrutura administrativa da Presidência da República e dos ministérios, e a administração indireta, por sua vez, é composta pelas autarquias, empresas públicas, sociedades de economia mista e fundações públicas. Registre-se que as autarquias e as fundações públicas possuem natureza jurídica de direito público e as empresas públicas e sociedades de economia mista possuem natureza jurídica de direito privado.

> **FORMA DE ORGANIZAÇÃO POLÍTICO-ADMINISTRATIVA**
>
> A forma de organização da administração pública direta é a materialização da forma de Estado adotada pelo Brasil. Assim, ela é composta pelos entes políticos ou federados juntamente com seus órgãos públicos e agentes públicos. Os entes políticos são representados pela União, os Estados, o Distrito Federal e os Municípios. As entidades federativas possuem como principais características: a autonomia político-administrativa; e são pessoas jurídicas de direito público interno (art. 18 da Constituição Federal de 1988).

> **COMPETÊNCIAS ADMINISTRATIVAS DOS ENTES DA FEDERAÇÃO**
>
> As competências administrativas de cada um dos entes da federação são definidas pela Constituição Federal, em seguida se adota o critério de interesses: nacionais, regionais e locais. As entidades federativas podem desconcentrar as suas atividades criando órgãos públicos para si próprios; estabelecer uma estrutura de descentralização administrativa, criando outras pessoas jurídicas para executar atividades que lhe serão repassadas com titularidade; ou, ainda, delegar a terceiros não integrantes da administração pública o exercício da atividade administrativa.

---

[2] Veja, também, a Lei nº 9.649, de 1998.

> A estrutura da administração pública indireta (ou descentralizada) é composta por um elenco de pessoas jurídicas, que necessitam serem criadas pela entidade federativa. Assim, a União cria a sua administração pública indireta e, em consonância ao princípio da simetria, todos os demais entes também têm a competência exclusiva de criar a sua própria estrutura. Veja a esse respeito o disposto no Decreto-lei nº 200, de 1967.

Para Silva (1998), a organização administrativa no Estado federal é complexa, porque a

"função administrativa é institucionalmente imputada a diversas entidades governamentais autônomas, que, no caso brasileiro, estão expressamente referidas no próprio art. 37, de onde decorre a existência de várias Administrações Públicas: a federal (da União), a de cada Estado (Administração Estadual), a do Distrito Federal e a de cada município (Administração Municipal ou local), cada qual submetida a um Poder político próprio, expresso por uma organização governamental autônoma".

> Administrar, em sentido amplo, é gerir interesses, segundo a lei, a moral e a finalidade dos bens entregues à guarda e conservação alheias. A administração pública, nesse sentido, pode ser entendida como a gestão de bens e interesses da comunidade no âmbito federal, estadual ou municipal, visando o bem comum.

Para Meirelles (2006), os fins da administração pública

"se resumem num único objetivo: o bem comum da coletividade administrada. Toda atividade do administrador público deve ser orientada para esse objetivo. Se ele o administrador se afasta ou desvia, trai o mandato de que está investido, porque a comunidade não instituiu a Administração senão como meio de atingir o bem-estar social. Ilícito e imoral será todo ato administrativo que não for praticado no interesse da coletividade".

Princípios noteadores da administração pública

A necessidade de se regulamentar de forma adequada a administração pública decorre da sua relevância para a sociedade, pois cabe a ela – a administração pública – satisfazer as necessidades coletivas da população e que são assumidas como uma responsabilidade fundamental do Estado. Destacam-se entre as necessidades coletivas: a geração do bem-estar econômico, social e ambiental; a segurança pública; a cultural, entre outras.

> A Constituição Federal de 1988, no art. 37, *caput*, trata dos princípios inerentes à administração pública: Administração Pública direta e indireta de qualquer dos Poderes da União, dos Estados, do Distrito Federal e dos Municípios obedecerá aos princípios da legalidade, impessoalidade, moralidade, publicidade e eficiência.

A função administrativa do Estado é regida pelo regime jurídico-administrativo ou regime de direito público, que está apoiado na conjugação dos princípios da supremacia dos interesses públicos e o da indisponibilidade dos interesses públicos. Isso implica em dizer que a Constituição Federal do Brasil de 1988 estabeleceu os princípios gerais que norteiam as suas funções, que envolvem todos os entes que integram a Federação brasileira: União, Estados, Distrito Federal e Municípios.

Os princípios que dizem com a administração pública estão delineados no art. 37 da Carta Magna.[3] Verifica-se que uma parcela desses princípios foi positivada de forma explícita e outra de forma implícita ou tácita.

Os princípios constitucionais explícitos estão definidos pelo art. 37 da Constituição Federal e são os seguintes: legalidade, impessoalidade, moralidade, publicidade e eficiência.

Princípio da Legalidade. Todo e qualquer ato da administração pública somente será válido quando respaldado em lei. Assim, no Direito Público – distinto do Direito Privado – existe uma relação de subordinação, o que implica em dizer que o agente público somente poderá fazer o que a lei autorizar ou determinar de forma expressa. Registre-se que a atuação da administração pública tem como referência o interesse público.

> PRINCÍPIO DA LEGALIDADE
>
> Destaca-se entre os princípios constitucionais o "princípio da legalidade" por ser aceito como um dos pilares da concepção de Estado de Direito e do próprio regime jurídico-administrativo. Registre-se que o princípio da legalidade está definido no inciso II do art. 5º da Constituição Federal, que explicita: "ninguém será obrigado a fazer ou deixar de fazer alguma coisa senão em virtude de lei".

Princípio da Impessoalidade, Finalidade e Isonomia. A atividade administrativa deve ser destinada a todos os administrados, sem discriminação ou favoritismo. A administração deve visar sempre o bem comum, interesse primordial da administração, fazendo assim que prevaleça o interesse público sobre o

---

[3] Veja a esse respeito a Emenda Constitucional nº 19, de 1998, publicada no *Diário Oficial* de 5 de junho de 1998.

particular. A responsabilidade dos atos administrativos não deve ser imputada ao agente e sim à pessoa jurídica.

Princípio da Moralidade. Constitui pressuposto de validade de todo ato da administração pública, assim, tudo que contrariar a moral administrativa será inconstitucional, não podendo prevalecer.[4]

Há dois tipos de controle da moralidade instituído pela Constituição Federal de 1988: a Ação Popular e a Ação Civil Pública. Aos agentes públicos responsáveis por tais atos lesivos poderão ser aplicadas quatro sanções diferentes e simultaneamente. São elas: perda da função pública; suspensão dos direitos políticos; declaração de indisponibilidade dos bens; e obrigação de ressarcir ao erário (art. 37, § 4º, da CF).

Princípio da Publicidade. Esse princípio assegura a transparência dos atos da administração e possibilita uma fiscalização de toda a coletividade. Em princípio, nenhum ato administrativo pode ser sigiloso, exceto aqueles atos e atividades relacionados com a segurança da sociedade ou do Estado, ou quando o conteúdo da informação for resguardado pelo direito à intimidade (art. 37, § 3º, inciso II, da CF de 1988).

> O *habeas data* e o mandado de segurança, individual ou coletivo, são instrumentos utilizados para garantir o recebimento de informação por parte da administração pública.

Princípio da Eficiência. Exige que a atividade administrativa seja exercida com presteza, perfeição e rendimento funcional. Tanto na contratação e exoneração de agentes públicos, quanto nos serviços prestados por eles, há a atuação constante do princípio da eficiência, observando qualitativa e quantitativamente todas as funções administrativas.

Torna-se oportuno destacar, ainda, que existem outros princípios constitucionais explícitos. São eles: princípio da licitação; da prescritibilidade dos ilícitos administrativos; da responsabilidade da administração pública; da participação; da autonomia gerencial.

Os princípios constitucionais implícitos, por sua vez, são os seguintes:

Princípio da supremacia do interesse público sobre o particular e princípio da indisponibilidade dos interesses públicos; princípio da tutela e da autotutela da administração pública; princípio da razoabilidade e proporcionalidade.

Princípio da Supremacia do Interesse Público sobre o Particular e Princípio da Indisponibilidade dos Interesses Públicos. O interesse público sempre

---

4 Veja a esse respeito a Lei nº 8.429, de 1992.

deve prevalecer sobre o interesse particular; o contrário é considerado desvio de finalidade por parte da administração. A atuação da administração não é uma faculdade e sim um "dever" de atuação. O agente público não pode dispor de um interesse que é próprio da coletividade e, por isso, inapropriável.

Princípio da Tutela e da Autotutela da Administração Pública. A administração pública possui a faculdade de rever os seus atos e de declarar nulos os efeitos dos atos eivados de vícios quanto à legalidade. As entidades administração Indireta podem ter seus atos fiscalizados e revistos pela administração direta, mas isso é excepcional e não se presume, decorre da previsão legal.

Princípios da Razoabilidade e da Proporcionalidade. Esse princípio visa evitar toda a forma de intervenção ou restrição abusiva ou desnecessária por parte da administração pública. Esses dois princípios exercem grande importância na atuação da administração na expedição de atos discricionários.

5

Mudanças de Paradigmas na Administração Pública no Brasil

Introdução

O processo de evolução da administração pública no Brasil, entre a década de 1930 e a de 1990, seguiu alguns padrões, dentre eles a fragmentação institucional e a separação entre a formulação e a implementação política. A retórica da reforma dos anos 1990 avançou do ponto de vista da utilização do conceito de governança e dos princípios políticos que orientaram as propostas, quais sejam: participação, *accountability*, controle social.

Apesar de ter ocorrido à transposição de técnicas de gestão do setor privado para o setor público, a agenda mostrou-se bastante restrita, uma vez que a lógica do processo decisório, que inclui formulação e implementação, não foi objeto da reflexão política. O modo como a reforma foi idealizada e conduzida mostrou-se falho, em especial pela insuficiência de mecanismos de coordenação política. Isso contribuiu para manter a fragmentação de ações no campo da gestão pública.

A reforma do Estado brasileiro deflagrada em 1995 teve como objetivo – tendo parte integrante à reforma administrativa – manter equilibradas as contas públicas e, ao mesmo tempo, elevar a capacidade da ação estatal; a reforma propõe uma reconfiguração das estruturas estatais baseada na substituição do modelo burocrático de administração pública por um modelo gerencial.

Por tratar-se de um modelo pós-burocrático buscou importar ferramentas de gestão provenientes do setor privado, bem como a aplicação da lógica de mercado dentro do setor público, focalizando o aumento da eficiência econômica do

Estado. Em harmonia com as experiências internacionais que estavam em curso no mundo, inicia-se, assim, um amplo processo de revisão das formas de prestação dos serviços públicos no Brasil.

A reforma gerencial no Brasil, inspirada no gerencialismo britânico, também recebeu influência dos princípios do *New Public Management* (NPM). Assim, o Plano Diretor de Reforma do Aparelho do Estado, coordenado pelo Ministério da Administração e Reforma do Estado (BRASIL/MARE, 1995), fortemente apoiado no "*new public management*" e na "*progressive governance*", incorporou muitos elementos do paradigma neodesenvolvimentista. Na implantação do NPM no Brasil procurou-se delinear um novo padrão de gestão pública, a denominada "administração gerencial", apoiada nos princípios da flexibilidade, ênfase em resultados, foco no cliente e controle social.

No que se refere às tendências teóricas da governança corporativa no setor público, deve-ser registrar que existem duas tendências teóricas fundamentais em evidência na NPM e consequentemente na governança corporativa no setor público: a teoria da agência e a teoria da escolha pública. A teoria da agência lida com o relacionamento contratual entre o principal e o agente, em que o agente serve o principal, conforme as condições estabelecidas em contratos. Quando aplicada no setor público, significa um claro relacionamento entre ministros (os principais) e funcionários (os agentes). A teoria da escolha pública, por outro lado, ajuda a compreender os problemas de comportamento burocrático nos caminhos de mesmo interesse, desenhados primeiramente pela afirmação fundamental de que as pessoas estarão utilizando maximizadores em tudo que elas fizerem (BHATTA, 2003, p. 8). Outros autores, como Gruening (2001, p. 16-17) e Barzelay (2000, p. 237), citam a teoria da agência e a teoria da escolha pública como bases teóricas para a NPM.

Observa-se, nesse cenário, que a crise da burocracia pública brasileira permeia as seguintes dimensões:

- deficiência na estratégica (foco e convergência de programas e ações);
- fragilidade na estrutura (lenta, excessiva em alguns setores, escassa em outros);
- disfunções nos processos (sujeitos às regras padronizadas altamente burocratizadas);
- despreparo dos servidores, com inúmeras distorções relativas à distribuição, carência, qualificação e remuneração, dos recursos, que são inadequados, desde os logísticos e instalações à tecnologia de informações, embora haja focos de excelência;
- problema cultural (excessivamente burocrática e permeável às práticas patrimonialistas);
- inexistência de um modelo de burocracia pública consolidada; e

- Estado patrimonialista presente na cultura política brasileira. Esta disfunção se manifesta no clientelismo, no corporativismo, no fisiologismo e na corrupção existente no país.

Capacidade de realização da administração pública

A capacidade da administração pública de realizar e obter resultados em benefício da sociedade depende, em geral, do modo como se encontra estruturada. É sabido que a organização é o ponto de partida para o sucesso da administração pública. Nesse esforço de se organizar está implícita a necessidade de definir com clareza a dimensão, o papel e as funções do Estado. Um Estado com dimensões excessivas e que interfere em todas as áreas tende a não cumprir adequadamente as suas funções. Nesse contexto, um Estado moderno é aquele que tem a capacidade de distinguir as funções essenciais que somente cabem ao Estado executar das funções acessórias, que podem ser exercidas por outras entidades, sob a supervisão do Estado, bem como as funções inúteis que, como tal, não fazem sentido nem têm razão de ser executadas (MATIAS-PEREIRA, 2003).

Os temas que integram a agenda da gestão, como por exemplo recursos humanos, logística, planejamento e orçamento, são entendidos como de domínios técnicos especializados. Esta especialização, por sua vez, vem sendo reproduzida na definição de funções e na estrutura organizacional que apoia o processo de decisão política neste campo. É sabido que a especialização do conhecimento não é obstáculo a uma ação articulada de diversos atores individuais, portadores de conhecimentos especializados. Uma enorme rede de atores e de organizações integra os esforços de implementação do processo de políticas. Isso é salutar no âmbito da gestão pública, visto que a definição de problemas e as aplicações de soluções resultam de uma ação coletiva. Na medida em que se aumenta o número de atores, maior será a complexidade do processo político e o desafio de coordenação das ações.

É perceptível que o tema "reforma da administração pública no Brasil" esteve mais presente, especialmente de 1995 a 1998, nos debates e na agenda política do país. Essas reformas, que deixaram muito a desejar, aguardam serem retomadas com a intensidade desejável, nesta primeira década do século XXI. A necessidade da inclusão do tema na agenda política do país decorre das demandas de uma nova sociedade e uma nova economia, que exigem uma administração pública mais competitiva, eficiente e transparente.

Tendo como base de apoio uma estrutura pesada, burocrática e centralizada, a administração pública brasileira não tem sido capaz de responder, enquanto organização, às demandas e desafios da modernidade. As evidências disponíveis revelam como resultado dessas deficiências e distorções: uma reconhecida incapacidade de satisfazer, de forma eficaz e tempestiva, as necessidades dos cidadãos; uma forma de funcionamento que prejudica a concorrência e a competitividade internacional do país e das empresas; falta de coerência do modelo de organização global; processos de decisão demasiado longos e complexos, que impedem a resolução, em tempo útil, dos problemas dos cidadãos e que criam desconfiança em matéria de transparência e de legalidade; e falta de motivação dos funcionários e desvalorização do próprio conceito de missão de serviço público (MATIAS-PEREIRA, 2010).

Gestão fiscal dos recursos públicos

Observa-se que a gestão no setor público brasileiro tem suas bases apoiadas nos princípios da legalidade. Essas regras estão fortemente presentes na administração pública, e, de uma forma especial, na Lei de Responsabilidade Fiscal – LRF, que veio reforçar os principais eixos da administração pública, orientados para o planejamento, a transparência, o controle e a responsabilidade na gestão fiscal dos recursos públicos e prestação de contas (MATIAS-PEREIRA, 2010).

A esse respeito, sustenta Santos (2002, p. 43) que a responsabilidade na gestão fiscal dos recursos públicos deve ser aprimorada por meio de ação planejada e transparente que possibilite prevenir riscos e corrigir desvios capazes de afetar o equilíbrio das contas públicas. Argumenta Slomski (2003, p. 367), por sua vez, que na administração pública o dever de prestar contas deve certamente estar presente, pois, quando a sociedade elege seus representantes, espera que ajam em seu nome, de forma correta, e prestem contas de seus atos. Cabe ao Estado, por meio de seus controles internos e externos, mensurar e demonstrar a eficiência e a eficácia no serviço público, como forma de justificar a cobrança de impostos.

Gestão estratégica e gestão governamental

No processo das transformações que vêm ocorrendo no mundo, o Estado mantém um papel fundamental, que passa a demandar, entretanto, o desenvolvimento de novas capacidades e competências, para garantir maior efetividade nas suas ações.

As decisões governamentais não podem ser regidas pelo improviso, pela pressão das necessidades e pelas mudanças conjunturais. Cada vez mais é papel do Estado definir rumos sustentáveis, a médio e longo prazo, para atender às necessidades coletivas, buscando caminhos e oportunidades, aglutinando e coordenando atores.

Segundo Matus (1993), "a ação do Estado tem que ser uma ação que sabe para onde vai, tem que ser uma ação precedida e presidida pelo pensamento, mas um pensamento sistemático e com método". O pensamento estratégico e a gestão estratégica têm sido as respostas que se mostraram mais adequadas para o novo perfil de gestão pública que a sociedade demanda.

A mudança fundamental do planejamento pode ser descrita como a transição do planejamento normativo, tradicionalmente adotado pelas organizações estatais até recentemente, e o direcionamento para um planejamento estratégico, que começa a ser discutido e adotado por tais organizações.

SISTEMAS DE APOIO ÀS ATIVIDADES-FINS DO PODER EXECUTIVO FEDERAL

- Sistema de Controle Interno – SCI
- Sistema de Planejamento e Orçamento – SPO
- Sistema de Administração dos Recursos de Informação e Informática do Setor Público – SISP
- Sistema de Serviços Gerais – SISG
- Sistema de Pessoal Civil – SIPEC
- Sistema de Organização e Modernização Administrativa – SOMAD
- Sistema de Contabilidade Federal – SICON

DEFINIÇÕES DE SISTEMAS

Registre-se que o termo *sistema*, no setor público no Brasil, são os processos de trabalho que integram um conjunto de instituições, de metodologias e normas em função de um resultado. O termo *sistema* também é utilizado para denominar as ferramentas computacionais que baseiam dados, analisam informações e emitem relatórios.

6

Administração Pública Orientada para a Gestão por Resultados

Introdução

As transformações no cenário econômico mundial refletiram de forma significativa na administração pública. Os efeitos das crises econômicas da década de 1970 contribuíram decisivamente para o questionamento do modelo do Estado-providência. Essas mudanças se aceleraram com as vitórias eleitorais de Margaret Tatcher, em 1979, no Reino Unido e de Ronald Reagan, em 1980, nos Estados Unidos. Nesse novo contexto, no qual se impunha a necessidade de redução das despesas públicas, a questão do ajustamento no setor público ganha uma forte dimensão no mundo, tendo como referência melhorar a eficiência, flexibilizar o trabalho no setor público e recorrer a mecanismos de mercado.

A literatura revela que a partir da segunda metade da década de 1990, com o início da implantação das "reformas de segunda geração", a visão da sociedade em relação ao papel desempenhado pelo setor público começou a ser modificada. Observa-se que a partir desse período não se defendia mais o Estado provedor, nem tampouco o Estado mínimo. A nova síntese buscou realizar a transição de um Estado de serviços para um Estado que faculta, embora retendo a capacidade de exercer poderes substanciais sobre aspectos da sociedade (PETERS, 2007).

A partir desse quadro amplia-se o debate sobre a necessidade da implementação de uma administração pública orientada para a gestão por resultados, na qual se inclui a criação de novos conceitos de gestão, bem como a utilização de termos como responsabilização, transparência, mérito, reconhecimento, trabalho em equipe, estratégia e planejamento, orientação para o cidadão, medição dos resultados, entre outros. Os efeitos dessas mudanças também repercutiram no Brasil, que culminou com a aprovação do Plano Diretor da Reforma do Estado, em 1995.

Administração pública orientada para a gestão por resultados

A literatura indica que a reforma administrativa do governo federal, que vem sendo implementada no Brasil, a partir da publicação do Plano Diretor da Reforma do Estado, em novembro de 1995, vem impactando positivamente na administração pública no Brasil (BRESSER-PEREIRA, 1996). Destaca-se no referido Plano – que definiu as diretrizes para a mudança do setor público federal – a ideologia da gestão por resultados. Essa nova concepção de gestão da administração pública brasileira, que está contribuindo para mudar a cultura da administração pública no país, busca consolidar uma administração pública profissional orientada para resultados, tendo como propósito responder às demandas da sociedade de forma efetiva. Nesse cenário, merecem ser destacados a preocupação com a elevação da qualidade dos serviços, a cobrança da responsabilidade dos gerentes de programas governamentais, o desenvolvimento do governo eletrônico e, finalmente, a Lei de Responsabilidade Fiscal.

A reforma da gestão pública, para Bresser-Pereira (2002, p. 31), é uma reforma que está respondendo em cada país às demandas da sociedade global – uma sociedade que se tornou mais capitalista ou mais competitiva, e mais democrática. No Brasil, essa reforma foi pensada e levada adiante em função das nossas necessidades, dos nossos problemas e adaptada às nossas realidades. Foi nela fundamental a consciência de que é preciso tornar as agências mais descentralizadas e os gestores mais autônomos e mais responsáveis perante a sociedade, e que, para isso, é preciso aumentar o número de servidores públicos capacitados.

A esse respeito, assinala Nassuno (2010), que a orientação das ações no setor público para o alcance de resultados e não apenas para o cumprimento de procedimentos disciplinados pela legislação representa uma importante quebra de paradigma na condução dos negócios públicos trazida por processos de reforma do Estado ocorridos em diversos países do mundo a partir da década de 1980. Para a autora, tais processos de reforma do Estado marcam o advento da "administração por resultados" em substituição à "administração por processos", complemento conceitualmente necessário, embora desenvolvido posteriormente, no âmbito da gestão pública, da transformação do Estado liberal, garantidor dos direitos civis, em Estado do bem-estar, prestador de serviços que representam direitos sociais, ou no caso brasileiro e em outros países de desenvolvimento tardio, Estado desenvolvimentista.

Bases para ampliar o conceito da gestão por resultados

As bases para ampliar e consolidar o conceito da gestão por resultados do governo federal ganha uma nova dinâmica com a implantação da gestão por programas, contida no Plano Plurianual para o período 2000-2003. O modelo gerencial adotado, conforme assinalam Garces e Silveira (2002), tem o objetivo de atribuir responsabilidades, orientar os esforços das equipes envolvidas na execução para a obtenção de resultados, e, por último, assegurar a atualização permanente do plano. A forma encontrada para assegurar a qualidade do gerenciamento foi a de criar a figura do gerente de programa, o monitoramento em rede, com o apoio de um sistema de informações gerenciais, o gerenciamento intensivo dos programas estratégicos e a avaliação anual de desempenho de todos os programas e do plano.

Garces e Silveira (2002, p. 70) argumentam ainda que a gestão por programa introduz um conflito entre a estrutura departamental e uma atuação por objetivos. Em outras palavras, acentua-se a contradição entre as visões setoriais e o objetivo do programa, que, por definição, é visto sob a perspectiva externa da demanda da sociedade. Até certa intensidade, esse conflito tem efeitos benéficos, pois contribui para o equilíbrio entre eficácia e eficiência dos resultados da organização. O desafio é, nessas circunstâncias, o de imprimir velocidade ao processo de transformação da organização em seus vários aspectos, a saber: estrutura, valores, liderança, estratégia, desenvolvimento de pessoal e sistemas de informação e controle.

Registre-se, entretanto, que alguns autores ressaltam que essas mudanças não ocorrem dessa forma, visto que é necessário um processo de reorganização especialmente direcionado para esse fim. Para Almeida Fortis (2009, p. 131) as evidências indicam que ferramentas modernas, técnicas avançadas, metodologias sofisticadas não surtirão os benefícios desejados se as instituições não estiverem adequadamente preparadas para aperfeiçoar seus padrões organizacionais. Um primeiro corolário extraído dos ensinamentos das reformas orçamentárias recentes é que o Orçamento Orientado a Resultados (OOR) pressupõe rompimento com padrões essenciais da cultura organizacional e modos tradicionais de administração, nos quais predomina o cumprimento formal dos meios sobre a execução dos fins.

Metodologia do plano plurianual (PPA 2004-2007)

Constata-se que a legislação que instituiu o Plano Plurianual – PPA 2004-2007[1] preocupa-se em manter a definição metodológica do PPA anterior, bem

---
[1] Registre-se que o Decreto nº 5.233 e as Leis nºs 10.933 e 11.044, de 2004, definiram as normas para a gestão do Plano Plurianual 2004-2007, bem como instituíram o Sistema de Avaliação do

como acrescenta diversos aperfeiçoamentos. Recorde-se que no desenho da metodologia de gestão do PPA 2000-2003 estão delineados os seguintes conceitos:

- Planejamento estratégico de 20 anos, planejamento indicativo de 8 anos e plano plurianual para 4 anos, baseados em uma visão integrada de desenvolvimento territorial do país (indicada por estudo dos eixos nacionais de desenvolvimento).
- Planejamento com base fiscal, com consistência estratégica para assegurar a seletividade para o gasto público e a otimização de recursos.
- Decisões orçamentárias atreladas ao planejamento de médio prazo, com revisões anuais: o plano plurianual faz previsões anuais para execução, contemplando gastos e resultados, mantendo sempre o horizonte de quatro anos.
- Programa: unidade de gestão das ações governamentais, com foco em resultados: é instrumento de organização da ação governamental, definindo objetivos e metas a serem alcançados para solucionar o problema que o originou; é elemento de ligação entre o plano plurianual, os orçamentos anuais, a execução e o controle; é referência para a avaliação da gestão pública; é canal que proporciona visibilidade e transparência às ações governamentais para o conhecimento e controle da sociedade.
- Responsabilização: cada programa tem um gerente que se responsabiliza pelo impacto do gasto na sociedade. Na primeira versão, o gerente, indicado pelo Ministro de Estado do setor, não precisava ter, necessariamente, posição hierárquica de decisão sobre o gasto. As dificuldades geradas pela falta de poder decisório sobre os recursos disponíveis para o programa e a pouca compatibilidade entre a lógica de gerenciamento de programas e a lógica de estruturação dos órgãos da administração pública impuseram, a partir do PPA 2004-2007, a localização do gerente na hierarquia institucional, assegurando o poder decisório para ordenar despesas.
- Monitoramento em rede: o gerente, situado no ministério setorial, fornece informações sobre a execução do programa; o monitor de programas, situado no Ministério do Planejamento, facilita a resolução de restrições à execução dos programas; e o SIGPLAN, sistema informatizado que fornece ao gerente os meios necessários para informar e controlar a execução do programa. Esse sistema articula, em rede, a alta direção do governo e o conjunto de gerentes e o Ministério do Planejamento, Orçamento e Gestão.

Plano Plurianual, sob a coordenação do Ministério do Planejamento, Orçamento e Gestão, apoiado por uma Comissão de Monitoramento e Avaliação do Plano Plurianual (CMA) e por Unidades de Monitoramento e Avaliação (UMA), localizadas em cada órgão público federal.

- Gestão de restrições (ou gerenciamento intensivo): enfoque prospectivo que possibilita aos gerentes a antecipação de restrições à execução do programa, o que facilita a mobilização e a busca de soluções por parte do governo e de seus parceiros.
- Avaliação anual dos programas e do plano plurianual, com base em resultados previstos e alcançados.
- Comunicação com a sociedade: para o desenho de programas e apresentação do andamento do plano, com o objetivo de dar transparência às ações do governo.

Nesse sentido, merece destaque a argumentação de Nader (2005), ao assinalar que a

"Lei do PPA 2004-2007 amplia a abrangência da metodologia de gestão e institui o pacto de concertamento entre União, Estados, Municípios e o Distrito Federal, com a participação da sociedade civil, para programas e ações estruturantes, locais e regionais. O pacto de concertamento é um processo integrado e compartilhado de planejamento e gestão, cujo objetivo é implementar programas selecionados em comum acordo, considerando a demanda da sociedade e visando o desenvolvimento em nível sub-regional articulado à estratégia de desenvolvimento nacional que orientou a formulação do PPA do governo federal. A intenção de valorizar a participação e a governança compartilhada com outros atores da sociedade civil, presente no discurso oficial do novo governo, concretizou-se no primeiro exercício de consulta social sobre o projeto de desenvolvimento nacional expresso nas 'Orientações Estratégicas de Governo', que serve de base para a elaboração do plano plurianual. A sociedade civil foi mobilizada e participou de fóruns regionais, onde debateu a proposta do governo, apresentou críticas e sugestões que acrescentaram novos desafios e diretrizes ao documento original".

Itens da agenda para estruturação da gestão por resultados

Observa-se que a literatura, num contexto de revalorização da gestão pública, vem debatendo a questão da definição de uma agenda para a estruturação da gestão por resultados. Dessa forma se inclui no papel da nova gestão pública as questões do desempenho, aliado à capacidade de estabelecer metas ousadas, mas factíveis, e o acompanhamento e avaliação para verificar sua consecução.

Nesse sentido, Makón (2008) assinala os principais itens da agenda para a estruturação da gestão por resultados:

- foco nos resultados;
- políticas públicas formuladas a partir de processo de planejamento governamental;

- caráter descentralizado da tomada de decisões;
- flexibilização de recursos com cobrança de responsabilidade de gestores;
- utilização de planejamento estratégico nas organizações públicas e otimização dos processos administrativos;
- mudanças metodológicas no processo de formulação do orçamento público;
- sistemas de informação que forneçam subsídios para a tomada de decisão e mensurem os recursos na obtenção dos resultados (sistemas de apuração de custos);
- sistemas de monitoramento da gestão, prestação de contas e avaliação;
- desenvolvimento de indicadores que permitam medir o impacto da ação governamental e indicar os desvios para introdução de medidas corretivas.

Na discussão sobre o orçamento por resultados, destaca Makón (2008) que

"en los últimos años, y como una forma de superar las falencias arriba mencionadas, se ha venido desarrollando conceptualmente y se está aplicando en algunos países la técnica denominada presupuesto por resultados. Esta técnica presenta elementos adicionales a los que utiliza tradicionalmente la técnica del presupuesto por programas. Recoge una de sus características centrales, como es que en el proceso presupuestario se deben expresar claramente las relaciones insumo-producto y que la definición de políticas es el marco para definir la producción pública, enfatizando en el desarrollo metodológico de los indicadores de impacto o resultado y en la determinación de relaciones causales entre los resultados y la cantidad y calidad de los bienes y servicios a producirse por parte de las instituciones públicas. Si se aplica una técnica del presupuesto basada en resultados sin modificar los patrones esenciales actuales de la cultura organizacional y los modos tradicionales de administración, donde se privilegia el cumplimiento formal de medios sobre la ejecución de fines, se estará ante un nuevo esfuerzo de reforma presupuestaria que será de carácter meramente formal, como ha sido las experiencias de las instrumentadas hasta ahora".

O papel do dirigente diante dos desafios da gestão pública

A revalorização do Estado, conforme destaca Albavera (2003, p. 8), requer revisar seu modelo de gestão, o que implica num adequado uso dos recursos para se alcançar resultados. Os desafios à modernização da administração pública e da "gestão por objetivos", para o autor, requer motivar os profissionais, criar ambientes favoráveis à inovação, condições de trabalho para estimular a eficiência dos funcionários, flexibilidade organizacional, responsabilização gerencial à base do recebimento de informações e processamento, de acordo com os objetivos estratégicos, sobre os resultados obtidos e projetados.

Nesse contexto, merece destaque o estudo de Longo (2003, p. 19), que analisa o surgimento da figura do dirigente na administração pública de diversos países desenvolvidos para dar resposta aos desafios da enorme expansão da capacidade de prestação de serviços públicos num contexto de crescente complexidade e diversificação dos processos de produção, ambiente no qual atores tradicionais – a classe política investida de autoridade mediante os mecanismos da democracia representativa, e a burocracia profissional regida pelo sistema de mérito – não atuam adequadamente com eficiência e eficácia. Dentre as linhas de intervenção necessárias para institucionalizar o sistema de cargos de direção, o autor destaca duas variáveis na reforma do desenho estrutural: descentralização vertical limitada, a qual exige tanto delegação estável de poder decisório, quanto a transferência de autonomia de gestão sobre recursos; e construção de sistemas de planejamento e controle baseados em resultados, capazes de fundamentar controle adequado do desempenho do dirigente, o que implica igualmente mudança significativa da tipologia e administração de controles.

Nesse sentido, propõe Longo (2003) que o dirigente seja um "criador de valor público" e, para tanto, deve atuar: (a) na esfera estratégica, refletindo como a organização pode produzir o máximo valor, nem que para isso seja necessário alterar os pressupostos a partir dos quais atua, reformular sua missão, promover inovações; (b) na gestão do entorno político, com o objetivo de obter legitimidade, as autorizações, a colaboração, o apoio, os recursos para as suas iniciativas; (c) na gestão operacional, mobilizando os meios e recursos sob sua autoridade formal de modo a alcançar os objetivos definidos com eficiência e eficácia, assumindo responsabilidade pelos resultados. O autor menciona também o conjunto de valores que orienta o exercício da função de dirigente. O dirigente deve nortear sua ação pelo princípio da otimização do conjunto de meios à sua disposição. A aplicação dessa racionalidade econômica não significa apenas redução de custos. Dado o seu papel de "criador de valor público", o dirigente deve maximizar o impacto de sua ação, sem deixar de considerar que está utilizando recursos escassos, devendo avaliar os custos de cada iniciativa, levar em conta as alternativas existentes (custo de oportunidade) e a necessidade de prestar contas, uma vez que se trata de recursos públicos.

Diante de um cenário que exige a modernização da gestão pública e, visando ampliar seus níveis de qualidade e excelência, fica evidenciado que a questão da qualificação dos dirigentes para a gestão para resultados no setor público brasileiro vem ganhando cada vez mais importância.

> Feitas essas considerações, torna-se relevante, nesse debate, abordar, na Parte 2 deste livro, a seguir, a visão do sistema de planejamento governamental do Brasil.

Parte 2

O Sistema de Planejamento Governamental Brasileiro

7
Funções do Planejamento Governamental

Introdução

O planejamento é uma prática essencial na administração – pública ou privada –, devido aos benefícios que esta ferramenta traz às organizações. Entre eles, podemos destacar: a elevação da eficiência, eficácia e efetividade da organização, pois contribui para evitar a desorganização nas operações; bem como para o aumento da racionalidade das decisões, reduzindo os riscos e aumentando as possibilidades de alcançar os objetivos da organização. O planejamento possibilita a coordenação de diferentes pessoas, projetos e ações em curso; a aplicação racional (otimizada) dos recursos disponíveis ou escassos; e o aumento da responsividade ao lidar com mudanças, na medida em que faz parte do processo de planejar especular sobre fatores do ambiente que afetam a organização.

Na teoria da administração existem diferentes definições de planejamento. Para diversos autores, como por exemplo Ackoff (1967, p. 3) é um processo que se destina a produzir um ou mais estados futuros desejados e que não deverão ocorrer a menos que alguma coisa seja feita. Observa-se que essas definições estão relacionadas, em geral, com conceitos de: lógica, racionalidade, expectativas sobre cenários futuros, mensuração dos níveis de risco e incertezas, sistematização de informações e procedimentos sequenciais, entre outros.

O processo de concepção de um plano de ação é realizado por meio do planejamento. Nesse sentido, o propósito do plano é atingir um conjunto de objetivos, o que implica em dizer que o ato de planejar requer a existência de objetivos. Por sua vez, o **planejamento** estratégico é o mesmo que **planejamento**, mas com ênfase no aspecto de longo prazo dos objetivos, e na análise global do cenário. Assim, o **planejamento** é estratégico quando se dá ênfase no aspecto de longo prazo dos objetivos, e na análise global do cenário (*big picture*).

O planejamento como processo

Sabe-se que, para a produção de qualquer tipo de bem ou serviço, quanto menos recursos forem alocados, maior será a capacidade de investimento do Estado, regra também válida para qualquer empresa. Quando se estuda a questão do processo de produção de bens e serviços públicos demandados pela sociedade, necessita o Estado, antecipadamente, decidir os tipos, a quantidade e a qualidade dos bens ou serviços que irá produzir. Assim, têm os responsáveis pelo processo de planejamento, como referencial básico, que a utilização desses recursos escassos deverá ser feita da maneira mais racional e eficiente possível. E para que isso ocorra adequadamente é que se utiliza o planejamento.

O planejamento pode ser visto como um conjunto de ações interligadas e complementares, realizadas nas diferentes instâncias da organização governamental, com vista no atingimento de determinado objetivo. Envolve uma série de atividades que vão manter e alimentar esse ciclo, que é contínuo, entre as quais figuram estudos, decisões estratégicas e táticas sobre prioridade, a formulação de planos e programas, o acompanhamento e o controle de sua execução. Pressupõe, ainda, a possibilidade de novos fatos e situações que podem influir no desenvolvimento desse processo, revertendo e alterando os rumos e os conteúdos dos trabalhos que realiza. Apresenta-se como uma forma de ação contínua, permanente e sistemática, que, ao longo de seu desenvolvimento, incorpora a ideia de atuação conjunta dos diversos setores da organização, de existência de uma base de informações, bem como de recursos técnicos e humanos, que apoiem sua execução, garantindo o acompanhamento, a avaliação e as tomadas de decisões, em todas as suas fases.

Em relação ao planejamento, temos duas posições a serem consideradas. A primeira entende-o como atividade orientada para a obtenção de um resultado racional, considerando que está submetida a uma situação de escassez de recursos, que a induz a racionalizar sua forma de utilização. Esse processo de planejamento apresenta-se como um instrumental para permitir a adoção de uma decisão mais racional. A segunda posição vislumbra-o como um processo de decisão e, desse modo, a atividade de planejar passa a ser aceita como a prática de decidir antecipadamente.

Reconhecer o planejamento como processo implica, portanto, aceitar que não é uma atividade que se esgote na concepção de um plano, de um programa, ou de um projeto. Esses são mecanismos instituídos para facilitar o alcance de metas, ou seja, são meios para estruturar recursos e ações voltados para certos objetivos que desse modo podem ser geridos de melhor forma (OLIVEIRA, 1991, p. 23).

O planejamento econômico, então, deve ser entendido como o processo de elaboração, execução e controle de um plano de desenvolvimento, a partir do qual se fixam objetivos gerais e metas específicas, assim como a ordenação do elenco de decisões e providências indispensáveis para a consecução desses objetivos. Dessa forma, o plano de desenvolvimento poderá ser executado de maneira mais rápida, despendendo menos recursos e esforços.

Em decorrência da crescente intervenção do Estado na economia, visando atender às demandas da sociedade por serviços públicos, aliada às imperfeições dos mercados, especialmente nos países em desenvolvimento, passou-se a privilegiar o planejamento econômico, como instrumento de administração pública e privada, com o objetivo de aumentar a eficiência, a racionalidade e a segurança das decisões no âmbito das instituições públicas e/ou das empresas privadas e, dessa forma, maximizar o rendimento social e privado no uso de recursos escassos.

Nesse contexto, os projetos devem estar sempre relacionados com uma apreciação do conjunto da economia. A decisão de investir recursos e esforços em determinada iniciativa está sempre implícita em determinadas hipóteses sobre o desenvolvimento econômico da área, região ou país correspondente. Assim, o projeto individual não se realiza no vazio, mas dentro de certo meio do qual se beneficia e para o qual tende a contribuir beneficamente.

O plano, programa ou projeto é, portanto, a expressão física, ou o documento, resultante do processo de planejamento. O orçamento, por sua vez, apresenta-se como um instrumento do planejamento.

Funções do processo de planejamento

O processo de planejamento compreende as seguintes funções: planejamento, execução, controle e avaliação. O planejamento, conforme já ressaltado, é um processo dinâmico de racionalização coordenada das opções, permitindo prever e avaliar cursos de ação alternativos e futuros, com vista na tomada de decisões mais adequadas e racionais. A execução consiste em fazer com que as tarefas sejam realizadas de acordo com o plano, isto é, organizar e distribuir tarefas e delegar autoridade para a execução. O controle é o conjunto de ações para que as pessoas se comportem da forma determinada pelo plano, para isso comparando-se o previsto com o realizado, verificando-se os desvios e tomando-se as providências corretivas. E constituindo-se de certa forma um controle, podemos considerar, finalmente, a avaliação de resultados, após o que inicia-se novo ciclo.

Em relação às fases do planejamento, podem ser classificadas na seguinte ordem: definição e equacionamento preliminar do problema; elaboração das diretrizes básicas do planejamento; fixação dos objetivos; coleta preliminar de dados; levantamentos e pesquisas complementares; estabelecimento de projeções e previsões; análise e discussão dos dados; apresentação de alternativas ou opções; formulação de decisões ou propostas; integração de planos parciais, desdobramento em planos derivados ou replanejamento; redação e apresentação do plano. É importante considerar que o planejamento exige informações estatísticas adequadas, contribuição interprofissional e institucionalização para a execução do plano.

Vislumbra-se o planejamento como um processo dinâmico, que se concretiza por meio de aproximações sucessivas, compreendendo a formulação sistemática de um conjunto de decisões, devidamente integradas. Essas decisões traduzem os propósitos da instituição e definem os meios de atingi-las, visando maximizar o uso dos fatores de produção (terra, capital, trabalho etc.).

O planejamento pode ser implementado de modo: democrático, quando tem como função induzir as ações do setor privado; totalitário, quando determina e controla as ações dos setores econômicos; e misto, quando promove a intervenção e ação direta em alguns setores da economia. Em relação ao tempo de duração, pode-se ter o planejamento: conjuntural (menos de um ano); de curto prazo (um a três anos); de médio prazo (três a seis anos); e de longo prazo (acima de seis anos).

Tratando-se de áreas de interesse, o planejamento pode ter enfoque global, ou seja, incluir todos os setores da economia, ou setorial: agricultura, indústria e serviços. Pode-se ter o planejamento macroeconômico, orientado para a atividade total dos participantes do processo econômico, como é o caso do planejamento nacional ou planejamento regional; e o microeconômico, quando enfoca os agentes individuais do processo.

Programação do desenvolvimento econômico

A atividade econômica é implementada por meio de diversas formas de organização, considerando que bens e serviços são produzidos pelas unidades familiares, por empresas e pelo Estado. Para o exercício da atividade econômica as formas de organização se interagem, o que não permite ter referências definidas entre as atividades das unidades familiares e a comercial e entre a atividade governamental e a privada.

Pode-se constatar, a partir da elaboração do planejamento do desenvolvimento econômico, que não se deve deixá-lo ao sabor das forças do mercado. Nesse sentido, é fundamental dedicar-lhe esforço deliberado, orientado de forma específica, com vista a tornar o ritmo de crescimento da economia mais dinâmico.

A programação do desenvolvimento objetiva permitir uma visão completa do desenvolvimento econômico do país ou da região com a finalidade de estabelecer um sistema de metas coerentes de produção, compatíveis com a estabilidade do sistema. Nesse sentido, o desenvolvimento econômico é um processo a longo prazo, do qual fazem parte muitas atividades. O projeto, por sua vez, constitui a menor atividade que se pode planejar, analisar e executar administrativamente. A seleção de um projeto é estratégica, pois, se não for acertada, os esforços posteriores ficarão seriamente comprometidos.

Sabendo-se que o planejamento e a implementação do desenvolvimento econômico compõem-se de etapas interdependentes, pode-se considerar que o processo é mais bem descrito como um ciclo que se repete. Com o passar do tempo, os ciclos mais recentes levam em conta os novos dados e os fatos mais recentes.

O planejamento do desenvolvimento econômico tem como objetivos: aumentar a renda nacional; aumentar o emprego; melhorar a posição do balanço de pagamentos; diminuir os desníveis regionais; melhorar a distribuição de renda; aumentar a produtividade do setor agrícola; manter uma taxa adequada de crescimento real da renda nacional; promover a ocupação territorial, a integração nacional e a exploração dos recursos naturais; atingir níveis adequados de segurança e bem-estar social.

Em relação à questão do subdesenvolvimento, verifica-se entre suas características um baixo nível de desenvolvimento tecnológico e industrial, baixa renda *per capita*, analfabetismo etc. Constatam-se, no tocante aos indicadores básicos do nível de vida dos países em desenvolvimento, problemas na renda *per capita*, deficiências no nível de instrução e de alimentação, reduzida destinação de recursos públicos para aplicação em educação, saúde e habitação, entre outros.

Nas atividades relacionadas às etapas do planejamento global, deve-se determinar o volume da demanda final de bens e serviços que atendam às metas previstas para o desenvolvimento econômico. O planejamento setorial, por sua vez, visa detalhar, em cada setor, as metas estabelecidas no planejamento global, sendo que suas etapas são as mesmas do planejamento global. Nesse caso, o nível de detalhamento é mais elevado.

O planejamento governamental na Constituição Federal

O Estado tem função explícita de planejamento. O planejamento governamental, portanto, além de um instrumento da ação pública, deve ser visto como uma imposição constitucional. Isso está explícito na Constituição Federal de 1988, por meio de vários dispositivos, que lhe conferem caráter imperativo, ao estabelecer a obrigatoriedade de formulação de planos, de forma ordenada e sequencial, para viabilizar o alcance dos objetivos previamente estabelecidos, que buscam o atingimento do progresso econômico e social.

Assim, a função de planejamento torna-se essencial, como proposta técnica consistente para a execução de políticas, contribuindo para uma organização dos serviços públicos em termos quantitativos e qualitativos, cuidando de sua instrumentação econômico-financeira, avaliando os processos de redução ou elevação das desigualdades sociais, intermediando e zelando pelo compromisso de equidade de oportunidades, entre outros.

Dessa forma, passa o planejamento governamental a constituir uma função do governo, de cunho permanente. O planejamento, com base nas novas atribuições constitucionais, deixou de ser um instrumento de caráter técnico – que poderia ou não ser implementado, de acordo com a vontade dos dirigentes. Tornou-se um mecanismo jurídico por meio do qual o dirigente passou a ter a obrigação de executar sua atividade governamental na busca da realização das mudanças necessárias para alcançar o desenvolvimento econômico e social. Os planos, depois de sua aprovação, adquirem características jurídicas, com natureza e efeitos de lei, podendo instituir direitos e obrigações, além de autorizar a realização de despesas.

O planejamento, ao assumir a condição de atividade permanente e contínua de geração de serviços, de bens e de mudanças econômicas e sociais, incorporou algumas características e formas, como função gerencial e como processo. Registre-se que, na condição de função gerencial, o planejamento é desenvolvido em todos os níveis da organização, nas dimensões estratégica, tática e operacional, com a representação de todas as instâncias e de todos os membros da organização. Como processo – que busca transformar a realidade –, o planejamento constitui uma atividade integrativa, viabilizando um sistema de tomada de decisões, que atua como marco de referência para as outras atividades da organização governamental.

Cabendo ao Estado, conforme observado na fase introdutória deste livro, a responsabilidade de viabilizar o funcionamento dos serviços públicos essenciais demandados pela coletividade, o custeio desses serviços públicos realiza-se por meio da transferência de parcelas dos recursos dos indivíduos e das empresas para o governo, completando, assim, o círculo financeiro entre sociedade e Estado. Dessa forma, a política fiscal se orienta para: a *política tributária*, em sentido lato, que se materializa na captação de recursos, para atendimento das funções da administração pública, por meio de suas distintas esferas (União, Estados, Distrito Federal e Municípios); e para a *política orçamentária*, no que se refere especificamente aos gastos, ou seja, à forma de aplicação dos recursos, levando em consideração a dimensão e a natureza das atribuições do poder público, bem como a capacidade e disposição para seu financiamento pela população.

Verifica-se, nesse âmbito, que a política orçamentária, desdobrada pela função orçamentária da administração, apresenta-se como matéria relevante em todas as atividades governamentais, desde o planejamento, elaboração, discussão e aprovação do orçamento, e se completa com o controle.

Planejamento e desenvolvimento econômico

A ampliação das funções do Estado, como estimulador do desenvolvimento econômico, tendo como preocupação a promoção do bem comum, determina o emprego do planejamento de forma a possibilitar a formulação de programas para prever e, em consequência, aparelhar-se para atender às futuras necessidades do país. O planejamento apresenta-se, assim, como um processo contínuo que fundamenta, antecede e acompanha a elaboração orçamentária. O planejamento está baseado nos seguintes elementos: recursos disponíveis; natureza e importância das operações em curso; e possibilidades futuras.

Deve-se ressaltar que o planejamento varia de acordo com as características de cada país – estrutura institucional, estágio de desenvolvimento, situação histórica – e pode assumir diversas formas: pode simplesmente introduzir o controle de preços e de políticas setoriais ou, em caráter mais amplo, orientar investimentos de infraestrutura – indústria de base, transportes, comunicações etc. Nesse sentido, Keynes demonstrou que a ação governamental é necessária para evitar, ou, pelo menos, reduzir, os efeitos das crises cíclicas características do capitalismo e também para manter o pleno emprego e promover o crescimento econômico.

A partir do entendimento de que o planejamento se apresenta como instrumento básico para a consecução do bem-estar da coletividade, papel sob a responsabilidade do Estado, e considerando que nem sempre se pode dispor de bens e serviços no nível ideal para todos, torna-se necessário, nesse ambiente de escassez, elaborar e implementar planos, programas, projetos e atividades. Verifica-se, assim, que o Estado é o principal agente para a consecução desses objetivos e tem no planejamento um dos instrumentos de ação, com vistas a corrigir desequilíbrios e a promover o ajustamento do desenvolvimento nacional.

Por sua vez, os elementos constitutivos da política econômica planejada são: previsão, coordenação e consecução de objetivos determinados, o que tornou o planejamento uma atividade normal no âmbito estatal, ao lado de outras funções governamentais.

Assim, planejamento e plano visam alcançar eficiência, isto é, a execução perfeita de uma tarefa que se realiza, bem como a eficácia, ou seja, que se façam as coisas que realmente importa fazer porque são socialmente desejáveis. O planejamento tem, ainda, a função de tornar transparente e precisa a ação, de organizar o que será executado, de sistematizar as ideias e os recursos para tornar mais eficientes as ações governamentais.

8

Características do Sistema de Planejamento Brasileiro

A principal característica do sistema de planejamento no Brasil refere-se a seu caráter intergovernamental, transitivo, coerente com a organização federativa do Estado brasileiro, em que coexistem três esferas de governo (União, Estados e Municípios) com autonomia política, administrativa e financeira (MATIAS-PEREIRA, 2010).

O modelo atual do sistema de planejamento governamental brasileiro, no âmbito federal, começa a ser estruturado com a edição do Decreto-lei nº 200, de 1967, que criou o Ministério do Planejamento e Coordenação Geral, conferindo caráter permanente ao órgão central de planejamento. Esse sistema, em 1972, foi regulamentado, passando a compreender as atividades de planejamento, orçamentação e modernização administrativa.

É importante ressaltar que o planejado necessita ser exequível, assim como deve ter continuidade, considerando que o planejamento não deve ser entendido apenas como o processo de elaborar um documento denominado plano ou programa. Essa é uma parte do processo, visto que a seleção racional de objetivos e instrumentos é atividade ininterrupta. O processo de seleção racional contínuo envolve, além do emprego de um método, uma forma de pensar baseada na racionalidade. Por sua vez, o estabelecimento de uma conduta racional depende de que se disponha de um método e da existência de um sistema apropriado de normas e ajustes que visem corrigir os desvios e de um sistema de organização social que seja compatível com a conduta racional.

O planejamento, no Brasil, em sentido amplo, pode ser entendido como um processo de racionalização de decisões, que se desdobra em planejamento indicativo, destinado a orientar a atividade privada para a consecução dos objetivos de desenvolvimento e planejamento governamental, voltado para a atuação dos órgãos e entidades que constituem o sistema de planejamento do governo.

Na orientação da atividade privada, feita pelo planejamento indicativo, são utilizados instrumentos de política monetária, cambial, creditícia, tributária e de incentivos fiscais, promovendo-se, ainda, o financiamento de programas prioritários de desenvolvimento por meio dos bancos oficiais, notadamente o Banco Nacional de Desenvolvimento Econômico e Social – BNDES. Com a crise fiscal do Estado e o processo de privatizações em andamento é cada vez mais raro o poder público no Brasil, atualmente, associar-se a grupos empresariais privados na realização de empreendimentos de grande porte.

Pode-se constatar que o planejamento governamental é exercido por uma complexa estrutura técnico-burocrática, envolvendo distintos níveis de articulação, descentralização e desconcentração das ações do governo. A existência de esferas de poder autônomas, características do federalismo, determina uma multiplicidade de planos de decisão, com patamares de autonomia e competência. Foi essa complexidade do planejamento governamental, conforme Matias-Pereira (2010), que determinou

> "a concepção de um sistema de planejamento que apresenta caráter normativo, quando se trata de programar as ações do governo que cabem à União, e caráter intergovernamental, transitivo, quando busca integrar, com vistas à unidade de objetivos que deve presidir a atuação dos poderes públicos, no seu todo, as ações de governo dos estados e dos municípios com as da União, ou quando procura a cooperação internacional mútua, de outros governos ou de organismos transgovernamentais".

A trajetória do planejamento no Brasil

O planejamento no Brasil, assinala Matias-Pereira (2010) tem seu marco em 1948, no governo Eurico Gaspar Dutra, com a elaboração do denominado Plano Salte (no qual foram priorizados os setores de saúde, alimentação, transporte e energia). Na fase seguinte, fundamentado na teoria de capital humano, foi aprovado, em 1956, o Plano de Metas, que privilegiava os setores de energia; o desenvolvimento de rodovias e ferrovias; os serviços portuários e aeroviários; o fortalecimento da indústria de base; a mecanização agrícola e maior utilização de fertilizantes, silos e armazenagens. Em 1963 surge o Plano Trienal, que propunha-se a corrigir os desníveis regionais existentes, mediante criação de incentivos fiscais; assimilar novas técnicas dos setores de desenvolvimento; melhorar as condições de saúde pública; intensificar as ações no campo educativo e da pesquisa tecnológica; alterar determinados aspectos da legislação com intuito de promover as reformas de base, notadamente a reforma agrária; reduzir a dívida externa; combater a inflação sem reduzir a taxa de crescimento. Posteriormente, vieram: o Programa de Ação Econômica de Governo (PAEG), 1964/67; o plano decenal, 1967/76; reforma administrativa e sistema de planejamento; I Orçamento Plurianual de Investimentos (OPI), 1968/70; programa de Metas e Bases para a ação de governo, 1970/73; II OPI e o I Plano Nacional de Desenvolvimento (I PND), 1972/74; programa de acompanhamento; programa geral de aplicações; II Plano Nacional de Desenvolvimento (II PND), 1975/79; III Plano Nacional de Desenvolvimento (III PND), 1980/85; I Plano Nacional de Desenvolvimento da Nova República (I PND-NR), 1986/89. Nessa fase mais recente, após a Constituição Federal de 1988, foi elaborado o plano plurianual para o quinquênio 1991/95, tendo sido revisado para o período de 1993/95. O governo Itamar, que assumiu em decorrência do *impeachment* do Presidente Collor, em 1992, produziu nova revisão para o período de 1993/95. Os planos plurianuais do governo Fernando Henrique cobriram os períodos de 1996/99 e 2000/03. O plano plurianual, elaborado e aprovado em 2003, no primeiro governo Luiz Inácio Lula da Silva, vigorou de 2004 a 2007. O PPA, do segundo governo Lula, vigorou de 2008 a 2011. O PPA, do governo Dilma, irá vigorar de 2012 a 2015.

9

O Planejamento como Instrumento de Desenvolvimento

Introdução

Diversos autores, como por exemplo Dowbor (1994), Castells (1998), Matias-Pereira (2010b), assinalam que as mudanças ocorridas no mundo nas últimas décadas, refletindo de forma decisiva sobre as organizações e na gestão pública e privada, foram decorrentes dos seguintes fenômenos: desenvolvimento tecnológico muito acelerado, que provocou a quebra de paradigma no campo das novas tecnologias de informação e comunicação, em particular, a Internet; o processo de globalização, que provoca uma interdependência de setores e países; aprofundamento da democratização das sociedades, permitindo a participação de novos atores e estimulando as demandas sociais; elevação das desigualdades, que exige uma maior participação e compromisso do Estado; e a crise econômico-fiscal das décadas de 1970 e 1980, que inviabilizou o modelo de Estado vigente.

Ao Estado, sustentam Pares e Valle (2006), tem sido demandado oferecer bens e serviços em maior quantidade e qualidade, sem aumento de custos e com maior transparência e equidade no gasto público. Redefinir e reorganizar os padrões de gestão pública num contexto de fortes mudanças advindas da democratização, de restrições fiscais e de competitividade são temas da agenda dos governantes. Para os autores, a gestão pública orientada para resultados tem-se mostrado uma resposta a esses desafios. Entretanto, a adoção da gestão por resultados é um processo complexo que depende do entorno político e institucional de um país. A atuação da cidadania por maior transparência e qualidade no gasto público é forte fator de pressão para mudança nas práticas das organizações públicas, porém não é suficiente. Nesse sentido, argumentam os autores que a plena utilização dos instrumentos de gestão por resultados depende do reconhecimento e da aceitação do modelo pelos agentes políticos, dirigentes públicos e servidores públicos. O apoio político à gestão por resultados é necessário uma vez que as mudanças a serem introduzidas ultrapassam vários mandatos e necessitam de sustentabilidade. Já aos gestores públicos, em todos os níveis da administração, são requeridas capacidades e habilidades para o atendimento das demandas da sociedade com maior eficiência e qualidade. A complexidade do tema, seus requisitos e componentes culturais, embora não se constituam fatores impeditivos para sua adoção, influenciam a escolha da abrangência e estratégia de implantação da gestão por resultados.

Diante desse cenário de profundas mudanças, o planejamento governamental – num contexto crescente de intervenção do Estado na economia, visando atender às demandas da sociedade por serviços públicos de qualidade, aliada às imperfeições dos mercados – se apresenta como um instrumento essencial para estimular o desenvolvimento do país. Por meio dele busca-se aumentar a eficiência, a eficácia, a efetividade, a racionalidade e a segurança das decisões no âmbito governamental.

Plano, programa e projeto

O plano, programa ou projeto é a expressão física, ou o documento, resultante do processo de planejamento. O orçamento, por sua vez, apresenta-se como um instrumento do planejamento (Matias-Pereira, 2010b).

Por que o Estado deve planejar?

O papel do Estado, como indutor do desenvolvimento econômico, tendo como propósito a promoção do bem comum, determina o emprego do planejamento de forma a possibilitar a formulação de programas para prever e, em consequência, aparelhar-se para atender às futuras necessidades do país. O planejamento apresenta-se, assim, como um processo contínuo que fundamenta, antecede e acompanha a elaboração orçamentária. O planejamento está baseado nos seguintes elementos: recursos disponíveis; natureza e importância das operações em curso e possibilidades futuras.

O planejamento governamental no Brasil, conforme Matias-Pereira (2010a, 2010b), tem seu marco em 1948, no governo Eurico Gaspar Dutra, com a elaboração do denominado Plano Salte, no qual foram priorizados os setores de saúde, alimentação, transporte e energia.

Planejar, portanto, significa dar transparência e consistência à própria ação, fixando metas e prazos para orientação e prevendo os meios necessários para alcançá-los. Nesse sentido, visa o planejamento criar as condições necessárias para o alcance das metas indispensáveis à consecução dos objetivos. Constata-se, dessa forma, que o planejamento é sempre anterior à ação, buscando torná-la mais racional e efetiva, e seu resultado busca responder às indagações do que fazer, onde fazer e quando fazer. Têm-se, do ponto de vista lógico, como princípios do planejamento, a racionalidade, a previsibilidade, a continuidade e a exequibilidade.

É sabido que a decisão e a ação coletiva se realizam por meio do governo. Assim, para a produção de bens e serviços públicos, quanto mais qualidade for obtida e menos recursos forem alocados, maior será a capacidade de investimento do Estado. Quando se estuda a questão do processo de produção de bens e serviços públicos de qualidade demandados pela sociedade, necessita o Estado, antecipadamente, decidir os tipos, a quantidade e a qualidade dos bens ou serviços que irá produzir. Assim, têm os responsáveis pelo processo de planejamento, como referencial básico, que a utilização desses recursos escassos deverá ser feita da maneira mais racional e eficiente possível. E para que isso ocorra adequadamente é que se utiliza o planejamento.

É importante observar, nesse debate, que políticas governamentais estão envolvidas com a racionalidade e com a diferença (efeitos) que elas provocam na sociedade. Nesse debate destacam-se os seguintes modelos: da racionalidade econômica, para o qual a racionalidade das políticas públicas e a da economia de mercado são iguais; da racionalidade político-sistêmica, em que os atores no jogo do poder do processo de formulação interagem e chegam a um acordo político que permite, além do exercício do pluralismo, o funcionamento do sistema político sem mudanças básicas; e o modelo da formulação responsável de políticas públicas, que busca nas justificativas morais os critérios para o processo de formulação dessas políticas.

Planejamento do desenvolvimento econômico

O planejamento do desenvolvimento econômico, para Matias-Pereira (2010b), deve ser entendido como o processo de elaboração, execução e controle de um plano orientado para estimular o desenvolvimento do país, a partir do qual se fixam objetivos gerais e metas específicas, assim como a ordenação do elenco de decisões e providências indispensáveis para a consecução desses objetivos. Dessa forma, o plano de desenvolvimento poderá ser executado de maneira mais rápida, despendendo menos recursos e esforços.

O planejamento do desenvolvimento econômico tem como objetivos: aumentar a renda nacional; aumentar o emprego; melhorar a posição do balanço de pagamentos; diminuir os desníveis regionais; melhorar a distribuição de renda; aumentar a produtividade do setor agrícola; manter uma taxa adequada de crescimento real da renda nacional; promover a ocupação territorial, a integração nacional e a exploração dos recursos naturais; atingir níveis adequados de segurança e bem-estar social.

Em relação à questão do subdesenvolvimento, verifica-se entre suas características um baixo nível de desenvolvimento tecnológico e industrial, baixa renda *per capita*, analfabetismo etc. Verifica-se, no que se refere aos indicadores básicos do nível de vida dos países em desenvolvimento, renda *per capita* baixa, deficiências no nível de instrução e de alimentação, reduzida destinação e efetividade de recursos públicos para aplicação em educação, saúde e habitação, entre outros.

Nas atividades relacionadas às etapas do planejamento global, deve-se determinar o volume da demanda final de bens e serviços, que atendam às metas previstas para o desenvolvimento econômico. O planejamento setorial, por sua vez, visa detalhar, em cada setor, as metas estabelecidas no planejamento global, sendo que suas etapas são as mesmas do planejamento global. Nesse caso, o nível de detalhamento é mais elevado.

Inovações constitucionais no planejamento governamental

Foi introduzido no Brasil, com a promulgação da Constituição Federal de 1988, um novo modelo de planejamento e gestão, tendo como referência experiências de gestão empresarial. A partir desse modelo foram delineadas novas bases metodológicas e operacionais para viabilizar uma mudança efetiva no planejamento, no orçamento e na gestão pública.

Ao abordar o tema da retomada do planejamento governamental no Brasil, Pares e Valle (2006) assinalam que o processo democrático trouxe para a arena os movimentos sociais, as exigências de maior transparência com os negócios públicos e a prestação de contas. O planejamento e o orçamento tendem a emular esse ambiente social, que exige crescente governança para governar "com" e para fazer "com" a sociedade. Conceitos como parceria, participação social, concessões públicas eram pouco usuais na administração pública até o início dos anos 1990. Para os autores a necessidade de estabelecer fronteiras jurídicas entre o que é estatal e público e o que é público e privado torna-se vital para abrigar novas formas de contrato e de relações administrativas. Esse ambiente de múltiplas pactuações leva a uma demanda para inscrevê-las nos instrumentos de planejamento e orçamento, como forma de assegurar transparência e compromissos ao longo dessa nova teia de responsabilidades.

Observa-se, assim, que as inovações contidas na Constituição Federal de 1988 no campo do planejamento governamental no país foram responsáveis pela redefinição das relações entre o planejamento e o orçamento. Observa-se, assim, que o atual modelo de planejamento governamental está razoavelmente apoiado na descentralização e na participação efetiva das equipes técnicas na formulação, no monitoramento, na avaliação e na revisão das políticas públicas.

É oportuno destacar que o planejamento governamental brasileiro, a partir do PPA 1996-1999, introduziu um referencial indicativo de metas de longo prazo, definidas a partir de um planejamento territorial. Os PPAs subsequentes (2000/2003, 2004/2007 e 2008/2012) procuraram consolidar um planejamento de longo prazo no país (de 8 a 20 anos), integrado a um plano de médio prazo (os PPAs) e de curto prazo (os orçamentos). Evidencia-se nesses planos plurianuais um projeto de desenvolvimento de longo prazo, com o objetivo de promover o crescimento sustentável, com inclusão social.

Assim, conforme definido pela Constituição Federal de 1988, cabe ao poder executivo a responsabilidade pelo sistema de planejamento e orçamento,[1] e a iniciativa dos seguintes projetos de lei: Plano Plurianual (PPA); Lei de Diretrizes Orçamentárias (LDO); e Lei de Orçamento Anual (LOA). Dessa forma, o sistema de planejamento governamental brasileiro torna-se efetivo por meio dos referidos instrumentos.[2]

O PPA traduz a visão estratégica, no qual o governo elenca os programas que pretende implementar ao longo do seu mandato.

No caso do Plano Plurianual (PPA) 2008-2011, por exemplo, o Plano organiza as ações do governo em três eixos: crescimento econômico, agenda social e educação de qualidade. O Plano estabelece as metas e as prioridades a serem cumpridas pelo governo ao mesmo tempo em que são referências ao setor privado. Nesse sentido, o Plano articula e integra as principais políticas públicas para o alcance dos objetivos de governo e dá continuidade à estratégia de desenvolvimento de longo prazo inaugurada no PPA 2004-2007. Para o novo período, o Plano promoverá desenvolvimento com inclusão social e educação de qualidade.

Como forma de viabilizar a Estratégia de Desenvolvimento, o Plano Plurianual (PPA) 2008-2011 prioriza: as políticas públicas voltadas para o crescimento e a promoção da distribuição de renda; a elevação da qualidade da educação; o aumento da produtividade e da competitividade; a expansão do mercado de consumo de massa; a utilização da diversidade dos recursos naturais de forma sustentável; a melhoria da infraestrutura, inclusive urbana (em particular nas

---

[1] O processo orçamentário no Brasil compreende as fases de elaboração e execução das leis orçamentárias – PPA, LDO e LOA. Registre-se que cada uma dessas leis tem ritos próprios de elaboração, aprovação e implementação pelos Poderes Legislativo e Executivo. Nesse sentido, entendemos que o envolvimento da sociedade no processo orçamentário é essencial para a elevação da participação da população na formulação das políticas públicas, bem como para aumentar o controle e a transparência na aplicação dos recursos públicos (MATIAS-PEREIRA, 2010b).

[2] A Lei de Responsabilidade Fiscal (LRF), de 2000, surge nesse contexto como um importante instrumento de controle das finanças públicas para os governos federal, estadual e municipal.

regiões metropolitanas); a redução das desigualdades regionais; e a segurança e o fortalecimento da democracia e da cidadania.

A LDO define a visão tática, ou seja, estabelece os parâmetros para a elaboração do orçamento do exercício seguinte, atendendo a determinações da Constituição Federal, da Lei de Responsabilidade Fiscal e demais normas, assim como elenca os programas definidos como prioritários pelo governo. Observa-se que ainda permanece uma lacuna, em relação à LDO, visto que decorridas mais de duas décadas da promulgação da Constituição Federal, ainda não foi criada, conforme estabelece o art. 165, uma nova lei complementar de finanças, que deverá substituir a Lei nº 4.320/64, e essa carência vem contribuindo para dificultar o funcionamento do sistema de planejamento e orçamento do país.

A LOA espelha a visão operacional, na medida em que promove o detalhamento dos programas e aloca os grupos de despesas pelas ações (projetos e atividades).

Recorde-se que o plano plurianual (PPA) é a lei que define as prioridades do governo pelo período de quatro anos. O projeto de lei do PPA deve ser enviado pelo Presidente da República ao Congresso Nacional até o dia 31 de agosto do primeiro ano de seu mandato (quatro meses antes do encerramento da sessão legislativa). O referido plano deve conter as diretrizes, objetivos e metas da administração pública federal para as despesas de capital e outras delas decorrentes e para as relativas aos programas de duração continuada.

A LDO é anterior à lei orçamentária, que define as metas e prioridades em termos de programas a executar pelo governo. O projeto de lei da LDO deve ser enviado pelo Poder Executivo ao Congresso Nacional até o dia 15 de abril de cada ano (oito meses e meio antes do encerramento da sessão legislativa).

A principal característica do sistema de planejamento no Brasil refere-se a seu caráter intergovernamental, transitivo, coerente com a organização federativa do Estado brasileiro, em que coexistem três esferas de governo (União, Estados e Municípios) com autonomia política, administrativa e financeira. Pode-se afirmar, por fim, que o planejamento governamental adotado no Brasil é um planejamento flexível e intensivo em gestão, visto que o plano é implementado por meio dos orçamentos públicos.

Conclusão

As rápidas mudanças nas áreas econômicas e sociais no mundo, responsáveis pelo aumento das incertezas e instabilidades, têm exigido que tanto o Estado, como o setor público e o setor privado, busquem se apoiar de forma crescente no planejamento estratégico e no planejamento de longo prazo para elevar o nível de governança (MATIAS-PEREIRA, 2010c).

Se uma das razões do planejamento é a necessidade de mediação entre o futuro e o presente, é de se supor que quanto mais incerto for o amanhã, mais recurso ao planejamento deve existir. O que mudou, portanto, não é a necessidade dessa ferramenta, é a forma de apropriar-se dela, para que a decisão do que deve ser feito hoje possa estar balizada por algum critério de eficácia do que essa decisão pode trazer de benefícios no futuro (PARES; VALLE, 2006).

Podemos concluir, portanto, que o planejamento governamental constitui-se numa função de governo, realizada de maneira sistemática e permanente. O planejamento, com base nas novas atribuições constitucionais, deixou de ser um instrumento de caráter técnico, para tornar-se um mecanismo jurídico por meio do qual o dirigente passou a ter a obrigação de executar sua atividade governamental na busca da realização das mudanças necessárias para alcançar o desenvolvimento econômico e social. Os planos, depois de sua aprovação, adquirem características jurídicas, com natureza e efeitos de lei, podendo instituir direitos e obrigações, além de autorizar a realização de despesas.

> Feitas essas considerações, torna-se relevante, nesse debate, abordar, na Parte 3, apresentada a seguir, as principais questões que envolvem o Estado e a sociedade.

Parte 3

Estado e Sociedade: as Novas Relações na Gestão das Políticas Públicas no Brasil

10

Características das Sociedades Modernas e Políticas Públicas

Introdução

Nesta parte iremos tratar das questões analítico-conceituais de políticas públicas, da definição de política pública e sua vinculação com a política; os fatores que levam à introdução de um tema na agenda pública e sua posterior tradução em formas de intervenção governamental, ou seja, sua constituição em uma política pública; algumas tendências e inovações na gestão de políticas sociais.

Características das sociedades modernas e políticas públicas

A principal característica das sociedades modernas é a diferenciação social. Dessas diferenças é normal o surgimento dos conflitos. Para que a sociedade possa sobreviver e progredir, o conflito deve ser mantido dentro de limites toleráveis, o que vai exigir a utilização da coerção pura e simples e da política. O problema com o uso da coerção é que, quanto mais é utilizada, mais reduzido se torna o seu impacto e mais elevado se torna o seu custo. Essa forma de organização política é que irá viabilizá-la, permitindo que os conflitos internos entre indivíduos e grupos sejam pactuados sem que esta disputa resulte na destruição das partes em conflito (MATIAS-PEREIRA, 2010).

Dessa forma, qualquer sociedade mais evoluída, para poder sobreviver, requer de seus membros um comportamento regulado por normas gerais, estruturada por meio de uma organização política. Para isso, deve prevalecer o uso da política, que envolve coerção – principalmente como possibilidade –, mas que não se limita a ela. Cabe indagar, então, o que é a política. O termo *política* (*politics*) pode ser definido, de forma sucinta, como o conjunto de procedimentos formais e informais que expressam relações de poder e que se destinam à resolução pacífica dos conflitos quanto aos bens públicos. Políticas públicas (*policy, policies*), por sua vez, são *outputs*, resultantes da atividade política (*politics*), ou seja, compreendem o conjunto de decisões e ações relativas à alocação imperativa de valores. Elas compreendem o conjunto das decisões e ações relativas à alocação imperativa de valores (EASTON, 1970).

Registre-se que a expressão *política*, desde o século XIX, vem sendo definida como a *arte e a ciência do Estado e do governo*. Nas últimas décadas, porém, essa definição começou a se tornar restrita com a percepção da importância política de instituições não constitucionais, que interferem nas atividades estatais, como partidos políticos, sindicatos, organizações não governamentais etc. Tendo como referência que o estudo da política é o estudo da influência e dos que têm influência, Quincy Wright define política como a "arte de influenciar, manipular ou controlar grupos com a intenção de avançar os propósitos de alguns contra a oposição de outros".

David Easton (1953), ao tratar da questão da formulação de decisões sobre linhas de conduta coletivas (*decision making*), assinala que estas devem se aplicar ao "estudo da repartição autoritária ou imperiosa (*authoritative allocation*) dos valores, de maneira que essa repartição seja influenciada pela distribuição e utilização do poder". A ênfase de seu estudo é sobre o fenômeno da repartição, ou seja, da distribuição de decisões sobre bens escassos na sociedade.

Para Schmitter a

> "função da política é a de resolver conflitos entre indivíduos e grupos, sem que este conflito destrua um dos partidos em conflito. Talvez, resolução não seja a melhor expressão porque implica (falsamente) que a atividade política põe fim ao conflito. Ao contrário, existem conflitos permanentes dentro de qualquer sociedade que a política não consegue extinguir, embora a sociedade sem conflito seja um antigo sonho de muitos filósofos políticos. A política pode simplesmente 'desarmar' o conflito, canalizá-lo, transformá-lo em formas não destrutivas para os partidos e a coletividade em geral".

Políticas públicas – *imputs* e *withinputs*

A política compreende um elenco de ações e procedimentos que visam à resolução pacífica de conflitos em torno da alocação de bens e recursos públicos. Os personagens envolvidos nesses conflitos são os denominados "atores políticos", que podem ser públicos e atores privados.

Para Easton (1970), as políticas públicas resultam do processamento, pelo sistema político, dos *inputs* originários do meio ambiente e, frequentemente, de *withinputs* (demandas originadas no interior do próprio sistema político).

A partir desta percepção, apresenta-se, a seguir, a Figura 10.1, que mostra as decisões políticas *versus* políticas públicas.

```
┌─────┐  Demandas    ┌──────────────┐
│  I  │─────────────▶│              │
│  N  │              │   SISTEMA    │   Decisões e    ┌─────┐
│  P  │              │              │─────────────────▶│  O  │
│  U  │  Apoios      │              │    Ações         │  U  │
│  T  │─────────────▶│   POLÍTICO   │                  │  T  │
│  S  │              │              │                  │  P  │
└─────┘              └──────────────┘                  │  U  │
                                                        │  T  │
                                                        │  S  │
                                                        └─────┘
                    Meio Ambiente Social
```

Fonte: Easton (1970), Matias-Pereira (2010).

As políticas públicas, em decorrência de sua dimensão "pública", não devem ser avaliadas pelo tamanho do agregado social sobre o qual incidem, mas pelo seu caráter "imperativo". Isso reforça o entendimento de que uma das suas características centrais é o fato de que são decisões e ações revestidas da autoridade soberana do poder público. As políticas públicas envolvem, portanto, atividade política. Para usar a linguagem de Easton, resultam do processamento, pelo sistema político, dos *inputs* originários do meio ambiente e, frequentemente, de *withinputs* (demandas originadas no interior do próprio sistema político).

Para Easton (1970), os *inputs* e os *withinputs* podem expressar demandas e suporte. As demandas podem ser, por exemplo, reivindicações de bens e serviços, como saúde, educação, estradas, transportes, segurança pública, normas de higiene e controle de produtos alimentícios, previdência social etc. Podem ser, ainda, demandas de participação no sistema político, como reconhecimento do direito de voto dos analfabetos, acesso a cargos públicos para estrangeiros, organização de associações políticas, direitos de greve etc. Ou, ainda, demandas de controle da corrupção, de preservação ambiental, de informação política, de estabelecimento de normas para o comportamento dos agentes públicos e privados etc.

O suporte ou apoio nem sempre estão diretamente vinculados a cada demanda ou política específica. Geralmente, estão direcionados para o sistema político ou para a classe governante. Por outro lado, embora os *inputs* de apoio nem sempre estejam diretamente vinculados a uma política, eles não podem estar **sempre** totalmente desvinculados das políticas governamentais, pois neste caso o governo não conseguiria cumprir seus objetivos.

Os *inputs* de demanda e de apoio não estão restritos ao plano interno da sociedade nacional. De fato, principalmente no mundo moderno, onde vem se acelerando o processo de globalização da economia e de redução das barreiras nacionais, cada país é – cada vez mais – afetado pelo que acontece com os outros países. Os *withinputs* também expressam demandas e apoio e distinguem-se dos *inputs* pelo fato de que são provenientes do próprio sistema político: dos agentes do executivo (ministros, burocratas, tecnocratas etc.), dos parlamentares, dos governadores de Estado, do judiciário.

Isso evidencia que grande parte da atividade política dos governos se destina à tentativa de satisfazer as demandas que lhes são dirigidas pelo atores sociais ou aquelas formuladas pelos próprios agentes do sistema político, ao mesmo tempo em que articulam os apoios necessários. Na verdade, o próprio atendimento das demandas deve ser um fator gerador de apoios –, mas isso nem sempre ocorre, ou, mais comumente, ocorre apenas parcialmente. Observa-se que é na tentativa de processar as demandas que se desenvolvem aqueles "procedimentos formais e informais de resolução pacífica de conflitos" que caracterizam a política.

Demandas por políticas públicas

Os três tipos de demandas mais comuns são: as demandas novas, as demandas recorrentes e as demandas reprimidas. As demandas novas são aquelas que resultam do surgimento de novos atores políticos ou de novos problemas. Novos atores são aqueles que já existiam antes, mas não eram organizados; quando passam a se organizar para pressionar o sistema político, aparecem como novos atores políticos. Novos problemas, por sua vez, são problemas que ou não existiam antes – como a gripe aviária, por exemplo – ou que existiam apenas como "estados de coisas", pois não chegavam a pressionar o sistema e se apresentar como problemas políticos a exigirem solução. Podemos citar como exemplo a questão ambiental.

As demandas recorrentes são aquelas que expressam problemas não resolvidos ou mal resolvidos, e que estão sempre voltando a aparecer no debate político e na agenda governamental. Quando se acumulam as demandas e o sistema não consegue encaminhar soluções aceitáveis, ocorre o que se denomina "sobrecarga de demandas": uma crise que ameaça a estabilidade do sistema. Dependendo da sua gravidade e da sua duração, pode levar até mesmo à ruptura institucional. Mesmo que isso não ocorra, o sistema passa a lidar com crises de governabilidade: pressões resultantes da combinação do excesso ou complexidade de demandas – novas ou recorrentes – com *withinputs* contraditórios e redução do apoio ou suporte.

11

A Compreensão das Relações entre Estado e Sociedade

A natureza do modelo utilizado na busca de compreender as relações entre Estado e sociedade é determinante para os resultados que se obtêm ao analisar (e elaborar) uma política pública. Nesse sentido, torna-se relevante abordar as visões Pluralista, Marxista, Elitista e Corporativista (HAM; HILL, 1993).

A visão Pluralista

A visão **Pluralista** enfatiza as restrições que colocam sobre o Estado um grande espectro de grupos de pressão dotados de poder diferenciado nas diversas áreas onde se conformam as políticas públicas (embora nenhum possa ser considerado dominante), sendo estas um resultado das preferências destes grupos. O Estado (ou seus integrantes) é considerado por uma de suas variantes como um entre estes grupos de pressão.

Esta visão tem como interlocutor a visão Marxista clássica, contrapondo-se a ela e reafirmando a democracia como valor fundamental e o voto como meio de expressão privilegiado dos indivíduos. A poliarquia ("democracia real") e a ação de grupos de pressão são adotadas, entretanto, como uma concepção mais realista.

A aceitação da interpretação Pluralista implica na adoção de uma visão incremental (em oposição à racional) sobre o processo de elaboração de políticas, como se verá posteriormente.

A visão Elitista

A visão **Elitista** pode ser considerada como uma derivação/extensão da Pluralista. O esforço de superação das óbvias limitações (e irrealismo) da visão Pluralista levou à aceitação da existência de elites, proposta como fundamento teórico da visão Elitista.

A visão Elitista (ou neopluralista) ressalta o poder exercido por um pequeno número de bem organizados interesses societais e a habilidade dos mesmos para alcançar seus objetivos.

A visão Marxista

A visão **Marxista** aponta a influência dos interesses econômicos na ação política e vê o Estado como um importante meio para a manutenção do predomínio de uma classe social particular.

Entre as suas subdivisões, é importante destacar:

- Instrumentalista: entende o Estado liberal como um instrumento diretamente controlado "de fora" pela classe capitalista e compelido a agir de acordo com seus interesses (ela rege, mas não governa). Capitalistas, burocratas do Estado e líderes políticos formam um grupo coeso em função de sua origem de classe comum, estilos de vida e valores semelhantes etc. (afinidade com a visão Elitista). (Miliband)

- Estado como árbitro: quando existe relativo equilíbrio entre forças sociais, a burocracia estatal e líderes político-militares podem intervir para impor políticas estabilizadoras que, embora não sejam controladas pela classe capitalista, servem aos seus interesses. Em situações normais (que não as de crise) o Estado atua como árbitro entre frações da classe dominante. A burocracia estatal é vista, diferentemente da corrente funcionalista, como um segmento independente/distinto da classe dominante, embora a serviço de seus interesses de longo prazo. (Poulantzas)

- Funcionalista: a organização do Estado e a *policy making* é condicionada pelo imperativo da manutenção da acumulação capitalista. Funções: preservação da ordem, promoção da acumulação de capital e criação de condições para a legitimação. Os gastos governamentais para manter essas funções são: "gastos sociais", "investimento social" (para reduzir custos de produção) e "consumo social". Enfatiza os processos macro e não, por exemplo, a questão do caráter da burocracia ou das elites. (O'Connor)

- Estruturalista: o Estado é visto como um fator de coesão social, com a função de organizar a classe dominante e desorganizar as classes subordinadas através do uso de aparatos repressivos ou ideológicos. (Althusser)

- Escola da "lógica do capital": deduz a necessidade funcional do Estado da análise do modo de produção capitalista. O Estado é entendido como um "capitalista coletivo ideal". Ele provê as condições materiais gerais para a produção; estabelece as relações legais genéricas; regula e suprime os conflitos entre capital e trabalho; e protege o capital nacional no mercado mundial. (Altvater)
- Escola "de Frankfurt": o Estado é entendido como uma "forma institucionalizada de poder político que procura implementar e garantir o interesse coletivo de todos os membros de uma sociedade de classes dominada pelo capital". Combina as visões funcional e organizacional. (Offe)

12

As Novas Relações entre Estado e Sociedade na Gestão das Políticas Públicas

Introdução

A partir da promulgação da Constituição Federal de 1988 introduz-se a concepção da descentralização das atividades da União para os poderes estaduais e municipais. Verifica-se que essa mudança deu início a uma relação colaborativa e não mais impositiva. Nesse contexto, assinala Kliksberg (1998), o Estado deve se transformar, por meio de uma distribuição de forças inerentes ao processo democrático, alterando-se também a condução da gestão de políticas públicas, baseada em novas relações – descentralizadas e participativas –, de maneira a garantir os preceitos éticos da universalização de direitos. Essa nova "gestão pública necessária", destaca o autor, precisa assim assumir a democracia, o federalismo cooperativo e a participação social como uma prática cotidiana na conquista de direitos, dentro de um processo contínuo de vir a ser para ordenar os interesses em face de metas coletivas. Por sua vez, argumenta Gómez (1999), que a necessidade de mudanças na forma de gestão das políticas públicas no Brasil emergiu com a crise econômica, fiscal e de legitimidade do Estado brasileiro na década de 1980.

Direitos e cidadania

Juridicamente, cidadão é o indivíduo que tem um vínculo com o Estado, sendo portador de direitos e deveres fixados por uma determinada estrutura legal, estando implícito na ideia de cidadania o princípio da igualdade. A noção de cidadania, tal como desenvolvida no mundo ocidental, configura um ideal talvez inatingível, dado que a cidadania plena combina liberdade, participação e igualdade para todos, embora funcione como um parâmetro para julgamento da qualidade da cidadania em cada país e momento histórico (CARVALHO, 2002).

Desde o célebre trabalho de Marshall (*Cidadania, classe social e status*, 1967), costuma-se desdobrar a cidadania em três conjuntos de direitos: (1) os direitos civis, que se relacionam aos direitos à liberdade individual – direitos de ir e vir, liberdade de pensamento e fé, direito à propriedade privada, direito à justiça, (2) os direitos políticos, relacionados ao direito de participar do exercício do poder político – participação no governo, seja votando ou sendo votado e (3) os direitos sociais – definidos por Marshall como o direito de participar completamente da herança social, levando a vida de um ser civilizado, de acordo com os padrões prevalecentes na sociedade em que está inserido.

A afirmação de que a cidadania social se efetiva por meio da intervenção governamental ou da ação estatal positiva remete à discussão das políticas sociais, enquanto um segmento historicamente constituído das políticas públicas. Quando se busca efetivar o direito constitucional ao lazer, torna-se necessário refletir um pouco sobre o conceito de políticas públicas e sobre o processo de sua constituição. Este não se restringe a uma ação estatal isolada, mas está fortemente vinculado à construção social de um ideário relativo ao lazer, que envolva uma definição de lazer e de políticas de lazer, dos princípios e diretrizes a orientar essa política, dos conteúdos principais e das formas de sua implementação.

Sociedade civil e formação de agenda pública

As políticas públicas efetivam-se num espaço bastante contraditório, numa relação que envolve vários atores sociais, no qual estão presentes os conflitos, decorrentes de interesses e visões de mundos distintos, agravados pela imprecisão de referenciais dos limites entre público e privado. Diante desse contexto complexo, torna-se necessário o debate público, com elevado nível de transparência, para buscar a resolução desses conflitos sociais, e assim legitimar essas políticas públicas.

As políticas públicas se concretizam por meio de um processo intrincado e dinâmico, com negociações, pressões, mobilizações, alianças ou coalizões de interesses. Nesse sentido, compreende a formação de uma agenda que pode ou não espelhar os interesses dos setores majoritários da população, a depender do grau de mobilização da sociedade civil para se fazer ouvir e do grau de institucionalização de mecanismos que viabilizem sua participação. É preciso entender composição de classe, mecanismos internos de decisão dos diversos aparelhos, seus conflitos e alianças internas da estrutura de poder, que tende a ser ampla e permeável às pressões sociais.

As políticas públicas, na sua essência, são resultados de diretrizes e princípios balizadores de ação do poder público, bem como de definição de normas e procedimentos para permitir as relações entre os atores da sociedade e do Estado. As políticas públicas são delineadas em diversos documentos, como leis, programas, linhas de financiamentos, entre outros, que definem ações e atividades, que, em geral, envolvem alocações de recursos públicos.

Nas formações sociais liberal-democrático-capitalistas, conforme destaca William Connoly (1969), o processo decisório é produto do livre jogo de influências e de poder entre grupos de pressão organizados que defendem interesses individuais declarados publicamente. Quanto maior o alcance da pressão sobre os decisores, mais provável que a decisão seja favorável ao grupo que a exerce. Embora críticos do sistema declarem que este processo é fundamentalmente viciado, o sistema político está adaptado para acatar essas demandas e mapeá-las em políticas públicas adequadas ao jogo político mais amplo. Em formações sociais socialistas de planejamento centralizado, o processo decisório é realizado pela elite do Estado, também parte integrante do sistema político partidário, que filtra e estabelece o interesse público.

A preocupação em estudar e explicar as razões por que as questões entre indivíduos e grupos podem ultrapassar a esfera privada de resolução de conflitos para tornarem-se questões que mereçam tratamento na esfera pública está presente nos estudos de diversos teóricos, como, por exemplo, Cobb e Elder (1995), Pedone (1986), Meny e Thoenig (1992), Dagnino (2002), Cohen (2003) e Matias-Pereira (2010a, 2010b, 2010c).

Classificação dos atores institucionais

No campo das políticas públicas, o critério utilizado na escolha ou identificação dos atores institucionais, em geral, está baseado no grau de relação política, econômica e social que existe entre esses atores e o ente governamental ou segmento objeto da política pública proposta.

Os atores institucionais podem ser classificados em internos e externos:

- **Atores institucionais internos**, conforme assinala Weisshaupt (1988), são aqueles que diretamente fazem a instituição, desenvolvendo positivamente sua ação no quadro de um aparelho determinado. São os agentes (em geral profissionais) e a clientela. O público é o elenco dos atores coletivos ou individuais para quem a ação institucional é visível, podendo eventualmente integrar a clientela. Os atores (clientela), que são o público-alvo da ação institucional, ou seja, representam o elenco de indivíduos atingidos efetivamente pela ação institucional.

- **Atores institucionais externos**, para Guilhon Albuquerque (1986), são agentes que não têm ação direta nas instituições, estão fora delas, mas podem interferir "negativamente". Para o autor, os mandantes podem paralisar a ação institucional, impedindo os agentes institucionais de agir, mas não podem agir em seu lugar, senão tornando-se, por sua vez, agente institucional – são os mandantes e o público. Os mandantes assentam seu poder na apropriação dos meios de produção e reprodução social, de acordo com a metodologia que categoriza as relações sociais, em três instâncias: econômica, política e ideológica. O poder do mandante deriva da:

    – apropriação dos meios de produção e reprodução material da sociedade na relação de propriedade, de acordo com o direito de propriedade capitalista que rege a relação material entre os agentes sociais;

    – apropriação dos meios de produção e reprodução social da sociedade na relação de hierarquia, de acordo com a constituição político-jurídica que rege a relação de mando social;

    – apropriação dos meios de produção e reprodução imaginária de sociedade na relação de autoridade, em geral na nossa sociedade, de acordo com a racionalidade científica que rege a relação cultural central de valorização dos saberes dos agentes sociais.

Sociedade civil no Brasil

Para diversos autores, como por exemplo Bresser-Pereira (1999), Dagnino (2002), Cohen (2003) e Matias-Pereira (2010), o conceito de sociedade civil envolve um intrincado e diversificado elenco de organizações, no qual estão incluídos os empreendimentos cívicos, associações voluntárias e organizações sem fins lucrativos, redes mundiais, organizações não governamentais, grupos de defesa dos direitos humanos e movimentos sociais transnacionais, entre outras.

A sociedade civil, para Bresser-Pereira (1999, p. 69), é a:

> "parte da sociedade que está fora do aparelho do Estado. Ou, situada entre a sociedade e o Estado, é o aspecto político da sociedade: a forma através da qual a sociedade se estrutura politicamente para influenciar a ação do Estado. Em uma perspectiva política, sociedade civil e Estado somados constituem o Estado-Nação ou o país; em uma perspectiva sociológica, formam a sociedade ou o sistema social".

A sociedade civil, para Costa (1994), com seu conjunto de associações voluntárias, independentes do sistema econômico e político-administrativo, absorve, condensa e conduz de maneira amplificada para a esfera pública os problemas emergentes nas esferas privadas, no mundo da vida.

A relevância da sociedade civil no Brasil, conforme revela a literatura, tem sido estudada tanto sob a ótica do processo de luta contra o autoritarismo e de transição ao regime democrático, como no contexto de buscar estabelecer novas práticas e valores sociais amparados na igualdade, na solidariedade, na cultura de direitos, bem como na constituição de novos mecanismos de gestão de políticas públicas de caráter democrático.

Observa-se que esse investimento na esfera institucional está apoiado na constatação de que, ao contrário do que se esperava, a volta às instituições formais básicas da democracia não tem se mostrado capaz de produzir respostas adequadas aos problemas de exclusão e de desigualdades sociais (DAGNINO, 2002). Esse cenário vem exigindo uma postura proativa do cidadão, visando interferir nas atividades de atores, como, por exemplo, os partidos políticos e os políticos profissionais, que tradicionalmente detinham exclusividade nessas áreas.

Nesse sentido, Castells (1998) ressalta a importância da participação cidadã, sem a qual não haverá legitimidade e qualquer forma de intervenção estratégica do Estado e incorrerá no risco de não ser entendida pelos cidadãos. Para o autor, a democracia sem participação está se convertendo num ritual que, sendo necessário, não é em absoluto suficiente para manter a legitimidade do Estado e para assegurar uma eficaz descentralização. A participação cidadã funciona mais eficazmente em nível local, mas os novos dispositivos tecnológicos, por exemplo, a Internet, podem estender formas de consulta e de decisão compartilhada a todos os setores do Estado.

A sociedade civil pode ser entendida como um elenco de organizações voluntárias que reúnem pessoas que se encontram fora dos âmbitos de atuação do Estado e do mercado (MATIAS-PEREIRA, 2010c). Essa sociedade civil constitui-se numa esfera social onde prevalecem os conflitos, as desigualdades sociais, as contradições, e, em especial, a não paridade em termos numéricos e políticos, que em geral tendem a estar em desequilíbrio. Isso explica por que se constata, com elevado nível de frequência, os conflitos de interesses entre os distintos segmentos que representam a sociedade civil.

Alguns elementos são centrais, conforme sustenta Velásquez (1999), para o controle social da gestão pública – enquanto modalidade de ação coletiva de caráter cooperativo entre diferentes sujeitos –, quais sejam:

- a estrutura de oportunidade política, entendida como o conjunto de opções oferecido por um sistema político e que possibilita aos atores tomar a decisão de participar na busca de bens públicos;
- a constituição de identidades sociais, ou o grau de articulação/desarticulação, de homogeneidade/heterogeneidade, a densidade da rede de relações sociais e a tradição associativa;

- a combinação de motivações que podem atuar num determinado momento a favor ou contra a participação.

Formação da agenda pública

A literatura que trata do tema políticas públicas no Brasil identifica diversos elementos e fatores institucionais que contribuem para dificultar o sucesso dessas políticas públicas. Esses fatores desarticuladores são comuns a quase todas as áreas, e impactam negativamente no processo de implementação e efetivação das políticas públicas no país, em especial, para aquelas orientadas para o segmento social.

Esses fatores e elementos desagregadores, em geral, estão presentes na excessiva centralização administrativa dos processos decisórios; centralização financeira, fontes de financiamento instáveis; repasses de verbas sem critérios objetivos; delimitação imprecisa de responsabilidades entre as esferas governamentais; dispersão institucional; deficiência ou falta de controle e de avaliação pela sociedade civil, entre outros.

Registre-se que esses fatores de desarticulação presentes nas análises sobre políticas públicas reforçam o entendimento de que existe uma preocupante fragilidade institucional no contexto político-administrativo no Brasil, que está relacionada às condições muito específicas do processo histórico de formação das elites brasileiras.

No que se refere à formação da agenda de políticas públicas podem-se destacar os argumentos formulados por Pedone (1986) e Matias-Pereira (2010c), que assinalam que existem diferentes formas de entrada de assuntos na formação da agenda pública.

A **primeira forma de entrada de questões políticas** ocorre como ação para dar resposta às situações emergenciais. Essa forma tem como característica a necessidade de atender as pressões de natureza imediata, ou seja, são ações com um perfil paliativo, que envolvem apenas os aspectos administrativo-financeiros. Destacam-se, por exemplo, a remoção de populações urbanas em áreas com risco de deslizamento de encostas e de desabamento de edificações, atendimento aos ribeirinhos atingidos pela seca dos rios da Amazônia, queda de pontes em rodovias federais etc.

A **segunda forma** é por meio do processo político, em que os grupos interessados em torno de um legislador, ministro, governador, prefeito ou secretário de Estado ou municipal tomam a iniciativa de levantar questões nas quais podem visualizar algum ganho político pela "resolução" satisfatória de algum problema ligado a sua pasta ou aos grupos ou segmentos sociais que o apoiaram na eleição ou na nomeação. Essa entrada toma forma mais definida à medida que os problemas agravam-se e requerem algum tipo de "solução". Temos como exemplo pressões para a concessão de estímulos fiscais para determinadas áreas ou setores, interesse para utilização de áreas de preservação ambiental etc.

A **terceira forma de entrada dos assuntos públicos na agenda política** é a ordem de eventos sequenciados no Executivo, no Legislativo ou no Judiciário. Pelas suas características, trata-se de um processo demorado que tende a envolver aspectos técnicos e de pesquisa mais aprofundada, no esforço de identificar e definir os problemas econômicos e sociais com a participação de vários segmentos organizados da sociedade. É o caso, por exemplo, do projeto de transposição das águas do Rio São Francisco.

A **quarta forma** refere-se à antecipação dos problemas e conflitos latentes no âmbito dos assuntos públicos, fazendo com que as políticas públicas tornem-se proativas, ou seja, antecipatórias na resolução de questões essenciais para a sociedade. Destacam-se as questões de distribuição de renda, reforma agrária, entre outras.

Apoio à tomada de decisão

Observa-se que a gestão pública no Brasil passa por um processo de tecnificação crescente nos últimos anos. Dessa forma, conforme argumenta Jannuzzi (2004), o país está incorporando novos métodos e instrumentos para elaboração de diagnósticos mais consistentes, na identificação espacial das áreas de intervenção, no monitoramento dos programas e na tomada de decisão de modo geral. Para o autor, a introdução de sistemas de informação geográfica em municípios de médio e grande porte constitui uma dessas manifestações, assim como a estruturação de sistemas de indicadores construídos a partir dos diversos registros e cadastros mantidos por secretarias e órgãos públicos.

Além do uso de informação mais específica, confiável e atualizada nas atividades de planejamento e gestão, começa-se a constatar também o emprego de técnicas mais estruturadas para tratamento, análise e uso no processo decisório em empresas públicas, concessionárias de serviços e em políticas públicas.

Destaca-se nos processos decisórios em políticas públicas a utilização, em situação em que as decisões necessitam estar apoiadas em critérios técnicos objetivos e transparentes, além de agregar os juízos de natureza política e subjetiva dos gestores públicos envolvidos, a técnica denominada Apoio Multicritério à Decisão (AMD) ou Análise Multicritério.

A relevância dos indicadores sociais

Constata-se que no mundo contemporâneo os indicadores sociais são essenciais em praticamente todas as fases do processo de formulação e implementação de políticas públicas. Esses indicadores permitem a monitoração e a avaliação do desempenho governamental no âmbito das políticas públicas, no qual cada vez mais apoia o processo de decisão em critérios técnicos.

A retomada da relevância do planejamento governamental, bem como a necessidade de elevar o nível de transparência à gestão pública, vem exigindo a construção de indicadores sociais cada vez mais consistentes, em particular, nas políticas sociais. Nesse sentido, o esforço para identificar e mensurar o nível de acesso da população a bens e serviços sociais apresenta-se como indispensável para permitir o monitoramento e as avaliações das ações e atividades dos gestores, e, em última instância, medir o resultado efetivo dos programas e das políticas sociais. Isso explica as razões da relevância que os indicadores sociais vêm adquirindo no processo de tomada de decisão no setor público.

O surgimento e o desenvolvimento dos indicadores sociais, para diversos autores, como, por exemplo, Jannuzzi (2004), estão estreitamente relacionados à consolidação das atividades de planejamento do setor público ao longo do século XX. Para o autor, embora seja possível citar algumas contribuições importantes para a construção de um marco conceitual sobre os indicadores sociais nos anos 1920 e 1930, o desenvolvimento da área é recente, tendo ganhado corpo científico em meados dos anos 1960 no bojo das tentativas de organização de sistemas mais abrangentes de acompanhamento das transformações sociais e aferição do impacto das políticas sociais nas sociedades desenvolvidas e subdesenvolvidas.

Indicador social é uma medida em geral quantitativa dotada de significado social substantivo, usado para substituir, quantificar ou operacionalizar um conceito social abstrato. Assim, a relevância dos indicadores sociais aumenta na medida em que as tomadas de decisões dos agentes políticos necessitam de planejamento apoiados em dados numéricos consistentes que demonstram empiricamente a realidade do meio analisado. Para alcançar esse propósito, a utilização dos indicadores sociais surge como ferramentas fundamentais para a tomada de decisão desses agentes, que desde o diagnóstico de quais serão as prioridades das demandas adicionadas à agenda do governo, serão necessários também na fase de formulação de um programa, assim como em sua implementação e avaliação do impacto na sociedade, seja benéfico ou retrógrado (JANNUZZI, 2004).

A disponibilidade de um sistema amplo de indicadores sociais relevantes, válidos e confiáveis, argumenta Jannuzzi (2004), certamente potencializa as chances de sucesso do processo de formulação e implementação de políticas públicas, na medida em que permite, em tese, diagnósticos sociais, monitoramento de ações e avaliações de resultados mais abrangentes e tecnicamente mais bem respaldados. Sob esta ótica, as perspectivas são boas para o Brasil.

Por meio desses indicadores torna-se possível construir diagnósticos das condições de vida da população, abrindo um universo de possibilidades para avaliação do impacto das políticas públicas, identificando, assim, avanços e retrocessos gerados a partir dessas políticas. A classificação mais comum dos indicadores é segundo a área temática da realidade social a que se referem: indicadores de saúde, educacionais, de mercado de trabalho, demográficos, habitacionais, de segurança pública e justiça, de infraestrutura urbana, de renda e desigualdade, entre outros.

Destacam-se no elenco das propriedades desejáveis dos indicadores: a relevância social, validade, confiabilidade, cobertura, sensibilidade, especificidade, inteligibilidade de sua construção e comunicabilidade, factibilidade para obtenção e periodicidade na atualização, desagregabilidade, historicidade, entre outros.

Os indicadores sociais podem ser classificados em:

- indicadores objetivos (quantitativos): são ocorrências concretas e medidas empíricas da realidade social, construídas a partir de estatísticas públicas disponíveis, como por exemplo a taxa de desemprego, taxa de evasão escolar, entre outros;
- indicadores subjetivos (qualitativos): são medidas construídas a partir da avaliação dos indivíduos ou especialistas com relação a diferentes aspectos da realidade, levantadas em pesquisas de opinião pública ou grupos de discussão, como por exemplo avaliação do desempenho dos governantes, nível de confiança nas instituições, entre outros.

Conclusão

Procuramos demonstrar, assim, o conceito e o papel dos atores institucionais, da sociedade civil e da formação da agenda pública e apoio à tomada de decisão no contexto da formulação e implementação de políticas públicas no Brasil. Recorde-se que essas políticas públicas são delineadas em diversos documentos, como leis, programas, linhas de financiamentos, entre outros, que definem ações e atividades, que em geral envolvem alocações de recursos públicos.

A sociedade civil, por sua vez, conjunto de organizações voluntárias que reúnem pessoas que se encontram fora dos âmbitos de atuação do Estado e do mercado, constitui-se numa esfera social onde prevalecem os conflitos, as contradições e as desigualdades sociais.

Destacamos, por fim, que a retomada da importância do planejamento governamental no Brasil, bem como a necessidade de elevar o nível de transparência à gestão pública, vem exigindo a construção de indicadores sociais cada vez mais consistentes, em particular, nas políticas sociais.

13

Formulação e Gestão das Políticas Públicas

Introdução

É sabido que as atividades exclusivas do Estado estão concentradas em três grandes segmentos: regulamentar, fiscalizar e fomentar. São aquelas atividades que só podem ser exercidas diretamente pelo poder público. É por meio desses serviços que se exerce o poder extroverso do Estado.[1] Recorde-se que o poder extroverso pode ser entendido como o poder que o Estado tem de constituir, unilateralmente, obrigações para terceiros, com extravasamento dos seus próprios limites. São atividades que o Estado não pode delegar, contratar ou privatizar. Assim, criar leis, fazer justiça, defensoria pública, manutenção da ordem, tributar, arrecadar e fiscalizar, disciplinar as atividades econômicas, fiscalização ambiental, fiscalização sanitária e atividades diplomáticas, entre outras, estão no rol dessas atividades exclusivas do Estado.

O significado da expressão *política pública*, assinala Silva (2005), aproxima-se do sentido do termo *policy* na língua inglesa, fazendo referência a um programa ou curso de ação governamental ou referindo-se a um conjunto complexo de programas, procedimentos e regulamentações governamental-estatais concorrentes a um mesmo objetivo geral, quando utilizado no plural – políticas, com o

---

[1] Poder extroverso, para Bandeira de Mello (2004, p. 383), configura aquele que permite ao poder público editar provimentos que vão além da esfera jurídica do sujeito emitente, ou seja, que interferem na esfera jurídica de outras pessoas, constituindo-as unilateralmente em obrigações. Nesse sentido, o Estado é o único ente que, de forma legítima, detém este poder de constituir unilateralmente obrigações em relação a terceiros.

correspondente inglês *policies*. O correspondente em português ao termo inglês *polity* – relativo aos aspectos estruturais e de longa duração da organização política e social e ao ordenamento jurídico-institucional do Estado – também é política. E o mesmo termo é empregado com relação à esfera das negociações e disputas entre as forças sociais – disputas e negociações político-partidárias nos diversos níveis de poder que se travam a respeito das funções e finalidades do Estado, significado que tem no termo *politics* seu correspondente na língua inglesa. As políticas públicas em sentido estrito comportam aspectos operacionais da ação governamental-estatal vinculados a objetivos sociais, incluindo o atendimento a demandas sociais específicas, que podem ser setoriais – como por exemplo nas áreas de saúde, educação, segurança, habitação, transportes etc. – ou de caráter mais geral, englobando diversos setores, como as políticas de desenvolvimento.

As políticas públicas são um processo dinâmico, com negociações, pressões, mobilizações, alianças ou coalizões de interesses. Compreende a formação de uma agenda que pode refletir ou não os interesses dos setores majoritários da população, a depender do grau de mobilização da sociedade civil para se fazer ouvir e do grau de institucionalização de mecanismos que viabilizem sua participação. É preciso entender composição de classe, mecanismos internos de decisão dos diversos aparelhos, seus conflitos e alianças internas da estrutura de poder, que não é monolítica ou impermeável às pressões sociais, já que nela se refletem os conflitos da sociedade.

Nas formações sociais liberal-democrático-capitalistas, conforme destaca William Connoly (1969), o processo decisório é produto do livre jogo de influências e de poder entre grupos de pressão organizados, que defendem interesses individuais declarados publicamente. Quanto maior o alcance da pressão sobre os decisores, mais provável que a decisão seja favorável ao grupo que a exerce. Embora críticos do sistema declarem que este processo é fundamentalmente viciado, o sistema político está adaptado para acatar essas demandas e mapeá-las em políticas públicas adequadas ao jogo político mais amplo. Em formações socialistas de planejamento centralizado, o processo decisório é realizado pela elite do Estado, também parte integrante do sistema político partidário, que filtra e estabelece o interesse público.

John (1999) assinala que existem cinco grandes vertentes analíticas na subárea das políticas públicas. São elas: a institucional; a interessada em perceber as formas de atuação e o impacto dos grupos e das redes; as abordagens que dão ênfase aos condicionantes sociais e econômicos no processo de produção das políticas; a teoria da escolha racional; e as abordagens que destacam o papel das ideias e do conhecimento.

Observa-se, em especial, que nas três últimas décadas, os estudos que tratam da interação entre os atores estatais e privados no processo de produção das políticas públicas têm sofrido sistemáticas e profundas reformulações. Assim, diversas são as abordagens, teorias e correntes analíticas que buscam elevar o nível de compreensão dos processos de formulação e gestão das políticas públicas.

Em busca de uma definição de política pública

O tema que trata de **política pública** vem sendo estudado nas últimas sete décadas por distintos autores. A preocupação em estudar e explicar as razões por que as questões entre indivíduos e grupos podem ultrapassar a esfera privada de resolução de conflitos para tornarem-se questões que mereçam tratamento na esfera pública está presente nos estudos de diversos teóricos, como por exemplo Laswell (1936), Simon (1957), Lindblom (1959) e Easton (1965), responsáveis pela elaboração dos estudos seminais no campo das políticas públicas. Além destes, podem-se citar, também, Cobb e Elder (1995), Pedone (1986), Meny e Thoenig (1992), Dagnino (2002), Cohen (2003), Souza (2006) e Matias-Pereira (2010).

Existem, conforme apresentadas a seguir, diversas definições sobre política pública. Observa-se que o conceito de políticas públicas é abordado em todas as áreas do conhecimento, sendo que é no âmbito da ciência política que este ganha uma maior relevância nas discussões teóricas. Nesse contexto, torna-se oportuno destacar o estudo de Souza (2006),[2] denominado "Políticas Públicas: uma revisão da literatura", no qual a autora busca revelar uma visão ampla de como a política publica é vista pela academia: primeiro como um equilíbrio no orçamento entre receita e despesa, segundo como uma nova visão do Estado, onde deixa de ser uma política keynesiana para ser uma política restrita aos gastos, e terceiro é a relação que existe entre os países desenvolvidos e os que iniciaram a sua caminhada democrática recentemente, de um modo particular os países da América Latina que ainda não conseguem administrar bem os seus recursos públicos e equacionar os bens em benefício de sua população, de modo a incluir os excluídos.

As políticas públicas, para Souza (2006), na sua essência estão ligadas fortemente ao Estado, que determina como os recursos são usados para o benefício de seus cidadãos, onde faz uma síntese dos principais teóricos que trabalham o tema das políticas públicas relacionadas às instituições que dão a última ordem, de como o dinheiro sob a forma de impostos deve ser acumulado e de como este deve ser investido, e no final fazer prestação de conta pública do dinheiro gasto em favor da sociedade.

Política pública é compreendida por Harold Lasswell (1936) como um processo ordenado em etapas, dominado por especialistas e tecnocratas, no qual as instituições públicas respondem às demandas da sociedade, canalizadas por

---

[2] No campo específico da política pública, alguns modelos explicativos foram desenvolvidos para se entender melhor como e por que o governo faz ou deixa de fazer alguma ação que repercutirá na vida dos cidadãos. Para uma melhor compreensão dos modelos desenvolvidos sobre políticas públicas, veja Celina Souza. Políticas Públicas: uma revisão da literatura. *Revista Sociologias* nº 16, jun./dez. 2006, p. 20-45.

grupos de interesse e partidos políticos, atuando para alcançar as soluções mais adequadas às demandas iniciais. Sob essa perspectiva, cada uma dessas etapas se desenvolve de maneira mais ou menos autônoma, com limites definidos, tendo princípio e fim.

Política pública para Mead (1995) é um campo dentro do estudo da política que analisa o governo à luz de grandes questões públicas. Para Lynn (1980), trata-se de um conjunto de ações do governo que irão produzir efeitos específicos. Peters (1986) define política pública como a soma das atividades dos governos, que agem diretamente ou através de delegação, e que influenciam a vida dos cidadãos. Por sua vez, para Dye (1984), política pública é percebida simplesmente como escolha governamental, como qualquer coisa que o governo escolhe fazer ou não fazer.

Para Saravia (2006), a política pública envolve um fluxo de decisões públicas, orientado a manter o equilíbrio social ou a introduzir desequilíbrios destinados a modificar essa realidade. Envolve decisões condicionadas pelo próprio fluxo e pelas reações e modificações que elas provocam no tecido social, bem como pelos valores, ideias e visões dos que adotam ou influem na decisão. Pode-se dizer que é um sistema de decisões públicas que visa a ações ou omissões, preventivas ou corretivas, destinadas a manter ou modificar a realidade de um ou vários setores da vida social, por meio da definição de objetivos e estratégias de atuação e da alocação dos recursos necessários para atingir os objetivos estabelecidos.

Para Souza (2006), pode-se resumir política pública como o campo do conhecimento que busca, ao mesmo tempo, "colocar o governo em ação" e/ou analisar essa ação (variável independente) e, quando necessário, propor mudanças no rumo ou curso dessas ações (variável dependente). A formulação de políticas públicas constitui-se no estágio em que os governos democráticos traduzem seus propósitos e plataformas eleitorais em programas e ações que produzirão resultados ou mudanças no mundo real.

Ressalte-se, ainda, que outros segmentos que não os governos se envolvem na formulação de políticas públicas, tais como alguns grupos de interesse e movimentos sociais, cada qual com maior ou menor influência, a depender do tipo de política formulada e das coalizões que integram o governo.

Visões e características das políticas públicas

As diferentes definições de política pública, de maneira sintética, podem ser divididas em duas visões. A primeira visão define política pública como escolhas que o governo opta por fazer ou não, sendo sempre governamental. A política pública é vista, em geral, como um processo ordenado, com estágios claros, dominado por profissionais e especialistas, cujo objetivo é responder às diversas demandas da sociedade (LASSWELL, 1936).

A segunda visão define a política pública como um processo que envolve múltiplas decisões inter-relacionadas, tomadas por grupos diversos de agentes políticos. Sob essa ótica, as políticas públicas, de maneira geral, não possuem início e fim claramente delimitados, definindo-se e redefinindo-se de forma contínua por meio de um processo de revisão e retração e em virtude do contexto em que se desenvolvem. Nesse sentido, a sua racionalidade fica comprometida, tendo em vista os limites imprecisos, amplitude e complexidade do processo de elaboração de políticas públicas, que envolvem inúmeros atores e decisões adotadas.

Para facilitar a compreensão do conceito de política pública, Saravia (2006) enumera os componentes comuns às diversas definições. Assim, pode-se dizer que as principais características das políticas públicas são:

- institucional: a política é elaborada ou decidida por autoridade formal legalmente constituída no âmbito da sua competência e é coletivamente vinculante;
- decisório: a política é um conjunto-sequência de decisões, relativo à escolha de fins e/ou meios, de longo ou curto alcance, numa situação específica e como resposta a problemas e necessidades;
- comportamental: implica ação ou inação, fazer ou não fazer nada; mas uma política é, acima de tudo, um curso de ação e não apenas uma decisão singular; e
- causal: são os produtos de ações que têm efeitos no sistema político e social.

Distinção entre política pública e decisão política

É oportuno abordar, nesse debate, a diferença entre política pública e decisão política. Nesse sentido, Rua (1998) assinala que política pública geralmente envolve mais do que uma decisão e requer diversas ações estrategicamente selecionadas para implementar as decisões tomadas. Por sua vez, uma decisão política corresponde a uma escolha dentre várias opções, conforme a hierarquia das preferências dos atores envolvidos, expressando – em maior ou menor grau – certa adequação entre os fins pretendidos e os meios disponíveis.

Dessa forma, embora uma política pública implique decisão política, nem toda decisão política chega a constituir uma política pública. E a sua dimensão "pública" é dada não pelo tamanho do agregado social sobre o qual incide, mas pelo seu caráter "imperativo". Isso significa que uma das suas características centrais é o fato de que são decisões e ações revestidas da autoridade soberana do poder público.

Portanto, as políticas públicas envolvem atividade política e essas nunca serão resultado apenas da análise racional e técnica sobre determinado problema.

Assim, segundo Rua (1998), o processo político, a interação de forças e atores em uma determinada arena política influenciará sobremaneira os resultados das políticas públicas.

Objetivos das políticas públicas

O Estado Social, diferentemente do Estado Liberal, assinala Bonavides (2011), legitima-se pela realização de políticas, ou seja, de programas de ação e não só pela produção do direito. Assim, este modelo de Estado espera a efetivação dos direitos garantidos constitucionalmente, em particular os direitos sociais, por meio da atuação do próprio Estado, que recorre às políticas públicas para assegurar esses direitos. A política pública tem como propósito, assim, alcançar o coletivo, a população em geral, visando assegurar a concretização dos direitos de todos os cidadãos garantidos constitucionalmente, com vista a permitir que tenham condições de vida mais digna.

Observa-se que a Constituição Brasileira de 1988 (BRASIL, 2011), ao garantir direitos sociais, de maneira universal, a todos os cidadãos, sem qualquer distinção, bem como os princípios que regem a atividade econômica, deixa explícito, de forma categórica e ampla, que as políticas públicas passaram a ser utilizadas como instrumentos indispensáveis para a efetivação destes direitos. Por sua vez, é relevante destacar que a concretização desses direitos sociais previstos na Carta Magna depende da disponibilidade de meios, bem como de ações de forma progressiva na implementação e execução de políticas públicas na esfera socioeconômica.

Nesse sentido, argumenta Appio (2005) que as políticas públicas estão relacionadas à existência dos direitos sociais, os quais são concretizados pelo Estado. Registre-se que políticas públicas ou políticas sociais é um conceito de política e da administração que designa um determinado tipo de balizamento para permitir a tomada de decisões em assuntos públicos, políticos ou coletivos.

Destacam-se, como objetivos das políticas, a preocupação em corrigir as desigualdades sociais e promover o desenvolvimento sustentável. Assim, as políticas públicas se apresentam como instrumentos relevantes de execução de programas políticos de intervenção estatal na sociedade, com o propósito de propiciar igualdade de oportunidades aos cidadãos, objetivando assegurar-lhes as condições materiais mínimas para uma existência digna.

Segundo Souza e Barros (2007), "políticas públicas" são ações de iniciativa governamental de interesse público, que devem ser construídas com a coletividade e para ela, cuja efetivação depende de quatro fatores fundamentais, a saber: (1) base na legislação; (2) aparato institucional com recursos e infraestruturas suficientes; (3) planejamento (programas, planos, projetos e metas); e (4) controle social (participação dos cidadãos através de instâncias colegiadas).

As políticas públicas são instrumentos utilizados pelos Estados-nação como uma estratégia para a realização de políticas socioeconômicas, cujo elemento tático pressupõe a intervenção social no sentido de responder a demandas, principalmente dos setores marginalizados da sociedade, considerados como vulneráveis. Observa-se que essas demandas são traduzidas pelos detentores do poder, mas são influenciadas por uma agenda que se gera na sociedade civil por meio da pressão e mobilização social. Compreende, assim, um elenco de ações e procedimentos que visam à resolução pacífica de conflitos em torno da alocação de bens e recursos públicos (MATIAS-PEREIRA, 2010).

As políticas públicas, na sua essência, são resultados de diretrizes e princípios balizadores de ação do poder público, bem como de definição de normas e procedimentos para permitir as relações entre os atores da sociedade e do Estado. As políticas públicas são delineadas em diversos documentos como leis, programas, linhas de financiamentos, entre outros, que definem ações e atividades que, em geral, envolvem alocações de recursos públicos.

Guareschi et al. (2004, p. 180) definem políticas públicas como

> "o conjunto de ações coletivas voltadas para a garantia dos direitos sociais, configurando um compromisso público que visa dar conta de determinada demanda, em diversas áreas. Expressa a transformação daquilo que é do âmbito privado em ações coletivas no espaço público".

Destacam-se, em termos de modalidades de políticas públicas, as seguintes: quanto à natureza ou grau da intervenção: a estrutural e a conjuntural ou emergencial; quanto à abrangência dos possíveis benefícios: as universais, as segmentais e as fragmentadas; quanto aos impactos que podem causar aos beneficiários, ou ao seu papel nas relações sociais: as distributivas, as redistributivas e a regulatória.

As políticas públicas tratam de recursos públicos diretamente ou através de renúncia fiscal (isenções), ou de regular as relações que envolvem interesses públicos. Elas se realizam num campo extremamente contraditório, onde se entrecruzam interesses e visões de mundo conflitantes, e onde os limites entre público e privado são de difícil demarcação. Daí a necessidade do debate público, da transparência, da sua elaboração em espaços públicos e não nos gabinetes governamentais.

É oportuno ressaltar, no debate sobre esfera pública, que, para diversos autores, como por exemplo Habermas (1984) e Hannah Arendt (1991), a esfera pública constitui um espaço essencialmente político, de aparecimento e visibilidade, na qual tudo o que vem a público pode ser visto e ouvido por todos. Os sujeitos sociais, no âmbito de uma esfera pública democrática, discutem e deliberam sobre questões políticas, com vista a alcançar os seus objetivos por meio de estratégias e argumentos consistentes. Nesse sentido, a participação passa a ser o esforço cotidiano de procura de informação e conhecimento em torno de interesses comuns, buscando argumentos para melhor influenciar.

Classificação e etapas das políticas públicas

As políticas públicas, fomentadas por meio de ações institucionais que visam responder a demandas ou necessidades de reformas sociais, a ampliação dos direitos da cidadania e a promoção do desenvolvimento, podem ser classificadas em três dimensões:

- políticas sociais tradicionais: nesse âmbito, destacam-se as políticas de educação, saúde, cultura, transportes, habitação, entre outras;
- políticas estruturais de promoção do desenvolvimento: nesse campo, destacam-se as políticas industrial, ambiental, agrícola, a construção civil, entre outras;
- políticas compensatórias ou reparadoras e redistributivas: são políticas que, em geral, possuem um caráter emergencial ou paliativo. Destacam-se, entre elas, as políticas de combate aos efeitos das secas ou das enchentes, políticas de quotas para negros nas universidades, bolsa-escola, fome-zero, redução da pobreza, entre outras.

Ao abordar as etapas das políticas públicas, assinala Matias-Pereira (2010) que política pública compreende um elenco de ações e procedimentos que visam à resolução pacífica de conflitos em torno da alocação de bens e recursos públicos, sendo que os personagens envolvidos nestes conflitos são denominados "atores políticos". As políticas públicas, para o autor, são concretizadas em três fases: formulação, implementação e avaliação. A formulação de políticas públicas é a fase inicial referente ao processo de elaboração de políticas pelo Poder Executivo e pelo Poder Legislativo e em outras instituições públicas; a implementação é a fase de execução das políticas públicas formuladas na etapa anterior; a avaliação é o julgamento da política pública, ou seja, a etapa na qual são considerados os padrões distributivos das políticas, o que permite comparar com a realidade que existia anteriormente, sendo analisados os efeitos pretendidos, as consequências indesejáveis e os impactos gerais na sociedade, na economia e na política.

No Brasil, segundo Rua (1998), a análise das políticas públicas tem nos revelado ações com os seguintes principais aspectos: fragmentação (mediante linhas rígidas, nem sempre respeitadas, de demarcação das áreas de atuação de cada uma das políticas); competição interburocrática (por meio de superposições de políticas entre as mais diversas agências, que levam à baixa racionalidade e ao desperdício de recursos); descontinuidade administrativa (cada mudança na direção dos cargos públicos, sem exceção, provoca mudanças nas políticas em desenvolvimento). A intervenção dessas políticas quase sempre é pensada a partir da oferta e muito raramente são efetivamente consideradas as demandas; após o processo decisório de uma política pública, sua implementação é tomada como dada, ou seja, a formulação/decisão e implementação expressa uma perspectiva linear, vertical e planificadora da política.

No esforço de distinguir os estágios por que passam as políticas públicas, Saravia (2006, p. 33-35) destaca que cada etapa constitui-se num diferente processo e espaço de atuação e de negociação entre os diversos atores. Essas etapas, para o autor, são as seguintes:

- Agenda: consiste no estágio da inclusão de determinada necessidade ou pleito na lista de prioridades do poder público. A chamada **inclusão na agenda** é, assim, resultado de um conjunto de processos que culminam na atribuição aos fatos sociais de *status* de problema público, a justificar a intervenção pública legítima.

- Elaboração: o momento de elaboração configura-se na identificação e delimitação de um problema atual ou potencial da comunidade, a determinação das possíveis alternativas para sua solução ou satisfação, a avaliação dos custos de cada uma delas e o estabelecimento de prioridade.

- Formulação: visa selecionar a alternativa considerada mais conveniente e decidir pela sua adoção, definindo-se os seus objetivos e marco jurídico, administrativo e financeiro.

- Implementação: constitui-se no planejamento e organização do aparelho administrativo e dos recursos financeiros, materiais humanos e tecnológicos necessários para a execução da política pública. Nessa fase, elaboram-se os planos, programas e projetos que permitirão a execução da política pública.

- Execução: é a realização da política pública por meio do conjunto de ações destinado a esse fim. Essa fase inclui também o estudo dos obstáculos verificados à efetividade da política pública.

- Acompanhamento e avaliação das políticas públicas: a fase do acompanhamento visa a supervisão sistemática da execução das atividades envolvidas, objetivando colher as informações necessárias a promover eventuais correções, de modo a assegurar a realização dos objetivos pretendidos. A avaliação consiste na mensuração, *a posteriori*, dos efeitos produzidos na sociedade pelas políticas públicas, especialmente no que diz respeito às realizações obtidas e às consequências previstas e não previstas, sendo uma das áreas que mais tem se desenvolvido no campo das políticas públicas.

Essa divisão por etapas, conforme ressalta Saravia (2006), nem sempre é verificada de forma clara na prática, pois o processo pode não observar a esquematização teórica apresentada, invertendo-se ou agregando-se fases. Contudo, as etapas constitutivas geralmente estão presentes, o que indica a validade do esquema teórico para o estudo e compreensão das políticas públicas.

Gestão das políticas públicas

Para que a determinação contida na Constituição Federal de 1988, que confere e reconhece o direito do cidadão à educação, à saúde, à moradia, seja concretizada, é preciso que elas sejam explicitadas em programas e projetos consistentes. Assim, a gestão de política pública se realiza a partir da utilização de diversos instrumentos, em especial do planejamento. A política pública, portanto, está inserida no campo do planejamento governamental.

A qualidade da gestão das políticas públicas, conforme evidencia a literatura contemporânea, é essencial para a realização da justiça social e para a consolidação da democracia no Brasil. A gestão, nesse contexto, é responsável por traduzir valores sociais, bem como promover mudanças na maneira como se relacionam o Estado e a sociedade.

Assim, no debate sobre a questão que envolve as articulações entre Estado e sociedade, destaca Velásquez (1999) que alguns elementos são centrais para o controle social de gestão pública – enquanto modalidade de ação coletiva de caráter cooperativo entre diferentes sujeitos –, quais sejam: a estrutura de oportunidade política, entendida como o conjunto de opções oferecido por um sistema político e que possibilita aos atores tomarem a decisão de participar na busca de bens públicos. A constituição de identidades sociais, ou o grau de articulação/desarticulação, de homogeneidade/heterogeneidade, a densidade da rede de relações sociais, a tradição associativa. A combinação de motivações que podem atuar num determinado momento a favor ou contra a participação. Nesse sentido, o autor busca distinguir as macromotivações das micromotivações. No primeiro caso, trata-se do conjunto de motivos que não levam em conta as consequências ou os benefícios individuais da cooperação. No segundo caso, os motivos cooperativos ou de participação apoiam-se nos cálculos de custos e benefícios, caracterizando uma racionalidade instrumental.

A existência de uma estrutura de oportunidade política favorável e a de identidades coletivas sólidas, segundo Velásquez (1999), são os pré-requisitos para uma participação substantiva, caracterizada pela cooperação entre Estado e atores sociais por meio do diálogo e dos acordos, constituindo um processo de democratização da gestão local que difere de uma participação formal ou instrumental, caracterizada por uma relação utilitária entre o Estado e os atores sociais.

Dificuldades no desenho das políticas públicas

Observa-se que o novo modelo de política social no Brasil se move entre o **público** e o **privado**, legitimando a participação da sociedade civil como executora da política. Nesse sentido, as políticas públicas são orientadas para garantir os direitos aos cidadãos, tendo como objetivo último diminuir as desigualdades socioeconômicas.

As políticas sociais vêm sendo orientadas no Brasil de acordo com dois tipos de públicos-alvo – os contribuintes e os não contribuintes. Estas políticas, em geral, são executadas com base em segmentos da população, como por exemplo portadores de necessidades especiais, mulheres, idosos, jovens, ou seja, os denominados de minorias que se encontram discriminados, em situação de risco ou vulnerabilidade social. Observa-se que a gestão das políticas sociais na atualidade caracteriza-se pela focalização, descentralização, parcerias e envolvimento da comunidade.

Os três mecanismos principais de articulação entre Estado e sociedade no Brasil, até o início da década de 1980, conforme sustenta Farah (2006), tinham como referência o clientelismo, o corporativismo e o insulamento burocrático. Dessa forma, para o autor, a implementação de programas e a alocação de recursos eram influenciadas ora pela troca de favores, ora pela lógica corporativa. As políticas públicas incorporavam, portanto, interesses da sociedade civil e do mercado, mas tal incorporação era excludente e seletiva, configurando-se um padrão não democrático de articulação entre o Estado e a sociedade. A opacidade e a impermeabilidade das políticas nesse período, definidas em grande medida pelo regime autoritário então vigente, introduziram no sistema um crescente déficit de *accountability* e de responsabilidade pública, comprometendo também o alcance da equidade.

No final da década de 1980, esse quadro começa a ser modificado de maneira profunda. O marco dessas mudanças ocorre com a promulgação da Constituição Federal de 1988, cujo texto possui, do ponto de vista social, um forte viés redistributivo e inclusivo, além de ser descentralizador, complexo e expansionista no que se refere às instituições fiscais.

Na década de 1990 surgem outras formas de articulação do Estado, com a sociedade civil e com o setor privado no encaminhamento do processo de formulação e implementação de políticas públicas. Tem início o esforço para substituir o modelo de provisão estatal por um modelo em que o Estado deixa de ser o provedor direto exclusivo. Nesse período o Estado passa a priorizar o seu papel de ente regulador e fiscalizador de serviços que podem ser prestados pela sociedade civil ou pelo mercado, ou em parceria com esses setores.

Registre-se que a descentralização promovida pela Constituição de 1988 não visa somente transferir atribuições, de forma a garantir eficiência. Ela é concebida como redistribuição de poder, favorecendo a democratização das relações entre Estado e sociedade, bem como do acesso aos serviços. Observa-se, ainda, que as políticas públicas, tanto no seu processo de elaboração e implantação, como nos seus resultados, traduzem formas de exercício do poder político.

Na gestão das políticas públicas é importante que sejam levados em consideração alguns aspectos que podem dificultar o alcance dos objetivos dessas políticas, como, por exemplo: a necessidade de se promover uma consistente articulação e interação entre políticas públicas, com vista a sua otimização; as tomadas de decisões, por sua vez, devem contar com o envolvimento e a participação popular durante todo o seu processo, para que se possa garantir sua efetividade e continuidade; e, por fim, na elaboração e avaliação das ações políticas é importante a elaboração e a utilização de indicadores sociais sólidos, objetivando garantir o sucesso dessas políticas.

Constata-se que a Constituição Federal de 1988 ampliou a descentralização político-administrativa da federação brasileira, estabelecendo competências para os três níveis de governo: federal, estadual e municipal. O Poder Executivo surge nesse cenário como o principal garantidor das políticas públicas, nos três níveis de governo. A sociedade civil, por sua vez, participa da elaboração e da gestão dessas políticas por meio de conselhos, no âmbito de suas competências, nos âmbitos municipal, estadual ou federal.

As reconhecidas dificuldades imanentes ao desenho de políticas públicas se intensificam com a promulgação da Constituição Federal, com a introdução de instrumentos democráticos na gestão das políticas públicas. Observa-se que essas mudanças foram responsáveis pela definição de um novo desenho das políticas sociais no Brasil, fundamentadas nos princípios da descentralização, municipalização e participação da sociedade civil em todo o processo.

Avaliação das políticas públicas

A avaliação é parte final do processo de políticas públicas e seu objetivo é promover a retroalimentação das ações, procurando mensurar resultados e impactos na alteração de qualidade de vida da população beneficiada pela política pública, assim como promover o redimensionamento das opções e decisões adotadas.

A avaliação é um processo que envolve medição, comparação e tomada de decisão. Nesse sentido, precisa definir relações causais entre produtos e resultados, entre metas e objetivos que tenham efeitos e determinem impactos, que produzam mudanças de certas realidades. Assim, o encaminhamento adequado do processo de formulação, implementação e, em especial, de avaliação de políticas públicas se apresenta essencial para o sucesso dessas políticas.

Destaca Faria (2005) a especificidade da avaliação sob três dimensões:

1. Do ponto de vista metodológico, a avaliação é uma atividade que obtém, combina e compara dados de desempenho com um conjunto de metas escalonadas.

2. Do ponto de vista de sua finalidade, a avaliação responde a questões sobre a eficácia/efetividade dos programas e, nesse sentido, sua tarefa é julgar e informar.

3. Do ponto de vista de seu papel, a avaliação detecta eventuais falhas e afere os méritos dos programas durante sua elaboração. Nesse sentido, sua tarefa é formativa, permitindo a correção ou confirmação de rumos.

A avaliação, para Faria (2005), se apresenta como a última etapa do chamado **ciclo das políticas**, definindo-a como: atividade destinada a aquilatar os resultados de um curso de ação, cujo ciclo de vida se encerra; a fornecer elementos para o desenho de novas intervenções ou para o aprimoramento de políticas e programas em curso; e como parte da prestação de contas e da responsabilização dos agentes.

Somente a avaliação de programas efetivamente implementados, assinala Arretche (1998), poderá estabelecer uma relação causal entre uma determinada modalidade de políticas públicas e o sucesso ou na realização de seus propósitos, ou, ainda, entre esta política e um dado resultado ou impacto sobre a situação social prévia à sua implementação.

Nesse sentido, assinala Castro (1989) que a avaliação é o instrumento de análise mais adequado para sabermos se uma política está sendo implementada, no sentido de observar criticamente a distância entre as consequências pretendidas e aquelas efetivadas, detectando as disparidades entre metas e resultados.

É perceptível que vêm ocorrendo alguns avanços no Brasil nos últimos anos no campo da avaliação. Está havendo uma maior atenção com as atividades avaliativas e ao tipo e qualidade das provas que devem ser consideradas válidas, quando se trata de determinar o êxito ou fracasso relativo de um programa.

Percebe-se, assim, a relevância desse processo, sobretudo nas políticas sociais. É preciso destacar, entretanto, que ainda existem significativas deficiências e fragilidade em grande parcela das atividades de monitoria e avaliação de programas e projetos governamentais. Embora o Plano Plurianual (PPA) tenha instituído a monitoria e avaliação sistemática de seus programas, definindo responsabilidades e gestores, essa prática está em fase bastante incipiente, sendo mais frequente nos programas e projetos incluídos no PPA e nos projetos que contam com financiamento externo, por exigência dos organismos financiadores. Por outro lado, cresce a demanda pelo controle social dos investimentos públicos pelas organizações da sociedade civil e mídia, o que requer a disponibilidade de informações atualizadas e de fácil acesso sobre o desempenho do setor público.

Conclusão

Os diversos assuntos tratados neste capítulo reforçam a relevância do tema, bem como revelam a complexidade do processo da formulação ou formação de políticas e das dificuldades imanentes ao desenho de políticas públicas.

Recorde-se que as dificuldades imanentes ao desenho de políticas públicas se intensificam com a promulgação da Constituição Federal (denominada de Constituição Cidadã), que introduz elementos democráticos na gestão das políticas públicas, definindo novo desenho das políticas sociais no Brasil, fundamentados nos princípios da descentralização, municipalização e participação da sociedade civil em todo o processo. Nesse sentido, a Constituição Federal orienta que as políticas sociais sejam desenvolvidas de maneira democrática, em que a sociedade, por meio de órgãos representativos, participe dos espaços de deliberações das diretrizes das políticas, do planejamento, da execução, do controle e da supervisão dos planos, programas e projetos.

É importante ressaltar, por fim, que a política pública se apresenta como um instrumento essencial para promover a coordenação de programas e ações governamentais, com vista a concretizar direitos e promover a intervenção na realidade social. Como resultado de um compromisso entre o Estado e a sociedade, a política pública deve ter como propósito corrigir as desigualdades numa área ou segmento específico da sociedade.

14

Teorias de Análise de Políticas

Introdução

É oportuno, na abordagem da análise de políticas, recordar o conceito de política. Para Easton (1953) uma política (*policy*) é uma teia de decisões que alocam valor. Por sua vez, Jenkins (1978) entende política como um conjunto de decisões inter-relacionadas, concernindo à seleção de metas e aos meios para alcançá-las, dentro de uma situação especificada. Para Weber (1982), política significa elevação para participação no (poder) ou para a (influência) na sua repartição, seja entre Estados, seja no interior de um Estado, entre os grupos humanos que nele existem para a seguir investigar os tipos ideais de autoridade.

Nesse sentido, a política teria como função: realizar objetivos coletivos (TALCOTT PARSONS, 1968), manter o sistema (DAVID APTER, 1965) e resolver conflitos entre indivíduos e grupos, sem que este conflito destrua um dos partidos em conflito; sem necessariamente resolver o conflito, para simplesmente "desarmar" o conflito, canalizá-lo, transformá-lo em formas não destrutivas para os partidos e a coletividade em geral (SCHMITTER, 1984).

Na abordagem desse tema, destaca Frey (2000) que uma revisão preliminar da literatura sobre *policy analysis* permite a identificação de três dimensões da política pública: a dimensão institucional [*polity*], que se refere à organização do sistema político, delineada pelos sistemas legal e jurídico e pela estrutura institucional do sistema político-administrativo; a dimensão processual [*politics*], que se refere ao processo político, frequentemente conflituoso, no que diz respeito à imposição de objetivos, aos conteúdos e às decisões de distribuição dos custos e benefícios de uma dada política pública; a dimensão material [*policy*], que se refere aos conteúdos concretos que envolvem a configuração dos programas políticos, aos problemas técnicos e ao conteúdo material das decisões políticas.

Nesse contexto, assinala Faria (2003) que atualmente podem ser identificadas cinco vertentes teóricas para análise de políticas públicas: (i) a institucional; (ii) a que privilegia as redes sociais e as *policy networks*; (iii) a da escolha racional; (iv) a que destaca o papel das ideias, conhecimentos e aprendizagem (*policy learning*); e (v) a que enfatiza o processo político de produção das políticas públicas (*policy process*).

As bases da escola da análise de políticas

O movimento da análise de políticas teve início nos Estados Unidos na década de 1930. O movimento possui dois grupos distintos: os analistas de políticas ligados às instituições de governo e os pesquisadores acadêmicos. Esse enfoque tem como objetivo melhorar o entendimento das políticas públicas e contribuir para aperfeiçoar as suas qualidades. Nesse sentido, visa promover o entendimento acerca do processo de elaboração da política e prescrever como ela pode ser melhorada (HAM; HILL, 1993).

Registre-se que coube a Harold Lasswell (1936) elaborar os estudos seminais que permitiram o surgimento, nos Estados Unidos, no início da década de 1950, do movimento da análise de políticas. Para o autor, o objetivo do movimento era produzir, através da atividade acadêmica, "conhecimento 'de' e 'para' política", visando auxiliar à tomada de decisão do governo. Assim, nos anos 1950 foram criados naquele país programas acadêmicos, voltados ao entendimento das políticas públicas, e instituições governamentais, que tinham a finalidade de entender as políticas públicas e suas qualidades.

Conforme assinala Deubel (2006), nas décadas de 1950 e 1960, as Ciências Econômicas eram as responsáveis pela maioria das informações e explicações sobre as políticas públicas (*policy*). Elas ressaltavam os aspectos de ordem econômica, ao passo que os de ordem social e as relações de poder (*politics*) eram deixados em segundo plano nas explicações das políticas. Para superar esse "imperialismo econômico", que já não dava conta de explicar as causas, as variações e as opções adotadas para as políticas públicas, o movimento da Análise de Políticas surgiu. Questionamentos como "quem governa" e "como governa", que eram feitos comumente pelas Ciências Econômicas, foram, gradativamente, substituídos por "como e quem elabora as políticas públicas", feitos pelo movimento da análise de políticas.

Argumentam alguns autores, como por exemplo Ham e Hill (1993) e Deubel (2006), que o movimento da análise de políticas nos Estados Unidos, durante as décadas de 1950 e 1960, contou com dois grupos de interessados. Um dos grupos estava ligado às instituições de governo que, diante da aparente impossibilidade de tratar os problemas colocados aos governos de sociedades industrializadas ocidentais, buscavam meios para solucionar os problemas públicos. O outro grupo de interessados foi o dos pesquisadores acadêmicos, que, progressivamente, voltavam suas atenções às questões relacionadas às políticas públicas e que procuravam aplicar seu conhecimento à elucidação de tais questões.

O movimento da análise de políticas iniciado nos Estados Unidos se espalhou em seguida para outros países, como Alemanha e Reino Unido, que criaram, a partir de meados dos anos 1970, programas acadêmicos e instituições de governo para analisar as políticas públicas. Conforme destacam Ham e Hill (1993), a repercussão do movimento de Análise de Políticas junto aos governos dos EUA e dos países europeus foi distinta. O governo norte-americano deu mais atenção ao movimento e os analistas de políticas acadêmicos foram mais chamados a atuar nas agências governamentais. Na Europa esse fenômeno quase não ocorreu.

Assinalam Ham e Hill (1993) que nos anos 1980, apesar de ter havido uma tendência de deslocamento dos termos do debate sobre as políticas públicas, o interesse na análise de políticas continuou a se desenvolver. O ataque ao setor público, feito pelas instituições internacionais (como o Banco Mundial e FMI), que culminou em novembro de 1989 no Consenso de Washington e na recomendação de se aplicarem as técnicas de gestão do setor privado no setor público, contribuiu para enfraquecer o movimento. Mesmo diante dessas transformações que vinha vivenciando o setor público, foi nos anos 1980 que o movimento da análise de políticas se disseminou por diversos países, incluindo o Brasil.

Observa-se que no Brasil, conforme evidencia a literatura, os estudos de análise de políticas públicas são ainda bastante incipientes (MATIAS-PEREIRA, 2010). O movimento sofre de grande fragmentação organizacional e temática e tem uma institucionalização ainda precária no país (CAVALCANTI, 2007). Nesse mesmo sentido, sustenta Frey (2000) que os estudos de análise de políticas atualmente desenvolvidos no Brasil dão ênfase às estruturas e instituições ou à caracterização dos processos de negociação de políticas de setores específicos. Eles consideram apenas os efeitos das políticas públicas e são, antes de qualquer coisa, de natureza descritiva.

Concepções teóricas da análise de políticas

É possível, no campo da ciência política, distinguir três abordagens de acordo com os problemas de investigação levantados. Em primeiro lugar, podemos salientar o questionamento clássico da ciência política que se refere ao sistema político como tal e pergunta pela ordem política certa ou verdadeira: o que é um bom governo e qual é o melhor Estado para garantir e proteger a felicidade dos cidadãos ou da sociedade foram as preocupações primordiais dos teóricos clássicos Platão e Aristóteles. Em segundo lugar, temos o questionamento político, propriamente dito, que se refere à análise das forças políticas cruciais no processo decisório. E, finalmente, as investigações podem ser voltadas aos resultados que um dado sistema político vem produzindo. Nesse caso, o interesse primordial consiste na avaliação das contribuições que certas estratégias escolhidas podem trazer para a solução de problemas específicos (FREY, 2000).

Constata-se que existem dois tipos de enfoques para o estudo das políticas públicas: o Enfoque de Análise de Políticas (EAn) e aquele que é mais utilizado nos estudos das políticas públicas, o Enfoque de Avaliação de Políticas (EAv). Registre-se que daremos uma atenção especial ao Enfoque da Análise de Políticas Públicas (EAn), por tratar-se de uma ferramenta relevante para a análise da política pública. Esse enfoque se baseia em diversos autores, em especial, nas contribuições de Ham e Hill (1993), Deubel (2006), Dagnino (2007), Cavalcanti (2007) e Silva (2008).

Destacam-se na essência do movimento da análise de políticas duas concepções: a da análise das políticas e a da análise para políticas (HAM; HILL, 1993). A primeira perspectiva chama a atenção para a análise de políticas como uma atividade acadêmica, que se preocupa em somente compreender as políticas. A segunda chama a atenção da análise de políticas como uma atividade governamental, preocupada principalmente em contribuir para solucionar problemas públicos. Essas duas concepções existem devido aos interesses dos grupos que compõem o movimento de Análise de Políticas (instituições de governo e academia).

Dentro desses grupos existem aqueles que defendem que o objetivo da análise de políticas deve ser o de melhorar o entendimento da política (*policy*), ou seja, uma atividade descritiva, e aqueles que defendem o objetivo de melhorar a qualidade da política, ou seja, uma atividade prescritiva.

Registre-se que alguns teóricos defendem ambos os objetivos (HAM; HILL, 1993). Destaca-se entre esses estudiosos Thomas Dye (1953), para quem as preocupações dos analistas de políticas, tanto os acadêmicos como os de governo, deveriam estar voltadas ao que o governo faz. Nesse sentido, sustenta que a análise de políticas deveria ser uma atividade tanto descritiva: orientada para melhorar o entendimento da política, quanto prescritiva: direcionada para melhorar a qualidade da política. Argumenta, entretanto, que a defesa de uma política pública e a análise de uma política são tarefas que devem ser realizadas separadamente.

Lasswell (1951), ao abordar a contribuição que os analistas de políticas poderiam dar à melhoria do entendimento das políticas públicas, assinala que os analistas de políticas acadêmicos não deveriam nem se engajar em "tempo integral" na prática política (*policy*) nem empregar seu tempo aconselhando os governantes em questões de cunho imediato (*politics*). Para o autor, os analistas acadêmicos deveriam se concentrar em questões maiores e comunicar suas investigações aos governantes por intermédio de conferências.

Aaron Wildavsky (1979), por sua vez, ocupa uma posição de destaque, entre os autores de orientação prescritiva da análise de políticas. O autor rejeitava a ideia de que seria possível chegar a uma única definição de Análise de Políticas. Ao invés de tentar definir o que seria a Análise de Políticas, ele destacou sua principal característica: ser uma atividade centrada em problemas públicos.

O analista acadêmico, argumenta Wildavsky (1979), deveria se engajar em analisar os problemas públicos e propor soluções para eles. Ou seja, o objetivo da Análise de Políticas seria o de melhorar o entendimento da política e, com isso, ajudar a melhorar sua qualidade. Todavia, contribuir ativamente para converter as soluções apresentadas na análise em políticas públicas (*policy*) seria uma atividade que extravasaria o trabalho do analista acadêmico.

Meltsner (1976), na abordagem sobre a variedade dos objetivos da análise de políticas para os analistas de políticas no governo (ligado às instituições de governo), identificou três tipos de analistas de políticas ao considerar suas funções na burocracia federal norte-americana: o analista técnico, o político e o empreendedor. O primeiro, o técnico, estaria interessado em produzir pesquisas de boa qualidade. Ele seria, essencialmente, um acadêmico em residência burocrática. O segundo, o político, estaria preocupado com a obtenção de influência e promoção pessoal. E o empreendedor estaria interessado no uso da análise para influenciar a política (*policy*) e melhorar o impacto dela.

Um ponto que deve se observar é o fato de analistas acadêmicos estarem penetrando cada vez mais o âmbito do governo. Isto é verdade não apenas nos Estados Unidos, mas também na Europa. Como consequência, a divisão entre analistas de políticas acadêmicos e analistas de políticas ligados às instituições de governo está cada vez mais difusa. Analistas de políticas acadêmicos têm também usado, em alguns casos, suas especializações para assessorarem grupos de pressão social a perseguirem seus ideais políticos (HAM; HILL, 1993).

Isso ocorre porque, ao contrário do que Lasswel (1951), Dye (1953) e Wildavsky (1979) levam a supor – de que os trabalhos acadêmicos são desprovidos de qualquer valor social (econômico, político etc.) –, as práticas acadêmicas (de pesquisa) não são desprovidas de valores sociais (DAGNINO, 2007; LACEY, 1998). Por sua vez, destacam Ham e Hill (1993) que a análise de políticas não é isenta de valores sociais. A ideia de que a análise seja científica, imparcial e neutra é um mito. Para os autores toda pesquisa é, inevitavelmente, influenciada pelas crenças e suposições do analista.

Observa-se, assim, que existem pelo menos três concepções da análise de políticas, com destaque para as que enfocam quais seriam os objetivos da análise de políticas (melhorar o entendimento da política (*policy*); melhorar a qualidade da política; melhorar o entendimento e a qualidade da política). Verifica-se que todas essas concepções têm como foco as políticas públicas (CAVALCANTI, 2007).

Variantes do enfoque da análise de políticas

A análise de políticas (enfoque de análise de políticas) pode adotar, conforme Ham e Hill (1993), sete variantes:

1. Estudos do conteúdo da política (*studies of policy content*): nos quais os analistas procuram descrever e explicar a gênese e o desenvolvimento de políticas particulares. O analista interessado no conteúdo das políticas busca determinar como elas surgiram, como foram implementadas e quais os seus resultados.

2. Estudos dos resultados da política (*studies of policy outputs*): procuram explicar os motivos da variação dos níveis de gasto ou de provisão de serviços entre diferentes áreas. Uma área de aplicação particularmente complexa desses estudos pode ser vista na vasta literatura que tenta explicar diferenças nacionais no desenvolvimento de políticas de bem-estar social.

3. Estudos de avaliação (*evaluation studies*): marcam a fronteira entre análise de políticas e análise para a política. Estudos de avaliação são, muitas vezes, chamados de estudos de impacto, por se voltarem ao impacto que as políticas têm sobre a população. Estudos de avaliação podem ser descritivos ou prescritivos.

4. Informação para a elaboração de políticas (*information for policy-making*): em que dados são ordenados a fim de auxiliar as decisões dos poderes públicos. Informações para a elaboração de políticas podem ser obtidas de estudos efetuados dentro do próprio governo, como parte de um processo regular de monitoramento, ou podem ser fornecidas por analistas de políticas acadêmicos preocupados com a aplicação de seu conhecimento aos problemas públicos.

5. Defesa de processos (*process advocacy*): uma variante da análise para a política, na qual os analistas procuram melhorar os sistemas de elaboração de políticas. A defesa de processos procura melhorar a máquina do governo mediante o desenvolvimento de sistemas de planejamento e de novos enfoques para avaliação de opções de políticas.

6. Defesa de políticas (*policy advocacy*): quando o analista pressiona pela adoção de opções e ideias específicas no processo de elaboração de políticas.

7. Estudos do processo de elaboração de políticas (*studies of policy process*): neles a atenção é dirigida às questões que originam um problema social e como se desenvolve o processo para sua resolução. Estudos do processo de elaboração de políticas, de uma forma geral, são voltados ao desvendar dos interesses (aquilo que é útil ou que é conveniente para os atores) dos atores presentes na formulação das políticas.

Conceitos de política pública

É oportuno recordar, na abordagem da análise de política, alguns conceitos de política pública. Para Deubel (2006, p. 27), uma política pública como um conjunto conformado por objetivos coletivos considerados necessários, ou desejáveis, e pelos meios e ações que são tratados, pelo menos parcialmente, por uma instituição/organização governamental, com a finalidade de orientar o comportamento de atores individuais e coletivos para modificar uma situação percebida como insatisfatória e problemática.

Na mesma linha de Deubel (2006) são as visões de David Easton (1953) e William Jenkins (1978). Para Easton (1953), uma política pública consistiria em uma teia de decisões e ações. Para William Jenkins (1978), uma política pública seria um conjunto de decisões inter-relacionadas e que apresentariam as diretrizes (meios) selecionadas para se lograr as metas e objetivos que resolveriam uma situação tida como problema.

Os problemas encontrados quando se tenta definir o que vem a ser política pública sugerem que é difícil tratá-la como um fenômeno muito específico e concreto. A política pública pode, por vezes, ser identificável em termos de uma decisão, mas, muito frequentemente, ela envolve grupos de decisões ou pode ser vista como pouco mais que uma orientação (HAM; HILL, 1993).

O fato de uma política pública envolver antes um curso de ação e decisões, argumentam Ham e Hill (1993), é devido a alguns aspectos:

1. Uma teia de decisões, geralmente de considerável complexidade, pode estar envolvida no desencadear de ações. Uma teia de decisões, que permanece atuando durante um longo período de tempo, estendendo-se muito além do processo inicial de formulação da política, pode fazer parte de uma rede complexa.

2. No nível da elaboração de uma política pública, as ações tendem a ser definidas em termos de uma série de decisões que, tomadas em seu conjunto, possibilitariam um entendimento mais ou menos comum dos rumos da política pública.

3. Políticas públicas, invariavelmente, mudam com o passar do tempo. Isso ocorre devido aos ajustes incrementais às decisões já tomadas ou devido às mudanças de direção mais significativas. Isso não quer dizer que políticas estejam sempre mudando, mas simplesmente que o processo de elaboração de políticas é mais dinâmico do que estático.

4. Muito da tomada de decisões, sobre as políticas públicas, envolve a tarefa de determinar o "término" de uma política ou sua "sucessão".

5. Outro ponto que, embora não destacado em muitas análises de políticas, merece bastante atenção é a não tomada de decisões. O conceito

de não tomada de decisões atenta-se para o fato de que muito da atividade política diz respeito à manutenção do *status quo* e da alocação de recursos públicos.

Cavalcanti (2007), diante dessa discussão sobre o que vem a ser política pública, sustenta que o Enfoque da Análise de Políticas Públicas possui três objetivos:

1. descrever a política pública. (Entender o que o governo está fazendo ou não está fazendo);

2. indagar sobre as causas ou determinantes da política pública, assim como questionar sobre os efeitos, processos e comportamentos na elaboração das políticas públicas. (Por que a política pública é o que é? Por que os governos fazem o que eles fazem?);

3. analisar as consequências, ou impactos, de uma política pública. (Qual a diferença que a política pública faz na vida das pessoas?).

Para Cavalcanti (2007), política pública é um curso de ação, o qual envolve a definição de metas e objetivos e, principalmente, das diretrizes para permitir que eles fossem logrados, escolhido por autoridades públicas para focalizar um problema público. Em alguns casos, as políticas públicas também podem envolver cursos de inação, em que o governo não tem intenção propriamente de resolver um problema público.

Embora o Estado seja central no processo de elaboração das políticas públicas, interferem no processo diversos atores sociais (DEUBEL, 2006). Quando se diz que o Estado é quem estipula prioridades, metas e objetivos da política pública, se deve ter em conta que, na realidade, intervêm no processo vários atores (sociais, econômicos, comunidade de pesquisa, entre outros) que têm a finalidade de resguardar seus interesses.

Ferramentas analíticas: o ciclo da política

A literatura do ciclo da política tem adquirido progressiva importância nos estudos sobre a elaboração da política pública. Vários trabalhos mencionados por Vianna (1996) indicam a evolução dos estágios de desenvolvimento dessas políticas. Autores como Kingdon (1994), Kelly e Palumbo (1992) apontam fases ou etapas que compõem o processo: (a) determinação da agenda, onde a dinâmica da definição do problema é questão essencial para a compreensão da política pública; (b) formulação e legitimação da política (seleção de proposta, construção de apoio político, formalização em lei); (c) implementação de políticas (operacionalização da política em planos, programas e projetos no âmbito da burocracia pública e sua execução); (d) avaliação de políticas (relato dos resultados alcançados com a implementação das propostas e programas de governo, avaliação dos impactos dos programas e sugestão de mudanças).

O estudo da política pública, como unidade de análise, conta com o instrumental metodológico da análise de políticas. Segundo Dye (1992), a análise de políticas pode ser considerada como uma investigação sistemática que estuda o que os governos fazem, por que fazem e a diferença que isso faz à sociedade. Analisar uma política pública implica sua descrição e a explicação das causas e consequências das atitudes do governo.

Para se superar a abordagem dicotômica nos estudos das políticas públicas no Brasil, em que ora se dá prioridade à dimensão institucional (*policy*) ora à dimensão político-processual (*politics*), é necessário que essas dimensões não sejam dissociadas. Não se pode estudar a dimensão *policy* (política pública) sem considerar as dimensões de *politics* (relações de poder). E é justamente o instrumental (a metodologia) do Enfoque de Análise de Políticas que possibilita tratar a dimensão material (*policy*) juntamente com a dimensão *politics* (FREY, 2000).

Para compreender o momento de construção da agenda da política pública, especificamente o processo de tomada de decisão governamental, concentra-se no modelo elaborado por Kingdon (1994), para a compreensão dos elementos que compõem o processo, qual seja, a identificação dos atores envolvidos e o processo de negociação, em torno dos problemas e das alternativas de solução a esses problemas.

Recorde-se que, de acordo com a teoria do ciclo da política pública, o caminho seguido começa com a elaboração de uma agenda, onde interesses e propostas são colocados na "mesa" de negociações, definindo-se preferências que são adaptadas ao projeto político governamental, seguido das etapas de formulação de propostas, escolha de alternativas e implementação das políticas públicas.

Para Kingdon (1994), apesar de suas limitações, pesquisas produzidas a partir do referencial do ciclo da política pública têm fornecido importante ferramenta analítica, permitindo esclarecer vários pontos, relativamente obscuros, sobre como as decisões são tomadas, indicando, também, aspectos cruciais da elaboração e implementação da política pública. Ademais, esses trabalhos também iluminam a identificação dos determinantes de cada etapa do processo decisório, de formulação e de implementação.

Para que o analista de políticas possa apreender as políticas públicas, sustentam Ham e Hill (1993), tem que dispor de ferramentas analíticas consistentes. Dentre os referenciais analíticos usados para entender as políticas públicas e o seu processo de elaboração, merece destaque o ciclo da política, que decompõe o processo de elaboração de políticas em momentos.

No plano analítico, ou teórico, a decomposição de uma política em um ciclo, composto por momentos, aparece na literatura ora como um processo que representa "a vida real" de uma política pública, ora como um recorte analítico que "idealiza a vida de uma política" (CAVALCANTI, 2007). A decomposição da política em momentos é entendida como uma ferramenta de análise que deve ser utilizada para a compreensão do processo de elaboração de uma política pública.

Argumenta Cavalcanti (2007) que o ciclo da política é, propriamente, um dispositivo analítico utilizado para o estudo de uma dada política. Construído para fins de modelação, ordenamento, explicação e prescrição do processo de elaboração de política, ele pertence a uma ordem mais lógica do que a uma ordem cronológica. No ciclo da política, sustenta a autora, a política pública deve ser entendida como um processo contínuo e dinâmico, que, para efeito de análise, é composto por momentos. No que tange à análise desse processo é importante ressaltar que cada momento possui: (i) seus atores; (ii) suas restrições; (iii) decisões; (iv) desenvolvimento; e (v) resultados próprios. Embora cada momento possua seus componentes, eles não devem ser entendidos como independentes.

O ciclo da política parte do pressuposto de que o "agir público" na resolução de problemas públicos pode ser dividido em momentos parciais. Esses momentos correspondem a uma sequência de elementos que podem ser examinados no que diz "respeito às constelações de poder, às redes políticas e sociais e às práticas político-administrativas que se encontram tipicamente em cada fase" (FREY, 2000). Desse modo, a decomposição de uma política em momentos é uma ferramenta útil, uma vez que permite compreender a política através de uma análise processual.

O processo de elaboração da política

O processo de elaboração da política, assinala Deubel (2006), se desenvolve em momentos. A política pública é elaborada em cinco momentos: (i) o momento da construção de um problema público; (ii) o momento da formulação da política; (iii) o momento da tomada de decisão; (iv) o momento da implementação da política; e (v) o momento da avaliação da política. Todavia, os momentos do processo de elaboração da política não ocorrem de maneira tão ordenada e sequencial quanto possa parecer.

Com vista a uma melhor compreensão do processo de elaboração da política, apresentamos, a seguir, de forma sucinta, os citados cinco momentos:

- **O momento da construção do problema.** De maneira geral, no que diz respeito ao processo de elaboração das políticas, ele ocorre quando uma questão ou situação se transforma em um problema público, que é inserido na agenda de governo. Esse é o momento da construção de um problema público.

- **O momento da formulação.** A definição de um problema pode ser a chave para o seu tratamento posterior. Logo, ao definir uma questão como um problema público, se está aceitando a ideia de que se pode intervir sobre ele. E que, portanto, é necessário definir propostas capazes de atender as suas especificidades (DEUBEL, 2006).

- **O momento da tomada de decisão**. O momento da tomada de decisão é considerado como aquele em que se elege uma ou mais propostas, formuladas no momento anterior, para serem implementadas. Ou seja, o momento da tomada de decisão, no processo de elaboração da política, pode ser definido como uma escolha da proposta de política que melhor resolveria o problema (CAVALCANTI, 2007).

- **O momento da implementação**. No momento da implementação, a política pública, até então quase exclusivamente feita de discursos e de palavras, se transforma em ações concretas, em realidade palpável. Esse momento é visto, de modo geral, como a "efetivação" da política: quando a solução do problema público é posta em prática.

- **O momento da avaliação**. O último momento, o da avaliação, remete à preocupação com o processo de elaboração da política em seu conjunto, constituído pelos momentos da construção de um problema público, momento da formulação, da tomada de decisão e o da implementação da política pública. O momento da avaliação, diferentemente do Enfoque da Avaliação de Políticas, analisa o processo de elaboração da política como um todo (DIAS; DAGNINO, 2006).

No contexto desse debate, Dagnino (2007, p. 1-2) destaca que quatro aspectos merecem ser lembrados:

1. um problema social não é uma entidade objetiva que se manifesta na esfera pública de modo naturalizado, como se ela fosse neutra e independente em relação aos atores – ativos e passivos – do problema;

2. não há situação social problemática senão em relação aos atores que a construem como tal;

3. reconhecer uma situação como um problema envolve um paradoxo, pois são justamente os atores mais afetados os que menos têm poder para fazer com que a opinião pública (e as elites de poder) a considere como problema social;

4. a condição de penalizados pela situação-problema dos atores mais fracos costuma ser obscurecida por um complexo sistema de manipulação ideológica que, com seu consentimento, os prejudica.

Para o autor, é possível introduzir o conceito de agenda da política pública (do processo decisório, ou do processo de formulação da política, ou, ainda, agenda decisória). Ela é o conjunto de problemas ou demandas que os que governam (ocupam o aparelho de Estado num determinado momento) admitem (voluntariamente, ou sob pressão) e classificam como objetos sobre os quais vão atuar.

Teorias e modelos da tomada de decisão

As teorias ou modelos explicativos da tomada de decisão, conforme assinala Deubel (2006), podem ser agrupados em três grandes categorias:

1. teorias centradas na sociedade (*society centred*), que partem do pressuposto de que a tomada de decisão sofre pouca ou quase nenhuma influência das instituições públicas (seus atores e valores);
2. teorias centradas no Estado (*state centred*), que tende a ver o Estado como independente da sociedade e sua ação pública é o resultado da escolha do poder público. Ou seja, o Estado funciona como um seletor das demandas e provedor de serviços e os indivíduos ou grupos que ocupam o Estado são aqueles que determinam os cursos de ações das políticas públicas;
3. teorias *mistas* são aquelas que possuem uma posição intermediária em relação aos grupos anteriormente citados. Os modelos pertencentes a essa categoria buscam explicar a política pública estudando seus aspectos internos (*state centred*) e externos (*society centred*).

Segundo Faria (2003), atualmente podem ser identificadas cinco vertentes teóricas para análise de políticas públicas: (i) a institucional; (ii) a que privilegia as redes sociais e as *policy networks*; (iii) a da escolha racional; (iv) a que destaca o papel das ideias, conhecimentos e aprendizagem (*policy learning*); e (v) a que enfatiza o processo político de produção das políticas públicas (*policy process*).

Na concepção de Deubel (2009), são cinco os modelos analíticos da tomada de decisão: o modelo de decisão racional absoluta; o modelo de decisão racional limitada; o modelo da anarquia organizada; o modelo incremental ou de ajustes marginais; e o modelo da Escolha Pública (*public choice*). Apresentamos, a seguir, a visão do autor a respeito desses modelos:

1. No modelo de decisão racional absoluta, o tomador de decisão (individual ou coletivo) atua utilizando critérios de racionalidade. É um modelo descritivo e prescritivo, pois nele o tomador de decisão dispõe de todas as informações necessárias para a tomada de decisão e, diante disso, escolhe e prescreve qual a melhor opção dentre as demais. Este modelo de tomada de decisão estabelece quais os valores que devem ser elevados ao máximo e qual a melhor alternativa para a resolução do problema público. A escolha de uma alternativa dentre várias outras é feita por meio de uma análise abrangente e detalhada de cada uma delas e de suas possíveis consequências. As informações que devem apoiar a tomada de decisão são obtidas através de estudos empíricos que envolvem desde o cálculo de custo-benefício até a avaliação das consequências de todas as possibilidades viáveis.

Nesse modelo, os tomadores de decisão devem possuir:

"a) um problema bem definido; b) uma gama completa de alternativas; c) informação completa acerca de cada alternativa; d) informação completa sobre as consequências de cada alternativa; e) informação completa acerca dos valores e preferências dos cidadãos; e f) em todo o processo, possuírem a capacidade e os recursos necessários" (FORESTER, 1996, apud CAVALCANTI, 2007).

Esse modelo parte da premissa irrealista ou ingênua de que existe informação perfeita e de que o processo de tomada de decisão não está sujeito ao peso das relações assimétricas de poder (CAVALCANTI, 2007).

2. O modelo de decisão racional limitada aponta que o tomador de decisão nunca toma uma decisão seguindo uma lógica racional absoluta. As limitações na tomada de decisão racional fazem com que o tomador de decisão escolha aquela solução que lhe pareça mais satisfatória.

Trata-se, então, de buscar um meio-termo entre a análise do problema e a urgência de oferecer uma solução aceitável. Dessa forma, se privilegia uma solução em detrimento de outra. De forma geral, o que o tomador de decisão busca não é a melhor solução para o problema, mas evitar a pior.

Nesse modelo, os critérios aplicados à decisão são frutos de uma mescla de intuição e razão – quer dizer, um juízo razoável – mais do que de razão pura. O exercício da razão se encontra limitado pelo contexto social, político e cognitivo no qual atua o tomador de decisão (DEUBEL, 2006).

3. O modelo da anarquia organizada pode ser entendido como o inverso do modelo de Decisão Racional Absoluta. Ele pretende explicar o mundo da incerteza e da ambiguidade. Considera que a influência das instituições sobre as decisões é baixa ou quase nula.

Três elementos caracterizam esse processo de tomada de decisão: (i) valores e os objetivos se apresentam de forma ambígua; (ii) conhecimento e informações disponíveis são incompletos, fragmentados e incertos; e (iii) processo de decisão complexo e, em grande medida, simbólico (DEUBEL, 2006).

Nesse modelo, as condições de ambiguidade e de incerteza são reinantes no processo. E, também, as atividades, os procedimentos, a participação e as competências dos tomadores de decisão são vagas e mudam constantemente (DEUBEL, 2006).

4. O modelo incremental implica a maioria das decisões políticas não serem mais do que ajustes às políticas públicas já existentes. É o triunfo do pragmatismo e do reformismo, da política dos pequenos passos, como estratégia que resulta em acordos dentro de um universo plu-

ral. Segundo esse modelo, nenhum tomador de decisão poderia aplicar realmente o modelo racional. O que ele pode fazer é aplicar um método instintivo de comparação entre soluções empíricas.

Ao contrário do que ocorre com o modelo de decisão racional absoluta, em que a racionalidade é *a priori*, no modelo incremental ela é *a posteriori*. Ou seja, a racionalidade emerge da prática política. É o jogo das pressões e das contrapressões dos atores, que utilizam suas experiências adquiridas no processo de elaboração da política, que vai definir qual a proposta de política que será apresentada (DEUBEL, 2006).

5. O modelo da Escolha Pública se caracteriza por ser uma tentativa de aplicação da teoria econômica no terreno da política (*politics*). Este modelo contraria a ideia de que os atores envolvidos no processo de elaboração da política trabalham de maneira altruísta na busca do interesse público comum.

Os atores políticos envolvidos no processo são comparados aos empresários privados: o apoio às decisões políticas e às políticas públicas encontra sua motivação e explicação na maximização dos interesses políticos dos atores. Em uma perspectiva mais ampla, as observações acima podem ser aplicadas não somente aos atores políticos individuais, mas também aos grupos organizados de atores. Esses grupos organizados defenderiam, então, seus interesses buscando manter ou conquistar posições e vantagens (DEUBEL, 2006).

Tipologia da análise de política

Merece destaque no debate de análise de política a tipologia proposta por Hogwood e Gunn (1981, 1984), que recorrem a uma análise anterior de Gordon, Lewis e Young (1977), na qual indicam sete variedades de análise de política. Para os autores, as variedades de análise de política são as seguintes:

- primeiramente, há *estudos do conteúdo da política* (*studies of policy content*) nos quais os analistas procuram descrever e explicar a gênese e o desenvolvimento de políticas particulares;
- em segundo lugar, há *estudos do processo de elaboração de políticas* (*studies of policy process*) em que a atenção é dirigida aos estágios pelos quais passam questões e procura-se avaliar a influência de diferentes fatores no desenvolvimento da questão;
- em terceiro lugar, há *estudos de resultados de políticas* (*studies of policy outputs*) que procuram explicar por que os níveis de gasto ou de provisão de serviços variam entre diferentes áreas;

- a quarta categoria, *estudos de avaliação* (*evaluation studies*), marca a fronteira entre análise de políticas e análise *para a* política. Estudos de avaliação são muitas vezes chamados de estudos de impacto por se voltarem ao impacto que as políticas têm sobre a população. Estudos de avaliação podem ser ou descritivos ou prescritivos;
- em quinto lugar, há a *informação para a elaboração de políticas* (*information for policy-making*), na qual os dados são ordenados a fim de auxiliar fazedores de política a tomarem decisões. Informações para a política podem ser obtidas de estudos efetuados dentro do próprio governo, como parte de um processo regular de monitoramento, ou fornecidas por analistas de políticas acadêmicos, preocupados com a aplicação de seu conhecimento a problemas práticos;
- em sexto, há a *defesa de processos* (*process advocacy*), uma variante da análise para a política na qual os analistas procuram melhorar a natureza dos sistemas de elaboração de políticas. A defesa de processos é manifestada em tentativas de melhorar a máquina do governo por intermédio da realocação de funções e tarefas e de esforços para aumentar a base para a escolha entre políticas mediante o desenvolvimento de sistemas de planejamento e de novos enfoques para avaliação de opções;
- finalmente, há a *defesa de políticas* (*policy advocacy*), a atividade que o analista desempenha ao pressionar pela adoção de opções e ideias específicas no processo de elaboração de políticas, seja individualmente, seja em associação com outros, frequentemente por intermédio de um grupo de pressão.

Conclusão

Neste capítulo abordamos a análise de políticas, bem como o processo de elaboração de políticas. Ficou evidenciado que existem várias definições de análise de políticas propostas por diversos autores que se têm dedicado ao tema. Na nossa visão, a análise de políticas pode ser entendida como um elenco de conhecimentos propiciados por distintas disciplinas do campo das ciências humanas, utilizados para permitir a solução ou a análise de problemas concretos em política pública.

15

Mecanismos de *Policy Feedback*

Introdução

É oportuno destacar neste capítulo, inicialmente, que não é possível concretizar uma política pública sem capacidade de gestão. A capacidade de gestão é traduzida na competência estratégica para permitir que as políticas públicas sejam implementadas de forma consistente e efetiva. Nesse sentido, a capacidade de gestão pode ser entendida como a competência da administração pública, nos seus três níveis: municipal, estadual e federal, para alcançar de forma adequada os seus objetivos (MATIAS-PEREIRA, 2011).

Recorde-se que as políticas públicas são ações governamentais orientadas para atender distintas necessidades públicas. Assim, temos as políticas sociais, como a previdência, saúde, assistência, educação, habitacional, emprego e renda; as políticas macroeconômicas, como a fiscal, monetária, cambial, industrial; e as demais, como a científica e tecnológica, inovação, cultural, agrária, entre outras. O ciclo das políticas, por sua vez, em geral, é concebido como o processo de formulação, implementação, acompanhamento e avaliação.

A expressão *capacidade de gestão pública* pode ser entendida como a capacidade de realização da administração pública, efetuada por meio de estratégias, ações e atividades, bem como pelos instrumentos descentralizados e democráticos orientados à provisão, manutenção e administração dos recursos e serviços públicos, tendo como propósito a promoção do desenvolvimento socioeconômico da população. A gestão, por sua vez, pode ser aceita como a atividade desenvolvida por um agente com o propósito de alcançar os seus objetivos, por meio da utilização de todos os recursos colocados à sua disposição.

As capacidades, para Mintzberg et al. (2006), baseiam-se no conhecimento organizacional, no que as organizações fazem. As atividades que uma determinada organização pode desempenhar, de acordo com possíveis proficiências, é o que pode caracterizar suas capacidades, ou seja, são as atividades que a empresa executa com excelência que a diferencia e a deixa com vantagem frente aos seus concorrentes, atribuindo valor aos seus bens e serviços por um longo período.

Nesse contexto, é oportuno recordar, o modelo racional-legal de gestão tem como características mais importantes: a ocupação de cargos com base na qualificação técnica; a segmentação do trabalho; a sujeição a normas e não a pessoas (a autoridade de um dado indivíduo decorre do posto que ocupa); a existência de normas escritas; a identificação clara do agente coordenador e dos operadores – e suas responsabilidades.

Verifica-se que existem diversas posições em relação ao debate sobre a teoria e o conceito de *capacidade de gestão pública*. Além das análises que enfatizam fatores de natureza estrutural, relacionados a características das unidades onde se realiza a gestão, de ordem econômico-fiscal, natureza político-administrativa, temos as análises que enfocam as variáveis do tipo institucional como intervenientes no desempenho da gestão do município e as análises que argumentam que o perfil da gestão pode ser explicado por fatores ligados à ação política.

Destacam-se nas análises que enfocam as variáveis do tipo institucional como intervenientes no desempenho da gestão do município as que abordam: a natureza dos programas e políticas contemplada pelo município, particularmente, a engenharia operacional; os mecanismos de *policy feedback*, isto é, a experiência das políticas anteriores, e as regras legais, ao normatizar, e as condições de oferta de serviços sociais, podem ser variáveis decisivas do desempenho da gestão.

É oportuno destacar, no debate sobre políticas públicas, a argumentação de Souza (2007), que aponta três motivos que dariam maior visibilidade ao assunto no país. Em primeiro lugar, a adoção de políticas restritivas a gastos que seriam implementadas não apenas no Brasil, mas em boa parte dos países em desenvolvimento, desde os anos 1990. Elas motivariam toda uma série de estudos para melhorar o desenho e a gestão das políticas públicas. Em segundo lugar, com a substituição do arcabouço keynesiano pelas políticas restritivas a gastos, as políticas sociais passariam a ter um caráter focalizado ao invés de universal. E, em terceiro lugar, nos países com democracia recente – caso dos países latino-americanos –, as coalizões não teriam conseguido, ainda, definir como se dá o equacionamento entre recursos e necessidades da população.

Assim, neste capítulo iremos debater como as instituições afetam criticamente o processo decisório da formulação das políticas públicas. Busca-se, assim, analisar os efeitos das políticas anteriores e suas transformações ao longo do tempo, considerando que as políticas previamente estabelecidas podem criar diversos limites e oportunidades nos contextos dos quais políticas públicas são concebidas e modificadas pelos atores politicamente ativos.

Mecanismos de *policy feedback*

A atividade política do Estado, para Easton (1970), se materializa sob a forma de políticas públicas que agem bloqueando ou implantando os diversos interesses. Constituem um conjunto de ações e decisões públicas estrategicamente selecionadas e resultam do processamento, pelo sistema político, das demandas que ora se originam da sociedade – *inputs* – e ora do próprio sistema político – *withinputs*. Nesse sentido, sustenta Rua (1997) que grande parte da atividade política dos governos se destina à tentativa de satisfazer as demandas que lhes são dirigidas pelos atores sociais ou formuladas pelos agentes políticos ao mesmo tempo em que articulam os apoios necessários. Não são circunscritas às sociedades nacionais, estando, portanto, suscetíveis a pressões globais.

Os argumentos utilizados pelos principais teóricos da escola denominada novo institucionalismo, como por exemplo Wear (1984); Skocpol (1985); North (1990); Immergutt (1992); Hattan (1993); Thelen e Steinmo (1994); Pierson (1993, 1994); Hall e Taylor (1996); Matias-Pereira (2010), possuem como premissa básica a ênfase sobre a influência das instituições sobre o comportamento e os resultados políticos, apontando como arranjos estáveis e rotinizados estruturam o comportamento político e estabelecem os contornos dentro dos quais as decisões são tomadas. Nesse contexto, a vertente histórica do novo institucionalismo considera a contingência histórica e a dependência de trajetória e, em geral, procura explicar as diferenças entre países a partir de variáveis institucionais de nível nacional, apontando como a configuração institucional modela as interações e as estratégias políticas e estrutura as relações de poder entre grupos, gerando trajetórias nacionais diferentes (MENICUCCI, 2005).

A maioria dos estudos que enfatizam os constrangimentos institucionais, argumenta Menicucci (2005, p. 2-3), centram-se nas instituições governamentais formais e nas organizações políticas. Entretanto, as principais políticas públicas também constituem importantes regras em uma sociedade, influenciando a alocação de recursos econômicos e políticos e modificando os custos e benefícios associados a estratégias políticas alternativas. Daí a pertinência de uma abordagem institucionalista para o estudo de políticas públicas considerando dois aspectos. Por um lado, as políticas públicas levam à constituição de instituições, entendendo-se instituições tanto como organizações formais quanto como regras que estruturam o comportamento; por outro, elas próprias podem ser vistas como tendo os mesmos efeitos de estruturas institucionais, na medida em que colocam constrangimentos ao comportamento dos atores políticos e às decisões que podem ser tomadas relativamente a bens públicos, ou seja, para a elaboração ou reforma de políticas públicas. O exame das consequências políticas das políticas públicas é, assim, uma extensão lógica dos argumentos do novo institucionalismo utilizados para a análise de instituições formais e o *feedback* das políticas se constitui em fator de ordem institucional bastante potente para a compreensão das políticas públicas.

Ao tratarem do tema sobre a dependência de trajetória e os efeitos de *feedback*, diversos autores, como por exemplo Weir (1994); Arthur (1989); North (1990), sustentam que a influência das políticas públicas no processo de constituição ou de reformas de políticas se expressa pelas noções correlatas de *policy feedback* e dependência de trajetória, traduzidas nos efeitos *lock-in* e nos efeitos de aprendizagem, noções usualmente utilizadas para análises de instituições formais.

Nesse contexto, assinala Pierson (1993, 1994), o efeito *lock-in* tem a ver com o fato de que as políticas públicas estabelecem "regras do jogo", e estas influenciam a alocação de recursos econômicos e políticos. Isso, além de facilitar a formação ou expansão de grupos particulares, encoraja determinadas ações e bloqueia outras. Nesse sentido, as políticas públicas favorecem a emergência de determinadas redes sociais e econômicas, levando os indivíduos a fazerem compromissos, desenvolverem habilidades específicas e comercializarem determinados bens. Ao induzirem determinados comportamentos, a ação governamental amplia os custos associados à adoção de alternativas diversas e, nessa medida, inibe o abandono de certa trajetória, inviabilizando alternativas que anteriormente podiam ser possíveis. Ao criar incentivos à organização de determinados grupos, as políticas públicas modelam identidades, contribuem para a formação dos objetivos e preferências e estruturam o processo de tomada de decisões ao criar fortes coalizões de suporte que efetivamente protegem os arranjos institucionais estabelecidos, tendo então efeitos de *feedback* no processo político.

Para Pierson (1993), a outra face do efeito de *feedback* são os efeitos cognitivos. De um lado, destaca o autor, porque as políticas públicas fornecem informações e atribuem significados à realidade; de outro, porque afetam o processo de aprendizagem social entre os principais atores políticos. Esses efeitos de aprendizagem podem ser positivos ou negativos, tanto do ponto de vista do Estado quanto dos atores sociais. No caso do Estado, os desenhos das políticas podem favorecer ou não o desenvolvimento de capacidades estatais; e, no âmbito da sociedade, podem gerar reações positivas ou negativas a determinados padrões de políticas públicas. O estabelecimento de cursos de ação induzidos a partir de políticas públicas pode influenciar a consciência individual sobre a atividade do governo e, uma vez adotada, uma política tende a ser readotada, na medida em que passa a ser considerada a resposta natural, levando os decisores a apenas ajustá-la marginalmente para acomodá-la a novas situações (HECLO, 1974).

O argumento enfatiza que políticas prévias, conforme resume Menicucci (2005), explicam o seu desenvolvimento futuro, e legados institucionais podem inviabilizar ou, no mínimo, limitar a possibilidade de mudanças. O desenho estabelecido em algum momento para uma determinada política tem consequências políticas e cognitivas, de tal forma que na relação entre as políticas públicas e os processos políticos as primeiras não são apenas uma decorrência dos segundos, mas também funcionam como variáveis independentes, reordenando a disputa política e podendo até bloquear alterações institucionais.

Regras institucionais e decisões políticas

É sabido que uma forma de avaliar a influência das instituições é usar como variável dependente o potencial de mudança de políticas existentes em diferentes contextos institucionais. Sendo assim, a ausência das mudanças é entendida como estabilidade. Nesse contexto, a literatura revela que as instituições são relevantes nas mudanças.

Por sua vez, a forma como as instituições afetam os resultados, para diversos autores, como é o caso de Tsebelis (1997), ainda é um campo aberto para discussão. Para o autor, a estabilidade das políticas públicas pode ser afetada por três fatores: o número de atores políticos capazes de vetar alterações nas políticas públicas; a similaridade das posições políticas destes atores; e a diferença entre as preferências destes mesmos atores.

Argumenta Immergutt (1996) que o processo para a aprovação de uma política é afetado por arenas decisórias onde estas são passíveis de veto. As regras decisórias e a composição de cada arena definem as possibilidades de veto. As decisões não são simples atos unilaterais tomados pelo Executivo. Na realidade, elas são o resultado de uma sequência de decisões, afirmativas ou negativas, tomadas em diferentes arenas de decisão.

Nesse sentido, assinala Immergutt (1996), é fundamental observar quais são as regras do jogo realmente relevantes, pois são elas que explicam as estratégias dos atores. Os interessados em aprovar uma proposta têm de ser capazes de reunir decisões favoráveis ao longo da cadeia de arenas decisórias. Por outro lado, os grupos que quiserem refutar tal proposta devem ser capazes de vetá-la. Assim, poderão ameaçar ou persuadir os atores envolvidos no processo decisório. Para a autora, é necessário ter em vista que não existe um vínculo direto entre um determinado desenho institucional e o resultado das disputas em torno de uma política. Porém, no momento em que se definem as regras do jogo, conhecendo as arenas decisórias e os possíveis pontos de veto, são criadas as condições para antever de que forma os conflitos em torno de uma política se desenvolvem.

Na abordagem que trata de modificações incrementais nas instituições torna-se relevante destacar o estudo de Mahoney e Thelen (2010), no qual sugerem uma linha de análise endógena, segundo a qual alterações nas configurações institucionais podem ocorrer quando os atores políticos disputam a interpretação sobre a execução das regras institucionais. Nestes momentos cria-se a oportunidade para que as regras em vigor sejam reinterpretadas. Este entendimento das mudanças institucionais permite modificações incrementais, que passam despercebidas por outras abordagens de cunho institucional. Nesse contexto, os autores enfatizam a interação entre características do contexto político, combinadas com as especificidades das próprias instituições. Uma das possibilidades de modificação gradual é o *layering*, processo no qual as alterações institucionais ocorrem por meio da introdução de novos elementos nas instituições ou políticas existentes, ao invés de reformas amplas e estruturais. Nestes casos, mesmo atores políticos com amplo poder de veto têm dificuldades de impedir a adição de novas regras ou elementos nas instituições vigentes.

As políticas anteriores

Diversos autores que examinam políticas públicas sob o prisma da relevância das instituições argumentam que não apenas as regras formais ou informais podem ser analisadas como instituições. Nessa abordagem, assinala Pierson (2006, p. 114-116), políticas públicas nem sempre são tratadas como instituições. Apenas algumas políticas públicas podem ser encaradas como tal. Entretanto, destaca o autor, esta formulação teórica pode ser útil na medida em que produz uma base para a extensão de muitos argumentos sobre efeitos das instituições sobre a produção de políticas públicas. Assim, essa abordagem tem como pressuposto analítico relevante que políticas públicas, uma vez implementadas, estruturaram os processos políticos subsequentes.

Nessa mesma linha, argumenta Skocpol (1995 p. 58-59) que a política cria as políticas públicas e estas, por sua vez, modificam a política. Assim, políticas públicas devem ser observadas tanto como o objeto final, quanto como o objeto inicial de análise. As políticas públicas produzem *feedback effects* que atuam de duas maneiras diferentes. Os *feedback effects* afetam tanto a capacidade do Estado em implementar políticas em um momento futuro, quanto os grupos de interesses, seus objetivos políticos e suas chances de alcançá-los. Tendo em vista a influência das políticas anteriores, sustenta o autor, a análise de sua formação torna-se essencial para qualquer explicação válida para a o desenvolvimento de políticas públicas nacionais.

As políticas públicas podem afetar o jogo político de maneiras diferentes. Uma delas é por meio da composição e capacidade de obtenção de recursos dos grupos de interesses, outra forma é influenciando as preferências dos atores políticos envolvidos (PIERSON, 2006, p. 126). O conceito de *policy feedback* (PIERSON, 2006, p. 117-119) trata da influência das políticas anteriores na formação das preferências dos atores. Por meio da alocação de recursos políticos e monetários, uma determinada política pública pode oferecer ensejo para a criação e/ou consolidação de grupos de interesses. Como aponta Menicucci (2007, p. 26-28), um resultado de políticas públicas já estabelecidas pode ser a construção ou expansão de grupos de interesses, os quais, em suas atividades, podem gerar padrões de comportamento, criar constrangimentos para alterações das trajetórias das políticas, e até inibir a ação de outros grupos de interesses. Assim sendo, políticas estabelecidas anteriormente podem formar grupos e coalizões de apoio que protejam o modelo de política adotado e dificultem quaisquer alterações consideradas inconvenientes para os próprios grupos de interesses.

Seguindo esta linha teórica, outro importante conceito na análise de políticas públicas é o de "*path dependence*" (PIERSON, 2004 p. 18-19). O conceito estabelece que a opção por um modelo de política no passado torna os custos de alteração maiores que os custos de manutenção desse formato.

Dessa forma, podemos dizer que uma política previamente implementada pode, em um momento futuro, interferir tanto nas preferências de atores, como nas suas estratégias. Tal fato implica a limitação nas opções viáveis.

Conclusão

Os diversos assuntos tratados neste capítulo reforçam a relevância do tema que envolve a abordagem institucional e o mecanismo de *policy feedback*. Conforme destacamos, sob a ótica da abordagem institucionalista-histórica, à medida que uma política é implementada, ela transforma a distribuição das preferências, como também o universo dos atores. Dessa maneira, os custos econômicos e políticos da mudança tornam-se mais altos com o tempo, como também se tornam mais altos os retornos por se permanecer na mesma situação. Assim como acontece com a dinâmica institucional, é o mecanismo de *policy feedback* que explica tal fenômeno (num processo de retroalimentação entre instituições e interesses): os atores têm interesses na permanência da instituição, mas foi a instituição que moldou os interesses desses atores.

Os teóricos da vertente histórica do institucionalismo referem o conflito de interesses entre grupos rivais e as relações desiguais de poder como centrais à vida política. Assim, as instituições não são mecanismos neutros de coordenação, que sustentam uma ordem em equilíbrio e exógenas ao comportamento dos indivíduos. Não possuem caráter funcional para resolver problemas de ação coletiva e diminuir os custos de transação ligados à conclusão de acordos estáveis. Ao contrário, conforme sustentam Mahoney e Thelen (2010), são resultados de processos complexos, marcados pelo conflito e pela contingência na luta pelo poder que, por apresentarem implicações distributivas, trazem consigo uma permanente tensão.

Reiteramos, por fim, que os institucionalistas históricos possuem uma concepção de desenvolvimento institucional que privilegia as trajetórias de processos ao longo do tempo e o papel da herança do passado sobre os fatos do presente, conforme evidenciado no mecanismo de *"path dependence"*. Rejeitam, também, a noção de que forças ou processos semelhantes podem produzir os mesmos resultados em qualquer tempo ou lugar.

> Feitas essas considerações, torna-se relevante, nesse debate, abordar, na Parte 4, apresentada a seguir, a visão estratégica da administração pública brasileira.

Parte 4

Visão Estratégica da Administração Pública no Brasil

16

Visão Estratégica da Administração Pública no Brasil

Na análise de políticas de gestão pública é essencial levar em consideração o exame do processo de formulação e de implementação de políticas. Os aspectos que envolvem a fragmentação e a formação de consensos para reformas da gestão pública tendem a conduzir à preocupação com a racionalidade que permeia o processo de formulação e de implementação de políticas.

Assim, a visão estratégica consiste na habilidade gerencial de interpretar adequadamente o meio ambiente e nele detectar: as ameaças a serem neutralizadas ou evitadas, as oportunidades a aproveitar. A visão estratégica deve vir acompanhada da capacidade de ação, para pôr em prática o que pode ser visualizado.

Por planejamento pode-se entender a submissão de um plano a um conjunto de atividades (conceito clássico) ou um conjunto previamente ordenado de ações com o fim de alcançar os objetivos, compreendendo a alocação de recursos humanos, materiais e financeiros, e procedimentos de avaliação.

Na dimensão temporal, o planejamento pode ser de curto, médio ou longo prazo. O planejamento é um processo finalístico e pressupõe a coerência, ou seja, a adequação entre meios e fins. Inclui, complementarmente, uma preocupação com a otimização, isto é, o emprego racional de meios escassos para o atingimento de fins estabelecidos.

As inúmeras argumentações sobre a suposta ineficácia do planejamento estratégico como ferramenta gerencial demonstra que não existe um consenso no campo do planejamento. Os autores contrários ao planejamento estratégico sustentam que o esforço para a criação de uma complexa estratégia para atuar em um ambiente de negócios estável é uma medida inútil, por sua vez, num ambiente de fortes mudanças, fazer um plano estratégico é uma tarefa muito difícil.

Esses argumentos, no nosso entendimento, não se sustentam. A adoção de estratégia é uma medida essencial em qualquer tipo de organização, seja privada, pública ou do terceiro setor, não importando o seu porte. Observa-se que a organização atual de uma empresa ou de um órgão governamental é o resultado da estratégia que adotaram. É preciso considerar que todos os recursos que uma empresa privada ou uma instituição pública dispõe, como, por exemplo, os recursos financeiros, infraestrutura, suporte tecnológico, máquinas e equipamentos, recursos humanos, entre outros, são decorrentes das decisões estratégicas que foram implementadas ao longo de sua trajetória.

Referencial teórico: as teorias de sistemas e da decisão

É oportuno ressaltar que a teoria de sistemas se apresenta como um instrumento apropriado para a análise da realidade. Ela permite ao analista aplicar o método dedutivo, dividindo a realidade em partes que guardam uma coerência interna, uma estrutura funcional e um propósito definido e, mediante o estudo das inter-relações existentes entre as partes, ter uma ideia do conjunto da realidade. O responsável pelo planejamento deve conhecer, além do contexto atual, as probabilidades futuras, ou seja, ter uma visão prospectiva.

Por sua vez, a teoria da decisão está orientada para cuidar das decisões que envolvem objetivos que estão sempre à frente, situados no futuro. Nesse sentido, pode-se afirmar que:

- decidir é posicionar-se em relação ao futuro;
- decidir é escolher um plano de ação;
- toda ação pressupõe uma decisão, explícita ou implícita;
- a decisão é o elo entre o pensamento e a ação (preferências/valores);
- a decisão precisa se transformar em ação, para permitir que o processo venha a acontecer.

Ação governamental e planejamento indicativo

Observa-se que a ação governamental no mundo contemporâneo, em quase todos os países, se realiza por meio do planejamento indicativo. Isso se concretiza através de políticas econômicas, em especial pela utilização de políticas fiscal, monetária, cambial, entre outras. Nesse sentido, a utilização do planejamento se apresenta como uma ferramenta que torna mais provável a ocorrência de um futuro desejável.

A utilização do planejamento estratégico[1] tem como propósito definir os grandes eixos ou bases do desenvolvimento das organizações. Assim, pode ser aceito como o processo orientado a determinar os objetivos gerais do desenvolvimento, as políticas e as estratégias que nortearão os investimentos, o uso e a hierarquização dos recursos disponíveis. Dessa forma, o planejamento estratégico pode ser aceito como uma ferramenta de direção e controle no estabelecimento de diretrizes e metas a serem atingidas.

Para Oliveira (1999, p. 62) o planejamento estratégico é um processo gerencial que possibilita ao executivo estabelecer o rumo a ser seguido pela empresa, com vistas a obter um nível de otimização na relação com o seu ambiente.

É perceptível que no mundo atual a definição de estratégias competitivas é um fator de sobrevivência. O conceito básico de estratégia está relacionado à ligação da empresa com seu ambiente, assim, a empresa procura definir e operacionalizar estratégias que maximizem os resultados da interação estabelecida. Nas empresas, a estratégia está relacionada à arte de utilizar adequadamente os recursos físicos, financeiros e humanos, tendo em vista a minimização dos problemas e a maximização das oportunidades (OLIVEIRA, 1999, p. 175).

Implementação de planejamento estratégico no setor público

O alcance de resultados positivos na implementação de planejamento estratégico, principalmente na administração pública e no terceiro setor, depende das condições e formas para a sua concretização. Destacam-se, entre elas:

- forma de envolvimento dos atores, em especial do processo de sensibilização. Devem ser mobilizados previamente por preocupações comuns e dispostos a debaterem conjuntamente formas de enfrentamento de situações-problema;
- interação e qualidade da relação entre o conjunto de atores que planeja;
- nível de consciência das potencialidades e debilidades que o grupo que planeja possui;
- capacidade de percepção das condições que sustentam e condicionam a viabilidade das ações planejadas;

---

[1] É relevante, no âmbito do planejamento governamental, procurar fazer uma diferenciação entre o que se conceituou como: "planificação" – controle pelo Estado, mediante um "Plano", dos fatores totais da economia (modelo soviético – planejamento impositivo) e "planejamento" – subordinação dos fatores econômicos a um "plano" preestabelecido pelo poder público (planejamento indicativo).

- demonstração de vontade política para a implementação e a existência de mecanismos que monitoram tanto o plano quanto os elementos contextuais que lhe deram origem.

Os diferentes processos de planejamento estratégico

A decisão e a ação coletiva se realizam por meio do governo. Para alguns autores, como por exemplo Osborne e Gaebler (1994), a principal falha nas instituições públicas estaria relacionada com os meios e não com os objetivos, pois há um sistema arcaico que induz a acomodação e a rotina, fazendo com que os desafios, baseados no conhecimento e na informação rápida e mutante, se perpetuem.

Verifica-se que o modelo empreendedor delineado por esses autores é caracterizado por setores que utilizam seus recursos de forma diferenciada. Para que isso ocorra argumentam que o governo deve adotar sistemas que separam as decisões políticas da prestação de serviços, concentrando-se no processo decisório e na estratégia a ser seguida, ou seja, deve levantar recursos e estabelecer as prioridades sociais mediante o processo político democrático, enquanto as instituições privadas devem organizar a produção de bens e serviços.

Assim, estimular a solução de problemas pela ação catalisadora aplicada a toda comunidade por meio de um planejamento estratégico, baseado na previsão do que vai acontecer, é um caminho adequado a ser trilhado pelo governo. Registre-se que o planejamento estratégico, para esses autores, se caracteriza como antítese da política, visto que ele pressupõe racionalidade, o que não é uma prática comum no governo. É sabido que a política exige resultados no curto prazo, pois são esses resultados que garantem a permanência nos cargos. Essa prática distorce a ação do governo, visto que deveria raciocinar e desenvolver ações pensando no longo prazo.

Observa-se que os vários processos de planejamento estratégico apresentam aspectos diferenciados. Para Osborne e Gaebler (1994, p. 255), alguns caminhos básicos, entretanto, são comuns à grande maioria deles: análise da situação interna e externa; diagnóstico ou identificação das questões mais importantes à frente da organização; definição da sua missão fundamental; articulação dos seus objetivos básicos; criação de uma visão do sucesso almejado; desenvolvimento de uma estratégia para realizar a visão e os objetivos definidos; elaboração de um calendário para executar a estratégia; e mensuração e avaliação dos resultados alcançados.

Nos governos, conforme sustentam Osborne e Gaebler (1994, p. 256), há um elemento que deve ser acrescentado ao processo de planejamento estratégico, o consenso, pois é preciso que haja uma concordância entre a população sobre o rumo a ser tomado. Ao criar consenso em torno de uma determinada visão do futuro, a organização ou a comunidade promovem em todos os seus membros uma percepção comum do objetivo a alcançar. Isso faz com que todos, e não apenas os líderes, entendam em que direções devem desenvolver-se.

Pode-se concluir que a atividade de planejar estrategicamente, em que pese as limitações dessa tarefa, tem como propósito procurar vislumbrar o futuro sobre as questões que envolvem novas possibilidades institucionais, considerando que o processo de reflexão estratégica ajuda a elaborar novos modelos e formas de produzir e utilizar a informação.

Nesse sentido, observa-se que os métodos concretizados sob a perspectiva estratégica contribuem para uma maior eficiência, eficácia e efetividade dos serviços, traduzidos em qualidade, além de ser um fator de estímulos para os funcionários, que compreendem melhor o motivo de se comprometerem com a razão de ser da própria instituição.

Assim, torna-se essencial compreender o pensamento estratégico como uma forma singular de refletir sobre a organização; desenvolver a habilidade de análise sobre o posicionamento de uma instituição pública perante sua comunidade; e adquirir habilidade crítica no uso de alguns instrumentos de planejamento estratégico. Em síntese, os temas mais relevantes sobre o planejamento estratégico são: reflexão estratégica: missão, valores e a conquista da visão alternativa; instrumentos de reformulação estratégica: diálogo estratégico, análises ambientais e organizacionais, cenários e futuros alternativos e as intenções estratégicas; monitoramento de fatores controláveis e incontroláveis: reconhecimento de fatores críticos, identificação de oportunidades e ameaças e redefinição de pistas estratégicas; e decisões estratégicas: as relações da instituição com a comunidade.

Planejamento estratégico formal e sistemático

O planejamento estratégico pode ser informal e não sistemático, ou seja, adotam-se decisões sem uma forma ordenada de fazê-lo. Nesse contexto, as informações não são anotadas, os planos estão nas cabeças de alguns membros da organização e, em inúmeras ocasiões, se perdem ao longo do tempo. Assim, os objetivos ficam dispersos e a atenção é direcionada para outros pontos, contribuindo para produzir baixos resultados para a organização, seja pública ou privada.

O planejamento estratégico pode ser entendido como formal quando existe um método para elaborá-lo. As discussões são precedidas de análises e informações que seguem um procedimento padronizado e ficam registradas, os resultados são mais positivos e as avaliações mais simples e objetivas. Isso permite que a organização saiba qual a direção, o ponto em que se encontra e onde está a meta que deseja alcançar. Nesse sentido, o planejamento estratégico, quando realizado de maneira formal, gera uma sistemática por meio da qual lhe permite avaliar o desempenho da empresa e de seus setores. Em síntese, gera padrões de desempenho para os seus executivos.[2]

Como tudo na vida, o planejamento estratégico exige um aprendizado e a empresa pode e deve aprender como fazê-lo eficazmente e como extrair o máximo proveito dessa atividade. E o melhor modo para aprendê-lo é através da prática. A prática do planejamento é que vai mostrar, mais do que qualquer outro argumento, por que se deve fazê-lo.

Existem três níveis de **planejamento**: estratégico, tático e operacional. O objetivo estratégico está orientado para os grandes objetivos da organização. São objetivos de longo prazo. Os objetivos táticos são traduzidos pelos planos de ação concretos, de acordo com o plano estratégico. E o operacional está orientado para a ação concreta, cobrança de resultados.

Existem diferentes modelos para a concepção da estratégia e do **planejamento** estratégico, razão pela qual cada organização deve buscar elaborar um processo que melhor atenda às suas características e vocações. Por sua vez, a concepção de estratégia é um processo basicamente criativo. As palavras-chave na elaboração da estratégia são: visão global, visão sistêmica, observar os fluxos da atividade econômica, raciocínio sintético. Nesse sentido, as estratégias, de modo geral, são ideias curtas, apoiadas em racionalidade, visto que as decisões devem ser adotadas com base na racionalidade.

Recomendações para as mudanças estratégicas

No funcionamento de uma organização quatro fatores necessitam ser geridos de forma adequada: estrutura, estratégia, tecnologias e processos e cultura da organização. Esses aspectos, que são interdependentes, estão interligados e se reforçam mutuamente. Assim, quando uma organização se propõe a implementar alguma coisa estratégica nova é necessário se recordar que a antiga está presente nos aspectos da cultura, da estrutura e da tecnologia e dos processos. Dessa forma, a gestão estratégica deve preocupar-se em realizar alterações nestes quatro aspectos de forma integrada.

Deve-se ressaltar que a missão é a razão de ser da empresa. O seu enunciado, além do caráter legitimador da organização, é usado para orientar os seus membros quanto às atividades, à filosofia e ao conceito da organização. Busca-se, dessa forma, agregar e facilitar os esforços e sinergias para o atingimento dos objetivos da organização.

---

[2] O planejamento estratégico no contexto empresarial – concebido como ferramenta derivada da estratégia militar, desenvolvida na Segunda Guerra Mundial – pressupõe um elevado nível de conhecimento do organismo da empresa e das influências por ele recebidas das mudanças do ambiente nos aspectos políticos, econômicos, sociais e tecnológicos, visando mantê-la sempre em condições de competição com a concorrência (MATIAS-PEREIRA, 2011).

Etapas do planejamento

O planejamento pode ser entendido como um processo interativo que se desdobra em etapas diferenciadas e, sendo o planejamento a racionalização do processo decisório, essas etapas têm, necessariamente, o mesmo sentido daquelas identificadas no processo da decisão.

Essas etapas são:

- diagnóstico – mostrar o conhecimento da realidade;
- política – a sua função é definir os objetivos;
- estratégia – deve indicar as opções dos rumos a seguir para alcançar os objetivos;
- planos – têm como propósito viabilizar os objetivos e estratégias;
- execução – esforço orientado para a implementação das ações programadas;
- controle – visa permitir acompanhar a execução e avaliar os resultados alcançados, para que possam ser comparados com os objetivos anteriormente definidos.

O planejamento estratégico tem duas fases bastante distintas: a fase política e a fase estratégica.

Etapas de avaliação da conjuntura e a concepção política

A etapa de avaliação da conjuntura é o processo ordenado de conhecimento da realidade, passada e presente, e de sua provável evolução nos planos interno e externo, com vista ao emprego do poder para o alcance e preservação dos objetivos. É preciso considerar, nessa etapa, a análise da situação interna e externa e o conteúdo e execução dos planos em curso; o poder, de cuja capacidade dependerá a possibilidade de atender às necessidades básicas e superar os óbices interpostos a esses atendimentos; a elaboração de cenários exploratórios com base no exame das tendências de evolução da realidade.

A etapa da concepção política visa à escolha do cenário desejado. É preciso considerar nessa etapa: a análise dos cenários exploratórios, os crivos (pressupostos básicos e hipóteses de conflito), o estabelecimento do cenário desejado e a decisão política.

São tomadas e implementadas as decisões que consubstanciam a fase política. Essa fase desenvolve-se em quatro etapas: a concepção estratégica, a elaboração de planos, a execução e o controle. A concepção estratégica é o estudo, definição e indicação das estratégias a serem seguidas. Aqui não mais se indaga o que fazer, mas sim o como fazer. Não são discutidos os objetivos da ação, mas o emprego dos meios para alcançá-los. Deve-se considerar nessa etapa: a análise das trajetórias estratégicas, a opção estratégica e as diretrizes estratégicas.

Planejamento indica a necessidade de elaboração dos seguintes planos: plano de desenvolvimento ou crescimento ordenado mediante inovações, plano de segurança ou de manutenção dos objetivos, plano de mobilização ou de emergência e plano de inteligência estratégica. Não se deve esquecer que os planos devem estar coerentes com um orçamento estabelecido dentro das possibilidades financeiras da organização ou do governo.

Na etapa de execução se concretiza o planejamento, através da implementação das ações estratégicas. Cabe considerar nessa etapa a coordenação e sua implementação. A coordenação tem como objetivo a racionalização, com vistas à eficiência e eficácia e efetividade do emprego do poder, isto é, ao seu melhor desempenho. Na implementação deve-se buscar a alta capacidade gerencial.

O controle da execução das ações estratégicas, por sua vez, ocorre em três estágios: acompanhamento, avaliação e realimentação.

> 1º estágio. A função principal do acompanhamento é verificar a implementação dos projetos e atividades programadas, comparando o realizado com o previsto, identificando atrasos, insuficiência de meios e desvio de objetivos.
>
> 2º estágio. A ação de avaliação é um juízo de valor sobre a efetividade das ações estratégicas, ou seja, sobre a pertinência dos objetivos programados.
>
> 3º estágio. Na realimentação são feitas as correções na execução dos planos e modificações de políticas e, quando necessário, nas próprias estratégias.

Feitas essas considerações, torna-se relevante, nessa discussão, abordar, na Parte 5, apresentada a seguir, um debate sobre licitações e contratos na administração pública do Brasil.

Parte 5

Um Debate sobre Licitações e Contratos na Administração Pública do Brasil

17

Licitações e Contratos na Administração Pública

Introdução

Nesta parte vamos abordar os fundamentos da área de licitações e contratos administrativos a partir de uma visão sistêmica e integrada dos processos. Procuramos, assim, instrumentalizar os leitores para definir e executar licitações e contratos, bem como gerenciá-los desde a fase do planejamento até a sua avaliação. Buscamos, ainda, debater a legislação vigente e a sua aplicação efetiva para as contratações governamentais, sob um enfoque gerencial. Em síntese, vamos promover uma discussão sobre as principais questões legais e operacionais que envolvem a licitação, com vista a permitir que o leitor compreenda como ocorre um procedimento de licitação.

1 A licitação como instrumento da administração pública: conceitos

A licitação é um procedimento administrativo, ou seja, é o rito – a maneira pela qual o processo caminha, ou a forma de se encadearem os seus atos. Nessa tarefa, a administração pública contrata com particulares, serviços e obras, realizando compras ou alienações, com a finalidade de selecionar a melhor proposta entre as oferecidas pelos vários interessados, assegurando a igualdade de participação a todos. Pela licitação, pode-se obter o melhor trabalho técnico, artístico ou científico.

Licitação, para Meirelles (2007), é o procedimento administrativo mediante o qual a administração pública seleciona a proposta mais vantajosa para o contrato de seu interesse. Visa propiciar iguais oportunidades aos que desejam contratar com o poder público, dentro dos padrões previamente estabelecidos pela administração, e atua como fator de eficiência e moralidade nos negócios administrativos.

Para Justen Filho (2010), a licitação significa um procedimento administrativo formal, realizado sob regime de direito público, prévio a uma contratação, pelo qual a administração seleciona com quem contratar e define as condições de direito e de fato que regularão essa relação jurídica.

> A licitação foi concebida como procedimento prévio à celebração dos contratos pela administração, objetivando, em especial, assegurar a impessoalidade do administrador na busca da contratação mais vantajosa para a administração e conferir igualdade de tratamento aos administrados que com ela quiserem contratar.

Ao abordar o tema, Bandeira de Mello (2007) sustenta que licitação – em suma síntese – é um certame que as entidades governamentais devem promover e no qual abrem disputa entre os interessados em com elas travar determinadas relações de conteúdo patrimonial, para escolher a proposta mais vantajosa às conveniências públicas. Estriba-se na ideia de competição, a ser travada isonomicamente entre os que preencham os atributos e aptidões necessários ao bom cumprimento das obrigações que se propõem assumir.

A licitação, para Di Pietro (2010), é o procedimento administrativo pelo qual um ente público, no exercício da função administrativa, abre a todos os interessados, que se sujeitem às condições fixadas no instrumento convocatório, a possibilidade de formularem propostas, dentre as quais selecionará e aceitará a mais conveniente para a celebração de contrato.

> As compras no serviço público possuem legislação específica. Têm como referência a Constituição Federal, art. 37, inciso XXI; regulamentado pela Lei de Licitações (Lei nº 8.666, de 1993) e suas atualizações (Lei nº 10.520, de 2002 (Pregão) e decretos regulamentadores. As modalidades de licitação são: concorrência, tomada de preço, convite, concurso, leilão e pregão.

Licitação, na concepção de Jungstedt (1999), é o procedimento administrativo para as compras ou serviços contratados pelos governos, seja federal, estadual ou municipal. A licitação é um procedimento administrativo, preliminar aos contratos celebrados pelo Estado, que busca a melhor proposta para se atingir o interesse público, a partir de nomes preestabelecidos em um instrumento convocatório, aos quais irão definir a forma de agir das autoridades administrativas e dos particulares interessados neste processo de seleção.

Para Sundfeld (1995), a licitação é o procedimento administrativo destinado à escolha de pessoa a ser contratada pela administração ou a ser beneficiada por ato administrativo singular, na qual são assegurados tanto o direito dos interessados à disputa como a seleção do beneficiário mais adequado ao interesse público.

2 Visão histórica da legislação brasileira que trata de licitação

Os procedimentos licitatórios, no direito público brasileiro, vêm recebendo ao longo da nossa história um tratamento legislativo sistemático. Observa-se que a preocupação com a questão das contratações públicas surge com a edição da Lei de 29 de agosto de 1828, em especial no seu art. 5º, que definiu a seguinte diretriz:

> "Art. 5º Aprovado o plano de algumas referidas obras, imediatamente será a sua construção oferecida a Empresários por via de Editais Públicos, e, havendo concorrente, se dará à preferência a quem oferecer maiores vantagens."

- Em 1862 é aprovada nova legislação na área de licitação no Brasil. Essa mudança ocorre através do Decreto nº 2.926, de 14 de maio de 1862, que regulamentava as arrematações dos serviços a cargo do Ministério da Agricultura, Comércio e Obras Públicas.

- A consolidação do procedimento licitatório, no âmbito federal, é feita somente seis décadas depois, por meio do Decreto do Poder Legislativo nº 4.536, de 28 de janeiro de 1922, que organizou o Código de Contabilidade da União (arts. 49-53). Naquele mesmo ano o Código foi regulamentado pelo Decreto nº 15.783, de 22 de novembro de 1922, que dispõe sobre o Regulamento para execução do Código de Contabilidade Pública.

- Merece destaque no campo licitatório, também, a aprovação da Lei de Orçamento (Lei nº 4.320, de 17 de março de 1964), que ainda se encontra em vigor, recepcionada como lei complementar pelo nosso ordenamento jurídico. A citada Lei define no art. 70 que a "aquisição de material, o fornecimento e a adjudicação de obras e serviços serão regulados em lei, respeitando o princípio da concorrência". Em seguida foi sancionada a Lei nº 4.401, de 10 de novembro de 1964, que fixava normas para licitação de serviços e obras e aquisição de matérias, tendo na verdade introduzido a palavra *licitação* como indicativa de todas as modalidades do procedimento.

- Com a promulgação da Emenda Constitucional nº 15, de 1965, à Constituição de 1946, foi elevado em nível constitucional o instituto da concorrência. Em relação ao tema, em nível infraconstitucional, foi sancionada a Lei nº 4.717, de 29 de junho de 1965.

- Tendo como propósito dar maior eficiência nas contratações públicas, o tema foi sistematizado por meio do Decreto-lei nº 200, de 25 de fevereiro de 1967 (arts. 125-144), que estabeleceu "a reforma administrativa federal". Essas normas foram estendidas posteriormente, com a edição da Lei nº 5.456, de 20 de junho de 1968, às administrações públicas dos Estados e Municípios.

- Em 1967, com o advento do Decreto-lei nº 200, de 25 de fevereiro de 1967, as normas do Código de Contabilidade foram em parte derrogadas. Em 1973, foi editado o Decreto nº 73.140, de 9 de novembro de 1973, que regulamentou as licitações e contratos relativos a obras e serviços de engenharia (o referido decreto foi revogado em 13 de maio de 1991).

- Por meio do Decreto-lei nº 2.300, de 21 de novembro de 1986, atualizado pelos Decretos-lei nos 2.348 e 2.360, ambos de 1987, foi instituído o Estatuto jurídico das licitações e contratos administrativos, aglutinando normas gerais e especiais relacionadas às contratações públicas. Registre-se que o Decreto-lei nº 2.300, de 1986, de forma específica, no seu art. 85, determinava a aplicação do Estatuto de licitação e contratos a Estados e Municípios.

- Com a promulgação da Constituição Federal de 1988, em particular o art. 37, XXI, a licitação recebeu *status* de princípio constitucional, de observância obrigatória pela administração pública direta e indireta de todos os poderes da União, Estados, Distrito Federal e Municípios. Nela, a obrigatoriedade de licitar é princípio constitucional, sendo dispensada ou inexigida apenas nos casos expressamente previstos em lei. Recorde-se que o citado dispositivo constitucional submete a administração pública direta, indireta e fundacional, aos relevantes princípios do direito administrativo: *legalidade, impessoalidade, moralidade, publicidade e eficiência* (em relação ao princípio da eficiência, veja a Emenda Constitucional nº 19, de 1998).

- A Lei de Licitações (Lei nº 8.666, de 1993) foi alterada pelas Leis nos 8.883, de 1994, 9.648, de 1998, e 9.854, de 1999. Essas mudanças tiveram como propósito aperfeiçoar de distintas formas o rito licitatório no Brasil. Determinou-se, por exemplo, com a Lei nº 9.648, de 1998, a elevação dos limites das modalidades convite e tomada de preços, a fixação do preço máximo nos editais; aperfeiçoou os critérios de aceitabilidade dos preços e consistência das propostas; valorizou o cadastro e simplificou a habilitação, entre outras.

- A Lei de Responsabilidade Fiscal (LRF), Lei Complementar nº 101, de 4 de maio de 2000, criou as condições para tornar a tomada de decisões nas contratações públicas mais bem estruturada, na medida em que incorporou novas orientações para os gestores públicos. A Lei de Parcerias Público-Privadas (PPP), Lei nº 11.079, de 30 de dezembro de 2004, também representou mais uma alteração relevante na área da contratação pública no Brasil.

Observa-se, assim, que ao longo do tempo as leis de licitação foram objeto de constante atenção no Brasil por parte dos Poderes Executivo e Legislativo. É perceptível, nesse contexto, que o sistema brasileiro na área de licitação possui um excesso de normatização, o que contribui para dificultar o conhecimento e o cumprimento da lei (MATIAS-PEREIRA, 2010).

3 Aspectos relevantes da legislação que trata de licitação no Brasil

O Estado – cujo propósito é o atendimento ao interesse público – necessita, em inúmeras ocasiões, para alcançar esse objetivo, contratar com terceiros para a execução de obras e serviços e aquisição de bens. Na administração pública, conforme determina a Carta Magna, os procedimentos para contratar dependem, em princípio, da adoção de um procedimento seletivo. A utilização da licitação tem como pressuposto o mecanismo mais adequado para alcançar os objetivos do Estado.

> Constituição Federal de 1988. Art. 37, XXI – ressalvados os casos especificados na legislação, as obras, serviços, compras e alienações serão contratados mediante processo de licitação pública que assegure igualdade de condições a todos os concorrentes, com cláusulas que estabeleçam obrigações de pagamento, mantidas as condições efetivas da proposta, nos termos da lei, o qual somente permitirá as exigências de qualificação técnica e econômica indispensáveis à garantia do cumprimento das obrigações.

Pode-se constatar que a Constituição Federal em vigor reforça objetivamente a obrigatoriedade de licitação, em especial no art. 37, XXI, concentrando na União a expedição de normas gerais de licitação e contratação, extensivas à administração pública direta e indireta, incluindo as fundações públicas, com redação dada pela Emenda Constitucional nº 19, de 1998.

Dispositivos constitucionais que fazem referência direta à licitação

O setor público, ao contrário do setor privado, está submetido aos ditames da legislação que trata do tema, que na grande maioria dos casos exige a realização de procedimentos licitatórios para a seleção e compra de materiais. Verificam-se no caso brasileiro diversos dispositivos constitucionais que fazem referência direta à licitação:

> **Art. 22, XXVII**. No citado artigo está fixada a competência da União para legislar sobre normas gerais de licitação e contratação para as administrações públicas diretas, autárquicas e fundacionais da União, Estados, Distrito Federal e Municípios, obedecido o disposto no art. 37, XXI, e para as empresas públicas e sociedades de economia mista, nos termos do art. 173, § 1º, III;
>
> **Art. 37, XXI**. Neste artigo a Constituição eleva a licitação à categoria de princípio constitucional, condicionando a realização de obras, compras, serviços e alienações a procedimento licitatório prévio. O referido inciso faz menção à obrigatoriedade de pagamento, o que significa equilíbrio econômico-financeiro; e admite exigências legais à habilitação;
>
> **Art. 175**. A Constituição, neste artigo, condiciona a concessão e a permissão à licitação; e
>
> **Art. 195, § 3º**. Neste artigo a Constituição afirma o impedimento de pessoa jurídica em débito com a Seguridade Social de contratar com o Poder Público (art. 193 do Código Tributário e art. 47 da Lei nº 8.812, de 1991).

A licitação pública, conforme argumenta Matias-Pereira (2010), por imposição de dois importantes princípios constitucionais, foi concebida como procedimento administrativo que antecede a celebração dos contratos pela administração pública. Esses princípios fundamentais são: indisponibilidade do interesse público, que obriga o administrador público a buscar sempre, de forma impessoal, a contratação mais vantajosa para a administração; e igualdade dos administrados, que obriga que o administrador ofereça iguais oportunidades aos concorrentes de virem a ser contratados com a administração pública.

Modalidades de licitação

A licitação tem como finalidade precípua abrir a todos os interessados a oportunidade de contratar com o poder público. Essa proposta, por sua vez, deverá ser escolhida de acordo com o interesse coletivo. Assim, deverá prevalecer a proposta que irá proporcionar melhores condições contratuais em benefício da administração pública.

O art. 37, XXI, da Constituição Federal foi regulamentado pela Lei 8.666, de 21 de junho de 1993 (alterada pelas Leis nºs 8.883/94, 9.648/98 e 9.854/99), em vigor atualmente, que disciplina as licitações e contratos da administração pública. Esta Lei estabelece cinco modalidades licitatórias: concorrência, tomada de preços, convite, leilão e concurso. Estas modalidades estão definidas no art. 22 da Lei Federal nº 8.666, de 1993. A seguir, vamos abordar cada uma delas.

Concorrência. Trata-se da modalidade de licitação mais complexa. A concorrência, em geral, é utilizada para a realização de contratos de valores elevados, o que exige maior publicidade. Essas publicações devem ser feitas no *Diário Oficial* ou em jornal de grande circulação do Estado ou Município, dependendo do órgão ou entidade da administração contratante. Deverá ser feita com 30 dias de antecedência, no mínimo, com indicação do local em que os interessados poderão ler e obter o texto integral, cujo teor deve conter as informações detalhadas da licitação em questão.

Tomada de Preços. Entre os procedimentos necessários para a participação dos interessados nessa modalidade está a exigência de um prévio cadastro, o qual poderá ser feito até três dias anteriores à data da abertura das propostas. É necessário, também, que a tomada de preços seja publicada no *Diário Oficial*, ou em jornal de grande circulação, com 15 dias de antecedência da data definida para a abertura das propostas apresentadas. Nesse tipo de licitação leva-se em conta o valor das contratações de obras, serviços e compras.

Convite. Orientado para as contratações de pequeno valor, o convite é a modalidade de licitação mais simples. Nele, a administração pública envia para três interessados, no mínimo, já cadastrados, com cinco dias de antecedência da data marcada para a abertura das propostas, uma carta-convite, para participar do processo licitatório. Nesse tipo de licitação não é exigida a publicação de edital no *Diário Oficial*.

Concurso. Na modalidade de concurso é permitida a participação de qualquer interessado para a escolha de trabalho técnico, científico ou artístico, mediante a instituição de prêmios ou remuneração aos vencedores da licitação. Nessa modalidade é exigida a publicação de edital no *Diário Oficial* com, no mínimo, 45 dias de antecedência.

Leilão. Essa modalidade é utilizada na venda de bens móveis para a administração ou de produtos legalmente apreendidos ou penhorados e, em alguns casos especiais, bens imóveis. A publicidade na modalidade de leilão será feita com 15 dias de antecedência da data marcada para o leilão.

Pregão. Trata-se de uma modalidade instituída pela Lei nº 10.520, de 2002, e subsidiado pela Lei nº 8.666, de 1993. Essa modalidade de licitação é destinada à aquisição de bens e serviços comuns, cujos padrões de desempenho e qualidade possam ser objetivamente definidos pelo edital, por meio de especificações usuais no mercado. O pregão pode ser realizado de maneira presencial ou virtual (eletrônica). O pregão eletrônico, regulamentado pelo Decreto nº 5.450, de 2005, torna o processo mais dinâmico e facilita a participação de um maior número de licitantes, permitindo, assim, aumentar o poder de negociação.

> A imposição do uso de licitação nas compras públicas de bens e serviços está baseada nos princípios constitucionais (CF, 1988, art. 37) de: legalidade (ou procedimento formal); impessoalidade; moralidade e probidade administrativa; isonomia (ou igualdade entre os licitantes); publicidade; vinculação ao instrumento convocatório; julgamento objetivo; sigilo na apresentação das propostas; e adjudicação compulsória ao vencedor, e por eles a licitação deve ser processada e julgada. Veja o art. 3º da Lei nº 8.666, de 1993.

Dispensa do procedimento licitatório: peculiaridades

Constata-se que a administração pública tem a faculdade de dispensar o procedimento licitatório, ressalvadas as hipóteses de contratação direta por dispensa e de inexigibilidade de licitação. Ressalta-se que nelas também deve ser obedecido o procedimento formal, visto que vige na administração pública o princípio da formalidade. Essas situações onde se permite tornar dispensável a licitação estão assinaladas nos arts. 13, 17, 24, incisos I a XXVIII, e 25 da Lei Federal nº 8.666, de 1993.

> A Lei nº 8.666, de 1993, instituiu normas para licitações e contratos da administração pública. Ela foi complementada pelas Leis nºs 8.883, de 8 de junho de 1994, e 9.648, de 27 de maio de 1998, e pelo Decreto nº 2.743, de 21 de agosto de 1998, que regulamenta o Sistema de registro de preços, previsto em seu art. 15.

A dispensa de licitação (arts. 17 e 24, da Lei nº 8.666/93) acontece quando, embora haja viabilidade de competição, a lei faculta a não realização de licitação por conveniência administrativa e satisfação do interesse público. Por sua vez, a inexigibilidade de licitação (arts. 13 e 25, da Lei nº 8.666/93) ocorre quando há inviabilidade de competição, seja pela natureza do objeto, seja por circunstâncias atinentes ou sujeitas a ser contratado, seja por exclusividade de fornecedor. Observa-se que na dispensa a competição é viável, mas não se realiza a licitação por conveniência administrativa. Na inexigibilidade, há inviabilidade de competição.

Para Justen Filho (2010), algumas dessas hipóteses podem ser classificadas de acordo com o desequilíbrio na relação custo/benefício. Registre-se que essa listagem possui caráter exaustivo, não cabendo ao administrador a criação de outras situações.

Em relação à possibilidade de tornar dispensável a licitação na administração pública, sustenta Dallari (2003) que o princípio da conveniência administrativa é o mais débil de todos, e pode tornar dispensável a licitação com fundamento na presunção de legitimidade dos atos da administração. Abrangeria, por exemplo, a dispensa de licitação para contratações de pequeno vulto e a complementação ou a padronização de equipamentos.

Responsabilização por não licitar ou licitar de forma inadequada

A Lei nº 8.666, de 1993, tipifica nos seus arts. 89 a 99 os crimes, e estabelece as penas advindas da não obediência da aplicação das regras de licitação e contratos administrativos. Nos seus arts. 100 a 108 ela dispõe sobre o processo e o procedimento judicial, sendo os citados crimes de ação penal pública incondicionada, cabendo ao Ministério Público denunciar aquele que cometê-los. Em tais circunstâncias qualquer pessoa poderá provocar o Ministério Público, bastando para isso fornecer-lhe, por escrito, informações sobre o crime e sua autoria, bem como as circunstâncias em que o mesmo ocorreu. Será admitida também a ação penal subsidiária da pública, caso o Ministério Público não ajuíze a ação no prazo legal.

> O art. 49 da Lei nº 8.666, de 1993, prevê a possibilidade de revogação e anulação do certame licitatório, desde que sejam praticadas motivadamente. Assim, pode-se revogar o que é lícito, mas não é conveniente ao interesse público, bem como anular o que é ilegal.

4 Pregão eletrônico: conceitos e objetivos de pregão eletrônico

O pregão é a modalidade de licitação destinada à aquisição de bens e serviços comuns, onde a disputa pelo fornecimento é feita em sessão pública, por meio de propostas e lances verbais, para classificação e habilitação do licitante com a proposta de menor preço. A adoção do pregão para aquisição de bens e serviços comuns visa, em especial, ampliar a competição, permitindo a obtenção de um melhor preço pela administração, com a possibilidade de lances verbais e negociação direta pelo pregoeiro (BITTENCOURT, 2000).

Em que pese à modalidade de licitação pregão estar disciplinada pela Lei nº 10.520, de 17 de julho de 2002, conforme dispõe o art. 9º da referida lei, subsidiariamente aplicar-se-á a Lei de nº 8.666, de 1993.

> A nova modalidade de licitação denominada "pregão" surge com o objetivo de imprimir maior agilidade às contratações públicas, reduzindo os custos operacionais e diminuindo os valores médios das aquisições e serviços e trazendo, assim, uma maior eficiência à administração no cumprimento de sua finalidade primordial, que é o atendimento ao interesse público.

Para Justen Filho (2010), a opção pelo pregão é facultativa, o que evidencia que não há um campo específico, próprio e inconfundível para o pregão. Para o autor não se trata de uma modalidade em cuja existência se exclua a possibilidade de adotar-se convite, tomada ou concorrência, mas se destina a substituir a escolha de tais modalidades, nos casos em que assim seja reputado adequado e conveniente pela administração.

Pregão eletrônico: manual do fornecedor

As licitações efetuadas pela administração pública, conforme assinala o manual do fornecedor publicado pela Secretaria de Logística e Tecnologia da Informação do Ministério do Planejamento (SLTI/MP, 2005), visam garantir a observância do princípio constitucional da legalidade, da isonomia, da impessoalidade, e selecionar a proposta mais vantajosa para a administração. A Lei nº 10.520, de 17 de julho de 2002, e o Decreto nº 5.450, de 30 de junho de 2005, buscam efetivar o cumprimento de tal princípio e estabelecem normas e procedimentos para a realização de licitações na modalidade de pregão, por meio da utilização de recursos de tecnologia da informação, denominado pregão eletrônico.

> O uso do pregão eletrônico na contratação de bens e serviços no Governo Federal é realizado no portal *Comprasnet*. Trata-se de uma forma de contratação mais econômica porque funciona como um leilão reverso – vence quem oferecer o melhor preço. Além de ser a modalidade mais rápida, a sua utilização no Governo Federal obtém uma economia média entre 15% e 20%. Leva-se em torno de 17 dias para realizar uma aquisição, enquanto uma concorrência leva até 120 dias para efetivar-se. Veja: <http://www.governoeletronico.gov.br/acoes-e-projetos/pregao-eletronico>.

Assim, o pregão eletrônico destina-se à aquisição de bens e serviços comuns, estando assim conceituados aqueles cujos padrões de desempenho e qualidade possam ser objetivamente definidos em edital, por meio de especificações usuais de mercado. É realizado em sessão pública, utilizando tecnologia da informação, que promove a comunicação pela Internet. É um procedimento que permite aos licitantes, estando aberta a etapa competitiva, encaminharem lances exclusivamente por meio do sistema eletrônico. Durante o transcurso da sessão pública, os licitantes são informados, em tempo real, do valor do menor lance oferecido até o momento, podendo oferecer outro de menor valor, recuperando a vantagem sobre os demais licitantes. Ressalte-se que todas as etapas de realização do pregão eletrônico estão disponibilizadas para operação e visualização no *site* <www.comprasnet.gov.br>.

Formas de pregão: pregão presencial e eletrônico

A realização do pregão na sua forma presencial exige que os participantes no modo tradicional compareçam ao órgão licitador, na data e hora previamente determinadas, apresentem suas propostas e lances verbais. A Lei do pregão possibilita também a adoção do denominado pregão eletrônico, dispensando a presença física dos representantes das empresas licitantes.

Verifica-se que existem algumas diferenças significativas entre o pregão presencial e o eletrônico. A primeira diferença diz respeito à figura do pregoeiro, visto que no pregão presencial, no qual estão presentes os representantes dos licitantes, exige-se a participação do pregoeiro, o que não acontece no pregão eletrônico. A segunda diferença está relacionada ao critério de competição do certame, visto que no pregão presencial apenas os licitantes detentores das ofertas com preços até 10% superiores à menor, ou pelo menos três licitantes, participam da etapa dos lances, enquanto no pregão eletrônico todos os licitantes concorrem nesta etapa do processo licitatório.

Essas diferenças, para Justen Filho (2010), se resumem em três peculiaridades:

- Em primeiro lugar, a estrutura procedimental do pregão é absolutamente peculiar, com duas características fundamentais. A primeira seria a inversão das fases de habilitação e julgamento. A outra é a possibilidade de renovação de lances por todos ou alguns dos licitantes, até que se chegue à proposta mais vantajosa.
- Em segundo lugar, o pregão comporta propostas por escrito, mas o desenvolvimento do certame envolve a formulação de novas proposições "lances", sob forma verbal, ou até mesmo por via eletrônica.
- Em terceiro lugar, podem participar quaisquer pessoas, inclusive aquelas não inscritas em cadastro. Sob certo ângulo, o pregão é uma modalidade muito similar ao leilão, que apenas não se destina à alienação de bens públicos e à obtenção da maior oferta possível. O pregão visa à aquisição de bens ou contratação de serviços comuns pelo menor preço.

Verifica-se no pregão a aplicação da inversão das fases de habilitação e classificação dos licitantes, o que propicia uma maior celeridade no processo de licitação, visto que a documentação da empresa só será analisada se ela tiver sido a oferta de menor preço.

Habilitação dos licitantes. Esse procedimento consiste no recebimento das propostas e documentações dos licitantes. A habilitação deverá contemplar a capacidade jurídica, a capacidade técnica, a idoneidade financeira e a regularidade fiscal do licitante, conforme o art. 27 da Lei de Licitações (Lei nº 8.666, de 1993).

Transparência nos atos da administração pública. A modalidade pregão contribui para elevar o nível de transparência no processo licitatório, isso porque, no pregão presencial, os licitantes estão presentes na disputa, e no pregão eletrônico, as licitações podem ser acompanhas através da Internet.

Custos de transação. Os custos de transação no campo da licitação no Brasil são elevados em decorrência do procedimento licitatório, que é lento e burocratizado. Isso decorre, em especial, dos vários princípios constitucionais que a licitação tem de levar em consideração – legalidade, impessoalidade, moralidade, publicidade, vinculação ao instrumento convocatório, objetividade do julgamento, entre outros.

A instituição do pregão, nesse sentido, como nova modalidade de licitação sinaliza que houve um avanço no sistema de licitação do Brasil, na medida em que ele veio permitir à administração que utilizasse um instrumento mais eficiente para as contratações e, dessa forma, contribuindo para que seja alcançado o propósito precípuo do Estado, que é o atendimento ao interesse público.

> Na União Europeia, destaca Fiuza (2009), os únicos princípios a serem observados numa licitação são a igualdade de tratamento; a não discriminação; e a transparência. Veja a esse respeito a Diretiva 2004-17-CE, art. 14, de 30 de março de 2004, e a Diretiva 2004/18/CE, de 31 de março de 2004.

Concessão e permissão – conceitos, evolução e legislação

A concessão e a permissão são instrumentos por meio dos quais a administração pública descentraliza a prestação de serviços públicos para particulares. Conforme veremos, a seguir, a distinção entre elas está no grau de precariedade.

Torna-se oportuno, nessa abordagem a respeito de concessão e permissão, apresentar, preliminarmente, algumas definições relevantes sobre o conceito de serviço público.

Para Di Pietro (2010), serviço público "é toda atividade material que a lei atribui ao Estado para que a exerça diretamente ou por meio de seus delegados, com o objetivo de satisfazer concretamente às necessidades coletivas, sob regime jurídico total ou parcialmente público".

Serviço público, para Cretella Júnior (1995), é "toda atividade que o Estado exerce direta ou indiretamente, para a satisfação das necessidades públicas mediante procedimento típico do direito público".

Para Meirelles (2007), serviço público "é todo aquele prestado pela Administração ou por seus delegados, sob normas e controles estatais, para satisfazer necessidades essenciais ou secundárias da coletividade ou simples conveniência do Estado".

Titularidade dos serviços públicos

Conforme previsão constitucional, os serviços públicos são de titularidade da União, Estados e Municípios e a repartição de competências é fixada pela própria Carta Magna.

- **Competência da União.** No art. 21 da Constituição Federal, estão definidos os serviços públicos de competência da União, em seus incisos X, XI e XII.
- **Competência dos Estados.** É atribuída aos Estados-membros a competência residual (art. 25, § 1º, da CF). Entretanto, compete com exclusividade a prestação de serviço de gás canalizado (art. 25, § 2º, da CF).
- **Competência dos municípios.** Restou aos municípios, assegurado pela Constituição Federal, a titularidade dos serviços públicos de interesse local. É também de competência do município, embora sem exclusividade, os programas de educação pré-escolar e de ensino fundamental. A Constituição reconheceu, ainda, alguns tipos de serviços como de interesse local e os outorgou aos municípios (art. 30 da CF).
- **Competência do Distrito Federal.** Como ente diferenciado, o Distrito Federal detém as mesmas competências atribuídas aos Estados e Municípios (art. 32, § 1º).
- **Competência comum.** Na Constituição estão definidas diversas competências comuns, como, por exemplo, no campo da assistência aos portadores de deficiência (art. 23, II, CF); dos programas de construção e moradia (art. 23, IX, CF); da seguridade social (art. 194, CF); da saúde (art. 196, CF); da educação (art. 205, CF).

Concessão de prestação de serviços públicos

Concessão de prestação de serviços públicos é a delegação de sua prestação feita pelo poder concedente, por meio de licitação na modalidade concorrência, à pessoa que demonstre capacidade para seu desempenho, por sua conta e risco e por prazo determinado. Ressalte-se que o poder concedente é a União, o Estado, o Distrito Federal ou o município, em cuja competência se encontre o serviço público, na qual a titularidade continua sendo sua, transferindo apenas a execução.

Wald, De Moraes, Wald (2004), comentando o tema da outorga das concessões, esclarecem:

> "o que se observou na realidade brasileira, é que, durante muito tempo, principalmente antes das privatizações e da edição da Lei nº 8.987/95, a outorga das concessões decorria de ato unilateral emanado do Poder con-

cedente, consubstanciado em decreto, no qual eram definidos os direitos e obrigações do concessionário, sem que se seguisse a assinatura do contrato. Muito embora houvesse repetidas referências legais a contratos de concessão, existiram numerosas situações em que os contratos não foram efetivamente formalizados. Mesmo a inexistência de um instrumento bilateral específico não obsta, todavia, ao reconhecimento do caráter contratual destas concessões. Atualmente, como veremos, o contrato por escrito é indispensável para caracterizar a concessão".

A concessão de serviço público, para Di Pietro (2010), pode ser definida como "o contrato administrativo pelo qual a administração pública delega a outrem a execução de um serviço público, para que o execute em seu próprio nome, por sua conta e risco, mediante tarifa paga pelo usuário ou outra forma de remuneração decorrente da exploração do serviço".

A concessão está disciplinada nos arts. 21, incisos XI e XII, 25, § 2º (alterados pela Emenda Constitucional nº 8/95), e 175 da Constituição Federal. No âmbito infraconstitucional, o tema está normatizado pelas Leis nºs 8.987, de 13 de fevereiro de 1995 e 9.074, de 7 de julho de 1995. Aplica-se à matéria, também, a Lei nº 8.666, de 1993, com as alterações introduzidas pela Lei nº 8.883, de 1994.

De acordo com o art. 2º, inciso II, da Lei nº 8.987, de 1995, a concessão de serviço público é "a delegação de sua prestação, feita pelo poder concedente, mediante licitação, na modalidade de concorrência, à pessoa jurídica ou consórcio de empresas que demonstre capacidade para seu desempenho, por sua conta e risco e por prazo determinado".

No contrato de concessão, argumenta Bastos (1994), é possível distinguir duas ordens de cláusulas. Uma delas é a que consubstancia normas regulamentares que disciplinam o desempenho do serviço público. Um segundo conjunto, assinala o autor, estabelece a parte contraprestacional, digamos assim, o que corresponde aos direitos e deveres de cada uma das partes, inclusive no que diz respeito a sua remuneração propriamente dita, e que pode dar-se pelo poder público, que remunera o concessionário mediante determinados critérios, ou mediante a cobrança do usuário, pela previsão de tarifas.

As formas de extinção da concessão são: quando termina o prazo contratual; a encampação; caducidade; rescisão; anulação; e falência ou extinção do concessionário. Ressalte-se que na concessão não se transfere a titularidade do serviço, mas unicamente o seu exercício.

Permissão de prestação de serviços públicos

A permissão é a delegação, a título precário, mediante licitação da prestação de serviços públicos feita pelo poder concedente, a pessoa que demonstre capacidade de desempenho por sua conta e risco.

A permissão, conforme define o art. 2º, inciso IV, da Lei Federal nº 8.987, de 1995, é "a delegação, a título precário, mediante licitação, da prestação de serviços públicos, feita pelo poder concedente à pessoa física ou jurídica que demonstre capacidade para seu desempenho, por sua conta e risco".

A permissão, conforme disciplinado no art. 40 da citada Lei nº 8.987, de 1995, será formalizada mediante contrato de adesão. A concessão somente poderá ser concedida para pessoa jurídica, enquanto a permissão poderá ser feita também em favor da pessoa física.

Autorização

A autorização é um ato administrativo unilateral e discricionário, pelo qual o poder público delega ao particular a exploração de serviço público, a título precário. A figura da autorização está definida no art. 21, inciso XII, da Constituição (redação dada pela Emenda Constitucional nº 8, de 1995), sendo que o art. 175 somente se reporta à permissão e à concessão. Registre-se que não há referência à autorização na Lei nº 8.987, de 1995, enquanto a Lei nº 9.074, de 1995, se reporta a ela de forma expressa.

Os serviços autorizados pelo poder público, em princípio, devem ser executados em caráter pessoal e intransferível a terceiros. Trata-se de um ato precário, a rigor outorgado sem prazo e, assim, revogável a qualquer momento, sem direito a indenização.

A legislação define três modalidades de autorização:

- Autorização de uso. Ocorre quando um particular é autorizado a utilizar bem público de forma especial.
- Autorização de atos privados controlados. É concedida quando o particular não pode exercer certas atividades sem autorização do poder público, ou seja, são atividades exercidas por particulares, mas consideradas de interesse público.
- Autorização de serviços públicos. Esse tipo de autorização coloca-se ao lado da concessão e da permissão de serviços públicos e destina-se à execução de serviços muito simples, de alcance limitado, ou a trabalhos de emergência.

Evolução legislativa da delegação no serviço público

O instituto da concessão de serviço público, conforme assinala Justen Filho (2003), foi praticado largamente durante o século XIX e início do século XX. Verificou-se, então, uma sensível redução em sua utilização, coincidindo com a ascensão das concepções de intervenção estatal direta. Mas, no último decênio do século XX, ressalta o autor, houve uma espécie de *redescoberta* da concessão como alternativa para o atendimento a necessidades coletivas, especialmente em face da chamada *crise fiscal* do Estado. Tem sido cada vez mais relevante a contribuição do capital privado para a implementação das políticas públicas e atendimento a necessidades coletivas.

Verifica-se que a legislação que trata da prestação de serviços públicos sob o regime de concessão ou permissão evoluiu de forma rápida a partir da promulgação da Constituição Federal de 1988. Merece destaque, nesse contexto, o art. 175 da Constituição Federal de 1988, que preceitua:

> "Incumbe ao Poder Público, na forma da lei, diretamente ou sob regime de concessão ou permissão, sempre através de licitação, a prestação de serviços públicos.
>
> Parágrafo único. A lei disporá sobre:
>
> I – o regime das empresas concessionárias e permissionárias de serviços públicos, o caráter especial de seu contrato e de sua prorrogação, bem como as condições de caducidade, fiscalização e rescisão de concessão ou permissão;
>
> II – os direitos dos usuários;
>
> III – política tarifária;
>
> IV – a obrigação de manter serviço adequado."

A Lei nº 8.987, de 1995, que criou o Estatuto das concessões e permissões (legislação que regulamentou o art. 175, da Constituição Federal), em seu art. 1º, dispõe:

> "Art. 1º As concessões de serviços públicos e de obras públicas e as permissões de serviços públicos reger-se-ão pelos termos do art. 175, da Constituição Federal, por esta lei, pelas normas legais pertinentes e pelas cláusulas dos indispensáveis contratos.
>
> Parágrafo único. A União, os Estados, o Distrito Federal e os Municípios promoverão a revisão e as adaptações necessárias de sua legislação às prescrições desta Lei, buscando atender as peculiaridades das diversas modalidades de seus serviços."

No âmbito infraconstitucional, além das Leis nºs 8.987, de 13 de fevereiro de 1995, e 9.074, de 7 de julho de 1995, a matéria também é tratada pela Lei nº 8.666, de 1993, com as alterações introduzidas pela Lei nº 8.883, de 1994.

Parceria público-privada

A Lei nº 11.079, de 30 de dezembro de 2004, que instituiu normas gerais de licitação e contratação de parceria público-privada, definiu-a como contrato administrativo de concessão, na modalidade patrocinada ou administrativa.

Ressalte-se que a parceria público-privada é contrato público administrativo, sob regime de concessão, celebrado entre o particular e a administração pública. Esse tipo de contrato tem por objeto o aporte de recursos financeiros do setor privado para gerar infraestrutura, com amortização a médio e longo prazo, visando eficiência, bem como a prestação de serviços públicos. O contrato é resguardado por garantias asseguradas pelo poder público.

Cretella Neto (2005), ao tratar do tema, sustenta que:

> "Contrato de Parceria Público-Privada é o acordo firmado entre a Administração Pública e entes privados, que estabelece vínculo jurídico para implantação, expansão, melhoria ou gestão, no todo ou em parte, e sob o controle e fiscalização do Poder Público, de serviços, empreendimentos e atividades de interesse público em que haja investimento pelo parceiro privado, que responde pelo respectivo financiamento e pela execução do objeto estabelecido."

Para Justen Filho (2005), a parceria público-privada é

> "um contrato organizacional, de longo prazo de duração, por meio do qual se atribui a um sujeito privado o dever de executar obra pública e (ou) prestar serviço público, com ou sem direito à remuneração, por meio da exploração da infraestrutura, mas mediante uma garantia especial e reforçada prestada pelo Poder Público, utilizável para a obtenção de recursos no mercado financeiro".

Desestatização e privatização

O Programa Nacional de Desestatização foi instituído pela Lei nº 8.031, de 12 de abril de 1990, posteriormente revogada pela Lei nº 9.491, de 9 de setembro de 1997, que alterou alguns procedimentos, mantendo as linhas básicas do Programa.

Nesse sentido, afirma Zymler e Almeida (2005) que "O Programa nacional de desestatização, implantado pela Lei nº 8.031, de 1990, revogada pela Lei nº 9.491, de 1997, em face da incapacidade do Estado de realizar novos investimentos nos diversos setores básicos da economia, cria novos mecanismos de oferta de serviços públicos".

O Estado, nesse novo cenário, reserva para si as atividades de regulação e de fiscalização, exercidas por agências reguladoras. Por sua vez, a prestação do serviço público não deve ser confundida com a exploração direta da atividade econômica, visto que aquela constitui a função essencial do Estado e no segundo caso apenas será permitida quando necessária aos imperativos da segurança nacional ou a relevante interesse coletivo, conforme definidos em lei (veja art. 173 da CF).

A privatização, para Di Pietro (2010),

> "doutrinariamente, pode ser vista em sentido mais amplo, para abranger todas as formas pelas quais se busca uma diminuição do tamanho do Estado, podendo abranger: a desregulação (diminuição do tamanho do Estado no domínio econômico), a desmonopolização de atividades econômicas, a privatização de serviços públicos (com sua devolução à iniciativa privada, a concessão de serviços públicos (dada à empresa privada e não mais a empresa estatal, como vinha ocorrendo), e os chamados *contracting out*, em que a administração pública celebra contratos de variados tipos para buscar a colaboração do setor privado, como os contratos de obras e prestação de serviços".

Verifica-se que a Lei nº 9.491, de 1997, adotou o entendimento do termo *desestatização* utilizado atualmente, pelo qual o Estado não deixa de ser o titular do serviço, porém transfere a sua execução. Nesse sentido, Carvalho Filho (2009), ao abordar as diferenças que existem entre os termos *desestatização* e *privatização*, sustenta que "desestatizar significa retirar o Estado de certo setor de atividades, ao passo que privatizar indica tornar algo privado, converter algo em privado".

18

Sistema de Registro de Preço (SRP)

O Sistema de Registro de Preço (SRP) se apresenta como outra forma de aquisição que pode ser adotada pelos órgãos públicos. Esse procedimento está previsto no art. 15 da Lei nº 8.666, de 1993.[1] O sistema em questão é uma forma de contratação de bens e serviços, por meio de licitação nas modalidades concorrência ou pregão, em que as empresas assumem o compromisso de fornecer bens e serviços a preços e prazos registrados em uma ata específica e a contratação é realizada quando melhor convier aos órgãos públicos.

O inciso I do art. 1º do Decreto nº 3.931, de 2001, que regulamenta o sistema de registro de preço, define-o da seguinte forma:

> "I – Sistema de Registro de Preço – SRP – conjunto de procedimentos para registro formal de preços relativos à prestação de serviços e aquisição de bens, para contratações futuras."

Uma definição bem ampla, pouco explicativa e passível de várias interpretações.

Para Bandeira de Mello (2011), o "registro de preços" é um procedimento que a administração pode adotar perante compras rotineiras de bens padronizados ou mesmo na obtenção de serviços. Nesse caso, como presume que irá adquirir os bens ou recorrer a estes serviços não uma, mas múltiplas vezes, abre um certame licitatório em que o vencedor, isto é, o que ofereceu a cotação mais

---

[1] Veja a esse respeito as disposições da Lei nº 10.520, de 17 de julho de 2002, Decreto nº 5.450, de 31 de maio de 2005, Decreto nº 3.931, de 19 de setembro de 2001, Decreto nº 4.342, de 23 de agosto de 2002, e, subsidiariamente, da Lei nº 8.666, de 21 de junho de 1993, e suas alterações.

baixa, terá seus preços "registrados". Quando a promotora do certame necessitar destes bens ou serviços irá obtê-los, sucessivas vezes se for o caso, pelo preço cotado e registrado.

Gasparini (2006) assinala que o

> "registro de preços é válido pelo tempo máximo de um ano, conforme referido no edital. Isso significa que os proponentes dos preços registrados são obrigados, durante esse tempo, a fornecer os bens e a prestar os serviços cujos preços foram registrados pelos valores arquivados, sempre que a Administração Pública os solicitar".

Fernandes (2006, p. 31-34) define o sistema de registro de preço como um procedimento especial de licitação que se efetiva por meio de uma concorrência ou pregão *sui generis*, selecionando a proposta mais vantajosa, com observância do princípio da isonomia, para eventual e futura contratação pela administração. Para o autor, o registro de preço efetiva-se por meio de pregão ou concorrência *sui generis*. Nesse contexto, o sistema de registro de preços é *sui generis* procedimento da licitação, porque a administração vincula-se, em termos, à proposta do licitante vencedor, na exata medida em que, juridicamente, ele – o licitante – também se vincula.

Nesse sentido, completa sua análise com um esquema, da seguinte forma: a administração não está obrigada a comprar; o licitante tem o dever de garantir o preço, salvo supervenientes e comprovadas alterações dos custos dos insumos; a administração não pode comprar de outro licitante que não seja aquele que ofereceu a melhor proposta; o licitante tem a possibilidade de exonerar-se do compromisso assumido na ocorrência de caso fortuito ou força maior, na forma preconizada, inclusive, no § 2º, art. 13, do Decreto nº 3.931, de 2001.

Procedimentos operacionais do sistema de registro de preços – SRP

O sistema de registro de preço (BRASIL, 2005) conforme explicitado, é o conjunto de procedimentos para registro formal de preços relativos à prestação de serviços e aquisição de bens para contratações futuras. No procedimento licitatório as modalidades são: concorrência e pregão.

> O *Comprasnet* é um sistema *online* de acesso a serviços do SIASG, inclusive por meio da Internet, no *site* <www.comprasnet.gov.br>. Oferece a consulta a convites, tomadas de preços e concorrências realizados pela administração federal, que pode ser facilmente efetuada por qualquer interessado. O *Comprasnet* oferece, ainda, vários outros serviços e facilidades, como a consulta ao cadastro de fornecedores (SICAF), o *download* da íntegra de editais de licitações e a consulta a resultados de licitações realizadas. São facilidades que beneficiam os fornecedores do governo, reduzem custos e tornam mais transparentes e competitivas as licitações.

Registre-se que a contratação ocorre quando do surgimento da necessidade, e não obriga a aquisição da totalidade licitada. Existe a possibilidade de adesão, de órgãos/entidades (não participantes) que queiram utilizar o registro de preços, durante a vigência da ata.

Busca-se, dessa forma, a otimização dos estoques, com consequente redução de custos e a redução do número de licitações. A disponibilização de orçamento somente ocorre quando do empenho da aquisição/contratação.

Acesso ao sistema de registro de preço

O acesso do usuário ao sistema é feito por meio da Rede SERPRO. Para este procedimento o usuário tem que estar devidamente cadastro no sistema. Veja as instruções no manual do usuário do sistema de registro de preços – SRP, no sítio <http://www.comprasnet.gov.br/publicacoes/manuais/SISRP.PDF>.

- O contato com a comunidade de atendimento SIASG é feito pelo telefone 0800-9782329, ou pelo *e-mail*: comprasnet@planejamento.gov.br.

Ata de registro de preço

O encerramento da sessão do pregão ocorre com a leitura e consequente assinatura da ata por todos os licitantes presentes, pelo pregoeiro e respectiva equipe de apoio. De acordo com o definido na legislação e detalhado em regulamento, os atos essenciais do pregão devem estar documentados e integrar o respectivo processo. Dessa forma, a ata de registro de preço é o documento vinculativo, obrigacional, com característica de compromisso para futura contratação, no qual se registram os preços, fornecedores, órgãos participantes e condições a serem praticadas, de acordo com as normas contidas no instrumento convocatório e propostas apresentadas.

O órgão gerenciador é o órgão ou entidade da administração pública responsável pela condução do elenco de procedimentos do certame para registro de preços e gerenciamento da ata de registro de preços dele decorrente. Por sua vez, o órgão participante é o órgão ou entidade que participa dos procedimentos iniciais do SISRP e integra a ata de registro de preço. Registre-se que a validade da ata varia em função do tipo de material ou serviço adquirido: material; serviço; e serviço e material.

Figura do participante extraordinário. A ata de registro de preço, durante sua vigência, poderá ser utilizada por qualquer órgão ou entidade da administração que não tenha participado do certame licitatório, mediante prévia consulta ao órgão gerenciador. Assim, os órgãos e entidades que não participaram do registro de preços, quando desejarem fazer uso da Ata de registro de preço, deverão manifestar seu interesse junto ao órgão gerenciador da Ata, para que este indique os possíveis fornecedores e respectivos preços a serem praticados, obedecendo a ordem de classificação. O participante extraordinário pode tomar conhecimento das licitações registradas por SISRP por meio do sítio <http://www.comprasnet.gov.br>.

Instruções normativas MPOG/SLTI n°s 2/2008 e 4/2008

As instruções normativas surgem como instrumentos relevantes no planejamento e na gestão das contratações de serviços pela administração pública. Busca-se, nesse esforço, elevar o nível de conhecimento da administração dos requisitos legais e regulatórios que normatizam os processos de contratações na administração pública.

A Instrução Normativa nº 2, de 30 de abril de 2008, da Secretaria de Logística e Tecnologia da Informação do Ministério do Planejamento, Orçamento e Gestão, tem por objetivo regulamentar a contratação de serviços pela administração pública, continuados ou não. A citada IN nº 2/2008 substitui a antiga IN nº 18/1997. Por sua vez, a Instrução Normativa nº 4, de 19 de maio de 2008, também da SLTI/MPOG, buscou inovar ao dispor sobre o processo de contratação de serviços de tecnologia da informação pela administração pública.

Registre-se que o tema da terceirização de serviços foi objeto do Decreto nº 2.271, de 1997, que dispõe sobre a contratação de serviços pela administração pública federal direta, autárquica e fundacional. O normativo atual que regulamenta o referido decreto é a citada IN nº 2/2008 (com acréscimos e alterações dados pela IN nº 3/09), que dispõe sobre regras e diretrizes para a contratação de serviços, continuados ou não. A sua instituição veio contribuir para profissionalizar todo o processo de contratação de serviços no âmbito da administração federal.

A IN nº 4, assinala Ayres (2009), alinha o planejamento estratégico organizacional à contratação; além disso, estabelece um modelo estruturado baseado em fases, papéis, responsabilidades e documentos de apoio. Determina ainda que a contratação seja baseada em resultados e que o setor público empregue a governança de TI associando as melhores práticas e métodos. Além disso, regulamenta também o uso de pregão eletrônico na contratação de serviços, na aquisição de produtos e no desenvolvimento de projetos de TI no âmbito da administração pública federal.

Legislação:

- Lei nº 8.666, de 21 de junho de 1993.

    Regulamenta o art. 37, inciso XXI, da Constituição Federal, institui normas para licitações e contratos da Administração Pública e dá outras providências.

- Decreto nº 3.931, de 19 de setembro de 2001.

    Regulamenta o Sistema de Registro de Preços previsto no art. 15 da Lei nº 8.666, de 21 de junho de 1993, e dá outras providências.

- Decreto nº 4.342, de 23 de agosto de 2002.

    Altera dispositivos do Decreto nº 3.931, de 19 de setembro de 2001, que regulamenta o Sistema de Registro de Preços previsto no art. 15 da Lei nº 8.666, de 21 de junho de 1993, e dá outras providências.

- Instrução Normativa nº 2, de 30 de abril de 2008.

    Dispõe sobre regras e diretrizes para a contratação de serviços, continuados ou não (alterada pela IN nº 3/09).

- Instrução Normativa nº 4, de 19 de maio de 2008.

    Dispõe sobre o processo de contratação de serviços de Tecnologia da Informação pela administração pública federal direta, autárquica e fundacional.

- Lei nº 12.462, de 5 de agosto de 2011, que institui o Regime Diferenciado de Contratação Pública (RDC) para as licitações e contratos necessários à realização da Copa das Confederações de 2013, da Copa do Mundo de 2014 e da Olimpíada de 2016.

19

Regime Diferenciado de Contratação Pública – RDC

Introdução

O Regime Diferenciado de Contratação Pública (RDC), instituído por meio da Lei nº 12.462, de 5 de agosto de 2011, surge como uma medida legal, no contexto dos desafios que vêm sendo enfrentados pela administração pública brasileira na atualidade, para viabilizar, por meio da introdução de novas normas nos processos de contratações públicas, a organização e a realização de importantes eventos esportivos no país: a Copa das Confederações em 2013, a Copa do Mundo de Futebol em 2014 e os Jogos Olímpicos e Paraolímpicos de 2016.

Na citada lei do RDC merecem destaque os arts. 1º, 2º, 3º, conforme apresentados a seguir:

> "Art. 1º É instituído o Regime Diferenciado de Contratações Públicas (RDC), aplicável exclusivamente às licitações e contratos necessários à realização:
>
> I – dos Jogos Olímpicos e Paraolímpicos de 2016, constantes da Carteira de Projetos Olímpicos a ser definida pela Autoridade Pública Olímpica (APO); e
>
> II – da Copa das Confederações da Federação Internacional de Futebol Associação – Fifa 2013 e da Copa do Mundo Fifa 2014, definidos pelo Grupo Executivo – Gecopa 2014 do Comitê Gestor instituído para definir, aprovar e supervisionar as ações previstas no Plano Estratégico das Ações do Governo Brasileiro para a realização da Copa do Mundo Fifa 2014 – CGCOPA 2014, restringindo-se, no caso de obras públicas, às constantes da matriz

de responsabilidades celebrada entre a União, Estados, Distrito Federal e Municípios;

III – de obras de infraestrutura e de contratação de serviços para os aeroportos das capitais dos Estados da Federação distantes até 350 km (trezentos e cinquenta quilômetros) das cidades sedes dos mundiais referidos nos incisos I e II.

§ 1º O RDC tem por objetivos:

I – ampliar a eficiência nas contratações públicas e a competitividade entre os licitantes;

II – promover a troca de experiências e tecnologias em busca da melhor relação entre custos e benefícios para o setor público;

III – incentivar a inovação tecnológica; e

IV – assegurar tratamento isonômico entre os licitantes e a seleção da proposta mais vantajosa para a administração pública.

§ 2º A opção pelo RDC deverá constar de forma expressa do instrumento convocatório e resultará no afastamento das normas contidas na Lei nº 8.666, de 21 de junho de 1993, exceto nos casos expressamente previstos nesta Lei.

Art. 2º Na aplicação do RDC, deverão ser observadas as seguintes definições:

I – empreitada integral: quando se contrata um empreendimento em sua integralidade, compreendendo a totalidade das etapas de obras, serviços e instalações necessárias, sob inteira responsabilidade da contratada até a sua entrega ao contratante em condições de entrada em operação, atendidos os requisitos técnicos e legais para sua utilização em condições de segurança estrutural e operacional e com as características adequadas às finalidades para a qual foi contratada;

II – empreitada por preço global: quando se contrata a execução da obra ou do serviço por preço certo e total;

III – empreitada por preço unitário: quando se contrata a execução da obra ou do serviço por preço certo de unidades determinadas;

IV – projeto básico: conjunto de elementos necessários e suficientes, com nível de precisão adequado, para, observado o disposto no parágrafo único deste artigo:

a) caracterizar a obra ou serviço de engenharia, ou complexo de obras ou serviços objeto da licitação, com base nas indicações dos estudos técnicos preliminares;

b) assegurar a viabilidade técnica e o adequado tratamento do impacto ambiental do empreendimento; e

c) possibilitar a avaliação do custo da obra ou serviço e a definição dos métodos e do prazo de execução;

V – projeto executivo: conjunto dos elementos necessários e suficientes à execução completa da obra, de acordo com as normas técnicas pertinentes; e

VI – tarefa: quando se ajusta mão de obra para pequenos trabalhos por preço certo, com ou sem fornecimento de materiais.

Parágrafo único. O projeto básico referido no inciso IV do *caput* deste artigo deverá conter, no mínimo, sem frustrar o caráter competitivo do procedimento licitatório, os seguintes elementos:

I – desenvolvimento da solução escolhida de forma a fornecer visão global da obra e identificar seus elementos constitutivos com clareza;

II – soluções técnicas globais e localizadas, suficientemente detalhadas, de forma a restringir a necessidade de reformulação ou de variantes durante as fases de elaboração do projeto executivo e de realização das obras e montagem a situações devidamente comprovadas em ato motivado da administração pública;

III – identificação dos tipos de serviços a executar e de materiais e equipamentos a incorporar à obra, bem como especificações que assegurem os melhores resultados para o empreendimento;

IV – informações que possibilitem o estudo e a dedução de métodos construtivos, instalações provisórias e condições organizacionais para a obra;

V – subsídios para montagem do plano de licitação e gestão da obra, compreendendo a sua programação, a estratégia de suprimentos, as normas de fiscalização e outros dados necessários em cada caso, exceto, em relação à respectiva licitação, na hipótese de contratação integrada;

VI – orçamento detalhado do custo global da obra, fundamentado em quantitativos de serviços e fornecimentos propriamente avaliados.

Art. 3º As licitações e contratações realizadas em conformidade com o RDC deverão observar os princípios da legalidade, da impessoalidade, da moralidade, da igualdade, da publicidade, da eficiência, da probidade administrativa, da economicidade, do desenvolvimento nacional sustentável, da vinculação ao instrumento convocatório e do julgamento objetivo."

Observa-se, assim, que o objetivo do novo procedimento, que altera significativamente as regras estabelecidas na Lei de Licitações, é permitir à administração pública maior rapidez na celebração dos contratos necessários à realização dos referidos eventos esportivos. Assim, no RDC a principal inovação é a criação da contratação integrada (o denominado *turn key*),[1] em que a obra é contratada por inteiro e deve ser entregue à administração pública pronta para uso. Recorde-se,

---

[1] Registre-se que o regime de contratação integrada tem similitudes com o regime de concessões e parcerias público-privadas. Vide as Leis nºs 8.978, de 1995 e 11.079, de 2004.

na Lei de Licitações, que as contratações de grandes obras são feitas de forma parcial, ou seja, as empresas envolvidas ficam apenas como uma das fases da obra (fundação, edificação e acabamento).

O foco do RDC, cujos conceitos jurídicos do RDC estão apoiados na lei antifraude do Reino Unido, é a entrega final do produto, obra ou serviço. Nesse sentido, busca diminuir a superposição de contratos e empresas num único empreendimento, definindo melhor a responsabilidade das empresas pelo objeto contratado, diminuindo o risco de falhas, que passarão a ser de ônus exclusivo do contratado, uma vez que estes nas contratações integradas serão responsáveis pela elaboração dos projetos básico e executivo, impossibilitando a celebração de aditivos nos moldes que habitualmente ocorrem, e onde estão concentrados os maiores riscos de fraude e aumento de custos das obras.

Outra mudança que merece destaque é a inversão das fases da licitação definida no RDC. Nesse novo procedimento as empresas primeiro oferecem os lances, e somente quem vencer a licitação é que vai ter que apresentar a documentação da habilitação. Para apressar essa fase, será possível usar um cadastro com a pré--qualificação permanente das empresas interessadas em participar de licitações. Dessa forma, torna-se possível reduzir os prazos das contratações. Recorde-se que nas grandes obras, conforme impõe a Lei de Licitações, é preciso se habilitar juridicamente primeiro antes de oferecer as melhores propostas numa licitação, o que exige a análise de documentos de empresas que, em boa parte, não terão condições de executar a obra.

Características da contratação integrada

A legislação do RDC, na modalidade da contratação integrada, se apresenta inovadora, na medida em que o governo entrega apenas um anteprojeto de engenharia às empresas licitantes. A administração fará um orçamento interno, mantido em sigilo até o final da licitação, usando valores estimados com base em preços de mercado ou já pagos em contratações semelhantes ou calculados de acordo com outras metodologias.

A referida contratação integrada está explicitada nos arts. 8º a 11 do RDC, da seguinte forma:

> "Art. 8º Na execução indireta de obras e serviços de engenharia, são admitidos os seguintes regimes:
>
> I – empreitada por preço unitário;
>
> II – empreitada por preço global;
>
> III – contratação por tarefa;
>
> IV – empreitada integral; ou

V – contratação integrada.

§ 1º Nas licitações e contratações de obras e serviços de engenharia serão adotados, preferencialmente, os regimes discriminados nos incisos II, IV e V do *caput* deste artigo.

§ 2º No caso de inviabilidade da aplicação do disposto no § 1º deste artigo, poderá ser adotado outro regime previsto no *caput* deste artigo, hipótese em que serão inseridos nos autos do procedimento os motivos que justificaram a exceção.

§ 3º O custo global de obras e serviços de engenharia deverá ser obtido a partir de custos unitários de insumos ou serviços menores ou iguais à mediana de seus correspondentes ao Sistema Nacional de Pesquisa de Custos e Índices da Construção Civil (Sinapi), no caso de construção civil em geral, ou na tabela do Sistema de Custos de Obras Rodoviárias (Sicro), no caso de obras e serviços rodoviários.

§ 4º No caso de inviabilidade da definição dos custos consoante o disposto no § 3º deste artigo, a estimativa de custo global poderá ser apurada por meio da utilização de dados contidos em tabela de referência formalmente aprovada por órgãos ou entidades da administração pública federal, em publicações técnicas especializadas, em sistema específico instituído para o setor ou em pesquisa de mercado.

§ 5º Nas licitações para a contratação de obras e serviços, com exceção daquelas onde for adotado o regime previsto no inciso V do *caput* deste artigo, deverá haver projeto básico aprovado pela autoridade competente, disponível para exame dos interessados em participar do processo licitatório.

§ 6º No caso de contratações realizadas pelos governos municipais, estaduais e do Distrito Federal, desde que não envolvam recursos da União, o custo global de obras e serviços de engenharia a que se refere o § 3º deste artigo poderá também ser obtido a partir de outros sistemas de custos já adotados pelos respectivos entes e aceitos pelos respectivos tribunais de contas.

§ 7º É vedada a realização, sem projeto executivo, de obras e serviços de engenharia para cuja concretização tenha sido utilizado o RDC, qualquer que seja o regime adotado.

Art. 9º Nas licitações de obras e serviços de engenharia, no âmbito do RDC, poderá ser utilizada a contratação integrada, desde que técnica e economicamente justificada.

§ 1º A contratação integrada compreende a elaboração e o desenvolvimento dos projetos básico e executivo, a execução de obras e serviços de engenharia, a montagem, a realização de testes, a pré-operação e todas as demais operações necessárias e suficientes para a entrega final do objeto.

§ 2º No caso de contratação integrada:

I – o instrumento convocatório deverá conter anteprojeto de engenharia que contemple os documentos técnicos destinados a possibilitar a caracterização da obra ou serviço, incluindo:

a) a demonstração e a justificativa do programa de necessidades, a visão global dos investimentos e as definições quanto ao nível de serviço desejado;

b) as condições de solidez, segurança, durabilidade e prazo de entrega, observado o disposto no *caput* e no § 1º do art. 6º desta Lei;

c) a estética do projeto arquitetônico; e

d) os parâmetros de adequação ao interesse público, à economia na utilização, à facilidade na execução, aos impactos ambientais e à acessibilidade;

II – o valor estimado da contratação será calculado com base nos valores praticados pelo mercado, nos valores pagos pela administração pública em serviços e obras similares ou na avaliação do custo global da obra, aferida mediante orçamento sintético ou metodologia expedita ou paramétrica; e

III – será adotado o critério de julgamento de técnica e preço.

§ 3º Caso seja permitida no anteprojeto de engenharia a apresentação de projetos com metodologias diferenciadas de execução, o instrumento convocatório estabelecerá critérios objetivos para avaliação e julgamento das propostas.

§ 4º Nas hipóteses em que for adotada a contratação integrada, é vedada a celebração de termos aditivos aos contratos firmados, exceto nos seguintes casos:

I – para recomposição do equilíbrio econômico-financeiro decorrente de caso fortuito ou força maior; e

II – por necessidade de alteração do projeto ou das especificações para melhor adequação técnica aos objetivos da contratação, a pedido da administração pública, desde que não decorrentes de erros ou omissões por parte do contratado, observados os limites previstos no § 1º do art. 65 da Lei nº 8.666, de 21 de junho de 1993.

Art. 10. Na contratação das obras e serviços, inclusive de engenharia, poderá ser estabelecida remuneração variável vinculada ao desempenho da contratada, com base em metas, padrões de qualidade, critérios de sustentabilidade ambiental e prazo de entrega definidos no instrumento convocatório e no contrato.

Parágrafo único. A utilização da remuneração variável será motivada e respeitará o limite orçamentário fixado pela administração pública para a contratação.

Art. 11. A administração pública poderá, mediante justificativa expressa, contratar mais de uma empresa ou instituição para executar o mesmo serviço, desde que não implique perda de economia de escala, quando:

I – o objeto da contratação puder ser executado de forma concorrente e simultânea por mais de um contratado; ou

II – a múltipla execução for conveniente para atender à administração pública.

§ 1º Nas hipóteses previstas no *caput* deste artigo, a administração pública deverá manter o controle individualizado da execução do objeto contratual relativamente a cada uma das contratadas.

§ 2º O disposto no *caput* deste artigo não se aplica aos serviços de engenharia."

É importante, ainda, destacar, as alterações contidas nos arts. 12 ao 19 da Lei do RDC, que tratam dos procedimentos licitatórios, conforme transcrito a seguir:

"Art. 12. O procedimento de licitação de que trata esta Lei observará as seguintes fases, nesta ordem:

I – preparatória;

II – publicação do instrumento convocatório;

III – apresentação de propostas ou lances;

IV – julgamento;

V – habilitação;

VI – recursal; e

VII – encerramento.

Parágrafo único. A fase de que trata o inciso V do *caput* deste artigo poderá, mediante ato motivado, anteceder as referidas nos incisos III e IV do *caput* deste artigo, desde que expressamente previsto no instrumento convocatório.

Art. 13. As licitações deverão ser realizadas preferencialmente sob a forma eletrônica, admitida a presencial.

Parágrafo único. Nos procedimentos realizados por meio eletrônico, a administração pública poderá determinar, como condição de validade e eficácia, que os licitantes pratiquem seus atos em formato eletrônico.

Art. 14. Na fase de habilitação das licitações realizadas em conformidade com esta Lei, aplicar-se-á, no que couber, o disposto nos arts. 27 a 33 da Lei nº 8.666, de 21 de junho de 1993, observado o seguinte:

I – poderá ser exigida dos licitantes a declaração de que atendem aos requisitos de habilitação;

II – será exigida a apresentação dos documentos de habilitação apenas pelo licitante vencedor, exceto no caso de inversão de fases;

III – no caso de inversão de fases, só serão recebidas as propostas dos licitantes previamente habilitados; e

IV – em qualquer caso, os documentos relativos à regularidade fiscal poderão ser exigidos em momento posterior ao julgamento das propostas, apenas em relação ao licitante mais bem classificado.

Parágrafo único. Nas licitações disciplinadas pelo RDC:

I – será admitida a participação de licitantes sob a forma de consórcio, conforme estabelecido em regulamento; e

II – poderão ser exigidos requisitos de sustentabilidade ambiental, na forma da legislação aplicável.

Art. 15. Será dada ampla publicidade aos procedimentos licitatórios e de pré-qualificação disciplinados por esta Lei, ressalvadas as hipóteses de informações cujo sigilo seja imprescindível à segurança da sociedade e do Estado, devendo ser adotados os seguintes prazos mínimos para apresentação de propostas, contados a partir da data de publicação do instrumento convocatório:

I – para aquisição de bens:

a) 5 (cinco) dias úteis, quando adotados os critérios de julgamento pelo menor preço ou pelo maior desconto; e

b) 10 (dez) dias úteis, nas hipóteses não abrangidas pela alínea *a* deste inciso;

II – para a contratação de serviços e obras:

a) 15 (quinze) dias úteis, quando adotados os critérios de julgamento pelo menor preço ou pelo maior desconto; e

b) 30 (trinta) dias úteis, nas hipóteses não abrangidas pela alínea *a* deste inciso;

III – para licitações em que se adote o critério de julgamento pela maior oferta: 10 (dez) dias úteis; e

IV – para licitações em que se adote o critério de julgamento pela melhor combinação de técnica e preço, pela melhor técnica ou em razão do conteúdo artístico: 30 (trinta) dias úteis.

§ 1º A publicidade a que se refere o *caput* deste artigo, sem prejuízo da faculdade de divulgação direta aos fornecedores, cadastrados ou não, será realizada mediante:

I – publicação de extrato do edital no *Diário Oficial da União*, do Estado, do Distrito Federal ou do Município, ou, no caso de consórcio público, do ente de maior nível entre eles, sem prejuízo da possibilidade de publicação de extrato em jornal diário de grande circulação; e

II – divulgação em sítio eletrônico oficial centralizado de divulgação de licitações ou mantido pelo ente encarregado do procedimento licitatório na rede mundial de computadores.

§ 2º No caso de licitações cujo valor não ultrapasse R$ 150.000,00 (cento e cinquenta mil reais) para obras ou R$ 80.000,00 (oitenta mil reais) para bens e serviços, inclusive de engenharia, é dispensada a publicação prevista no inciso I do § 1º deste artigo.

§ 3º No caso de parcelamento do objeto, deverá ser considerado, para fins da aplicação do disposto no § 2º deste artigo, o valor total da contratação.

§ 4º As eventuais modificações no instrumento convocatório serão divulgadas nos mesmos prazos dos atos e procedimentos originais, exceto quando a alteração não comprometer a formulação das propostas.

Art. 16. Nas licitações, poderão ser adotados os modos de disputa aberto e fechado, que poderão ser combinados na forma do regulamento.

Art. 17. O regulamento disporá sobre as regras e procedimentos de apresentação de propostas ou lances, observado o seguinte:

I – no modo de disputa aberto, os licitantes apresentarão suas ofertas por meio de lances públicos e sucessivos, crescentes ou decrescentes, conforme o critério de julgamento adotado;

II – no modo de disputa fechado, as propostas apresentadas pelos licitantes serão sigilosas até a data e hora designadas para que sejam divulgadas; e

III – nas licitações de obras ou serviços de engenharia, após o julgamento das propostas, o licitante vencedor deverá reelaborar e apresentar à administração pública, por meio eletrônico, as planilhas com indicação dos quantitativos e dos custos unitários, bem como do detalhamento das Bonificações e Despesas Indiretas (BDI) e dos Encargos Sociais (ES), com os respectivos valores adequados ao lance vencedor.

§ 1º Poderão ser admitidos, nas condições estabelecidas em regulamento:

I – a apresentação de lances intermediários, durante a disputa aberta; e

II – o reinício da disputa aberta, após a definição da melhor proposta e para a definição das demais colocações, sempre que existir uma diferença de pelo menos 10% (dez por cento) entre o melhor lance e o do licitante subsequente.

§ 2º Consideram-se intermediários os lances:

I – iguais ou inferiores ao maior já ofertado, quando adotado o julgamento pelo critério da maior oferta; ou

II – iguais ou superiores ao menor já ofertado, quando adotados os demais critérios de julgamento.

Art. 18. Poderão ser utilizados os seguintes critérios de julgamento:

I – menor preço ou maior desconto;

II – técnica e preço;

III – melhor técnica ou conteúdo artístico;

IV – maior oferta de preço; ou

V – maior retorno econômico.

§ 1º O critério de julgamento será identificado no instrumento convocatório, observado o disposto nesta Lei.

§ 2º O julgamento das propostas será efetivado pelo emprego de parâmetros objetivos definidos no instrumento convocatório.

§ 3º Não serão consideradas vantagens não previstas no instrumento convocatório, inclusive financiamentos subsidiados ou a fundo perdido.

Art. 19. O julgamento pelo menor preço ou maior desconto considerará o menor dispêndio para a administração pública, atendidos os parâmetros mínimos de qualidade definidos no instrumento convocatório.

§ 1º Os custos indiretos, relacionados com as despesas de manutenção, utilização, reposição, depreciação e impacto ambiental, entre outros fatores, poderão ser considerados para a definição do menor dispêndio, sempre que objetivamente mensuráveis, conforme dispuser o regulamento.

§ 2º O julgamento por maior desconto terá como referência o preço global fixado no instrumento convocatório, sendo o desconto estendido aos eventuais termos aditivos.

§ 3º No caso de obras ou serviços de engenharia, o percentual de desconto apresentado pelos licitantes deverá incidir linearmente sobre os preços de todos os itens do orçamento estimado constante do instrumento convocatório.

Art. 20. No julgamento pela melhor combinação de técnica e preço, deverão ser avaliadas e ponderadas as propostas técnicas e de preço apresentadas pelos licitantes, mediante a utilização de parâmetros objetivos obrigatoriamente inseridos no instrumento convocatório.

§ 1º O critério de julgamento a que se refere o *caput* deste artigo será utilizado quando a avaliação e a ponderação da qualidade técnica das propostas que superarem os requisitos mínimos estabelecidos no instrumento convocatório forem relevantes aos fins pretendidos pela administração pública, e destinar-se-á exclusivamente a objetos:

I – de natureza predominantemente intelectual e de inovação tecnológica ou técnica; ou

II – que possam ser executados com diferentes metodologias ou tecnologias de domínio restrito no mercado, pontuando-se as vantagens e qualidades que eventualmente forem oferecidas para cada produto ou solução.

§ 2º É permitida a atribuição de fatores de ponderação distintos para valorar as propostas técnicas e de preço, sendo o percentual de ponderação mais relevante limitado a 70% (setenta por cento)."

Quadro comparativo – Lei de Licitações e RDC

Com vista a uma melhor visualização, apresentamos, a seguir, o quadro comparativo entre a Lei de Licitações e o RDC.

Quadro comparativo: Lei de Licitações e RDC

Situação Atual – Lei nº 8.666/93	Lei nº 12.462/11 – RDC
• Art. 3º A licitação destina-se a garantir a observância do princípio constitucional da isonomia, a seleção da proposta mais vantajosa para a administração e a promoção do desenvolvimento nacional sustentável e será processada e julgada em estrita conformidade com os princípios básicos da legalidade, da impessoalidade, da moralidade, da igualdade, da publicidade, da probidade administrativa, da vinculação ao instrumento convocatório, do julgamento objetivo e dos que lhes são correlatos.	Aplicam-se ao RDC os mesmos princípios contidos no art. 3º da Lei nº 8.666/93.
• Atrasa as contratações com prazos de licitação extensos. Ex.: um recurso para cada fase do processo (art. 109) e prazos de publicação dos editais que podem chegar a 45 dias (art. 21).	• Redução dos prazos de publicação, com garantia de tempo suficiente para elaboração das propostas, e fase recursal única após a análise dos documentos de habilitação do licitante vencedor – redução do prazo de contratação dificulta a incidência de recursos meramente procrastinatórios.
• Excesso de burocracia, processos longos e complexos, o que dificulta o controle, favorece a corrupção e a incidência de crimes (arts. 89 ss).	• Menor burocracia e processos menos complexos, o que favorece a ação dos órgãos de controle e fiscalização.

Situação Atual – Lei nº 8.666/93	Lei nº 12.462/11 – RDC
• Exigência de Projeto Básico complexo (art. 6º, inciso IX), o que aumenta o risco de falhas, dificulta a ação dos órgãos de controle/fiscalização e favorece a necessidade de assinatura de termos aditivos – maior causa de paralisação de obras públicas, segundo o TCU.	• Possibilidade de contratação integrada de obras (*turn key*), onde a contratada é a responsável pela elaboração dos projetos, execução e entrega da obra acabada: – reduz a possibilidade de falhas nos projetos e, caso estas ocorram, são de responsabilidade da contratada, que deverá corrigir o erro sem a celebração de termo aditivo ou compensação financeira; – facilita a ação dos órgãos de controle e fiscalização ao longo da execução por haver uma única executora do projeto e da obra; – diminui consideravelmente o tempo de execução já que não será necessária uma licitação para cada fase.
• Não possibilita a contratação integrada de obras (prática utilizada para contratações de obras públicas em diversos países da Europa, nos EUA e no Canadá).	• As fases da licitação são divididas, analisando-se primeiro as propostas e depois os documentos de habilitação apenas da empresa vencedora do certame.
• Impossibilidade de inversão de fases do procedimento licitatório, o que gera mais burocracia e tempo perdido, já que deve ser feita a análise de documentos de todos os licitantes e não apenas daquele que ganhou a licitação.	• É admitida a inversão das fases do procedimento licitatório.
• Exigência de publicação do valor estimado da contratação no edital, o que facilita a formação de cartéis de empresas e a combinação de preços para fraudar a licitação.	• O valor estimado da contratação é publicado apenas após o fim da licitação, o que dificulta a formação de cartéis e a combinação de preços entre empresas.
• Impossibilidade de disputa direta entre fornecedores (lances decrescentes), o que impede a redução de preços após o recebimento das propostas.	• Possibilita a disputa de lances entre as empresas o que propicia a redução de custos para a administração pública.
• Modalidades e tipos de licitação complexos (concorrência, tomada de preço, convite, concurso, leilão, menor preço, técnica e preço e melhor técnica), o que dificulta a agilidade das contratações e o controle.	• Trabalha com conceitos jurídicos já conhecidos pelos gestores públicos e pelo mercado (p. ex., empreitada por preço global, empreitada por preço unitário, empreitada integral, menor preço, técnica e preço, melhor técnica etc.).

Fonte: Câmara dos Deputados. Disponível em: <www2.camara.gov.br>.

Torna-se oportuno, diante desse contexto, destacar as observações feitas por Ribeiro (2011), que sustenta:

> "depreende-se, dos dispositivos transcritos, que a Administração, previamente à licitação, deverá possuir o orçamento estimativo da obra ou serviço, inclusive com seus quantitativos necessários para orientar os interessados, ainda que este orçamento seja elaborado de maneira sintética, expedita ou parametrizada. Como se sabe, orçar é quantificar insumos, mão de obra e equipamentos necessários com a finalidade de obter o custo de execução do empreendimento. O grau de precisão do orçamento é função direta do nível de detalhamento e da fidedignidade dos projetos aos quais se refere".

Como no regime de contratação integrada, alerta Ribeiro (2011), tanto o projeto básico quanto o projeto executivo serão elaborados pelo vencedor da licitação, os orçamentos que orientarão o processo licitatório, elaborados de forma sintética, expedita ou parametrizada, estarão sujeitos ao maior grau de imprecisão e dependerão, crucialmente, dos tais estudos técnicos e anteprojetos. Anteprojetos falhos, superficiais, incompletos ou excessivamente genéricos poderão resultar em orçamentos estimativos super ou subvalorizados. Ambas as hipóteses seriam deletérias para a administração. A primeira, por levar a contratações superfaturadas; a segunda, por induzir contratações desequilibradas econômica e financeiramente, sendo previsíveis os atrasos na execução das obras e serviços ou mesmo a inviabilidade de o contratado executar o objeto da licitação, caso não haja recomposição da equação de equilíbrio.

Conclusão

Pode-se argumentar que a Lei nº 12.462, de 2011, que instituí o RDC se apresenta como uma opção inovadora de contratação para o gestor, tendo em vista que a Lei de Licitações (Lei nº 8.666, de 1993)[2] mantém-se em vigor naquilo não expressamente alterado pelas novas regras.

Constata-se, por fim, que o Regime Diferenciado de Contratação Pública (RDC), que tem por objetivos ampliar a eficiência nas contratações públicas; promover a troca de experiências e tecnologias em busca da melhor relação entre custos e benefícios para o setor público; e incentivar a inovação tecnológica (art. 3º), se apresenta como uma flexibilização da Lei de Licitações.

> Feitas essas considerações, torna-se relevante, nesse debate abordar, na Parte 6 deste livro, a seguir, a gestão de logística na administração pública, com destaque para a gestão de compras e de estoques.

---

[2] A Lei de Licitações brasileira (Lei nº 8.666, de 1993), define seis modalidades de licitação: a concorrência, para contratação de grandes obras; a tomada de preços, para as médias obras; o pregão, para compras de materiais de consumo; o convite, para pequenas obras e serviços; o concurso, para trabalhos artísticos; e o leilão, para venda de patrimônio do Estado.

Parte 6

A Gestão de Logística na Administração Pública: Gestão de Compras e de Estoques

20

A Gestão de Logística na Administração Pública

Introdução

Neste capítulo trataremos da gestão de logística na administração pública. Busca-se aprofundar o debate sobre a gestão dos bens públicos na administração pública, envolvendo aspectos de registro e controle. Nessa abordagem daremos especial atenção para os conceitos e evolução da logística; para as questões da gestão de compras de recursos materiais e patrimoniais; gestão de estoques; administração patrimonial: instalações; administração de almoxarifado; armazenagem; movimentação interna; distribuição; e do sistema integrado de administração de serviços gerais (SIASG).

Introdução

Observa-se que as transformações decorrentes do processo de globalização, especialmente na economia, que impulsionaram o desenvolvimento do comércio internacional e a elevação da competitividade interorganizacional, impactaram fortemente na área responsável pelas compras das organizações privadas e públicas, que passou a assumir responsabilidades mais abrangentes. Diante desse novo cenário, além da tarefa típica de compras (negociar preço, prazo e qualidade junto ao fornecedor), a área de compras tornou-se também interlocutora na difusão das estratégias organizacionais em termos de produto, processo e suprimentos. Assim, as decisões de compras deixaram de ser isoladas e estão cada vez mais integradas às decisões de outras áreas, que exercem um papel igualmente estratégico para a empresa ou órgão público.

> A logística, composta pelos subsistemas de administração de materiais e distribuição física, cada qual envolvendo o controle da movimentação e a coordenação demanda-suprimento, é responsável pelo planejamento, operação e controle de todo o fluxo de mercadorias e informações, desde a fonte fornecedora até o consumidor. Assim, a logística pode ser entendida como as distintas ações e atividades desempenhadas no âmbito de sua atuação com o propósito de administrar o tempo, os custos e a disponibilidade de bens e serviços (MATIAS-PEREIRA, 2011).

É oportuno destacar que a linha de pensamento em logística denominada de *supply chain management* (PIRES, 2004) ocupa na atualidade um lugar de destaque. Ela está orientada para o estudo dos processos logísticos, que cuidam do fluxo de materiais e informações dentro e fora das empresas, com as parcerias que ocorrem ao longo da cadeia na busca de garantir seus melhores resultados em termos de redução de desperdício e agregação de valor. Nessa visão merece destaque a abordagem que é feita no campo das parcerias e alianças estratégicas logísticas.

Gestão de compras de recursos materiais e patrimoniais

A gestão de compras se apresenta como um segmento essencial da administração de materiais, cuja finalidade é suprir as necessidades de materiais ou serviços, planejando-as nos aspectos: quantitativo e qualitativo, acompanhar o recebimento do que foi adquirido e adotar providências no andamento, bem como disponibilizar os produtos de forma tempestiva e nas quantidades certas.

As práticas logísticas, conforme argumenta Matias-Pereira (2011), para que os objetivos das organizações sejam alcançados, necessitam estar apoiadas em estratégias consistentes, em especial nas atividades de movimentação de produtos, coleta das informações e de gestão das prescrições.[1]

> A função de comprar, seja no setor privado ou no setor público, implica na aquisição correta de produtos em termos de quantidade, qualidade, preço, época e do fornecedor apropriado.

---

[1] Observa-se que essas estratégias, em geral, se apoiam em um elenco de novas tecnologias e numa forte interação com os fornecedores. Destacam-se, entre elas, a uniformidade de banco de dados, a troca eletrônica de dados, utilização do catálogo eletrônico, captura da informação no ponto de utilização, código de barras, entre outras (MATIAS-PEREIRA, 2010).

Em organizações com gestão de compras bem desenvolvida, assinala Baily et al. (2000), a maior parte das atividades dos compradores concentra-se no estabelecimento e no desenvolvimento de relacionamentos apropriados com fornecedores. A ênfase da área de compras passa para uma abordagem proativa que reflete mais amplamente a contribuição decorrente da administração estratégica.

Assim, na medida em que a gestão de compras aumenta de importância, a sua atividade torna-se mais estratégica, concentrando-se na negociação de relacionamentos a prazos mais longos, desenvolvimento de fornecedores leais e visando sempre à redução do custo total. Essas atividades se opõem às meras atividades de reposição de estoques e atendimento de pedidos realizados por outras áreas.

Os três objetivos da área de compras mais notáveis nas organizações, para Pooler (1992), são: controlar custos; assegurar a economia com fornecimento; e contribuir para o lucro. Esses objetivos aumentam a abrangência da área de compras no caso de aquisições, uma vez que as negociações envolvem fornecedores globais.

Gestão de estoques

A gestão de estoques envolve todas as atividades, procedimentos e técnicas que permitem garantir – dentro e fora das organizações – a qualidade correta, no tempo adequado, dos itens do estoque ao longo da cadeia produtiva. Estoque pode ser entendido, num sentido amplo, como o conjunto de mercadorias, materiais ou artigos disponíveis fisicamente no almoxarifado para serem utilizados no futuro, com vista a permitir o suprimento de forma regular dos usuários, sem provocar interrupções às unidades funcionais da organização.

> A função do estoque é permitir que a produção ocorra de maneira eficiente e sem interrupções. O estoque permite suprimir riscos de paradas na produção decorrentes de problemas no abastecimento, contribuindo, dessa forma, para a melhoria da eficiência do processo produtivo, permitindo períodos mais longos de produção, considerados mais eficientes.

Os tipos de estoques, em geral, são compostos por: matéria-prima, produto em processo (em elaboração/produção), produto acabado, materiais e embalagens e produtos necessários para manutenção, reparo e suprimentos de operações, não necessariamente utilizados no processo de fabricação.

Administração patrimonial: instalações, administração de almoxarifado, armazenagem, movimentação interna e distribuição

A expressão *patrimônio público* pode ser definida como o conjunto de bens e direitos, tangíveis ou intangíveis, onerados ou não, adquiridos, formados ou mantidos com recursos públicos, integrantes do patrimônio de qualquer entidade pública ou de uso comum, que seja portador ou represente um fluxo de benefícios futuros inerentes à prestação de serviços públicos.

O patrimônio do Estado, para Silva (2002), como matéria administrável, isto é, como objeto da gestão patrimonial desempenhada pelos órgãos da administração, é o conjunto de bens, valores, créditos e obrigações de conteúdo econômico e avaliável em moeda que a Fazenda Pública possui e utiliza na consecução de seus objetivos.

A substância patrimonial do Estado é composta pelos bens públicos. Os bens públicos – móveis e imóveis – que formam o patrimônio do Estado classificam-se segundo dois critérios: jurídico e contábil.

A função compra na administração de material

A função compra, para Viana (2002), é um segmento essencial à área de administração de material, que tem por finalidade suprir as necessidades de materiais ou serviços, planejá-las quantitativamente e satisfazê-las no momento certo, com as quantidades corretas, verificando o recebimento do que foi comprado e providenciando o armazenamento.

Martins e Alt (2006) assinalam que a função compras é vista como parte do processo de logística das empresas, ou seja, como parte integrante da cadeia de suprimentos (*supply chain*) e, nesse sentido, muitas empresas passaram a usar a denominação gerenciamento da cadeia de suprimentos, um conceito voltado para o processo, em vez do tradicional compras, voltado para as transações em si, e não para o todo.

A logística de armazenagem

A logística de armazenagem é a atividade que compreende o planejamento, coordenação, controle e desenvolvimento das operações destinadas a abrigar, manter adequadamente estocado e em condições de uso, bem como expedir no momento oportuno os materiais necessários à empresa. A logística de armazenagem tem como principais objetivos: facilitar a movimentação interna do depósito;

maximizar o uso dos espaços; facilitar o acesso aos itens do depósito; maximizar a utilização de mão de obra e equipamentos; proteger e abrigar os materiais.

Instalações de guarda e conservação de materiais

O almoxarifado é o local destinado à guarda e conservação de materiais, em recinto adequado à sua natureza, tendo a função de disponibilizar espaços onde permanecerá cada item que será utilizado oportunamente. A definição da sua localização, equipamentos e disposição interna dos materiais fica condicionada à política geral de estoques da empresa. O principal objetivo de qualquer almoxarifado é evitar divergências de inventário e prejuízos de qualquer natureza.

O almoxarifado, nesse sentido, deve dispor das condições necessárias para assegurar que a armazenagem de materiais estará em conformidade com normas adequadas, com vista a resguardar a preservação da qualidade e das quantidades exatas, bem como a sua proteção contra desvios e roubos. O almoxarifado, para cumprir a sua finalidade, deverá possuir, além de instalações adequadas, os recursos de movimentação e distribuição que permitam um atendimento ágil e eficiente. Nesse esforço, é essencial a existência de normas e rotinas rigorosas para a retirada dos produtos no almoxarifado.

Layout, ou arranjo físico, para Viana (2002), é a maneira como os homens, máquinas e materiais estão dispostos dentro de um almoxarifado, ou qualquer outro local, desde que arranjados com certa ordem. Assim, o *layout* visa a locação mais econômica e racional das várias seções de uma unidade fabril ou comercial, ou seja, é a utilização do espaço disponível que resulte em um processamento mais efetivo, através da menor distância, no menor tempo possível.

Armazenagem e administração de almoxarifado

Armazenagem é o subsistema responsável pela gestão física dos estoques, cujas atividades envolvem a guarda, preservação, embalagem, recepção e expedição de material, em conformidade com as normas e métodos adequados de armazenamento. Por sua vez, a guarda física dos materiais em estoque é de responsabilidade do almoxarifado.

O termo *armazenar* diz respeito à guarda do recurso material ou patrimonial em condições adequadas para posterior utilização, aplicado a acumulações de longo prazo. Estocar, por sua vez, aplica-se a produtos destinados a acumulações de curto prazo.

O objetivo primordial do armazenamento, para Martins e Alt (2006), é utilizar o espaço nas três dimensões, da maneira mais eficiente possível. As instalações do armazém devem proporcionar a movimentação rápida e fácil de suprimentos, desde o recebimento até a expedição.

Para Viana (2002), a realização eficiente e efetiva de uma operação de armazenagem depende muito da existência de um bom *layout*. Então, nesse caso, a atenção deve-se voltar para: espaço necessário; tipo de instalação adequada; distribuição dos estoques nas áreas que melhor atenderão o consumo; meios de transporte; tipo de controle a ser adotado; e número de funcionários para manutenção dos estoques.

Na definição do local para o armazenamento é importante levar em consideração os seguintes aspectos: volume das mercadorias/espaço disponível; resistência/tipo das mercadorias; número de itens; temperatura, umidade, incidência de sol, chuva etc.; manutenção das embalagens originais/tipos de embalagens; velocidade necessária no atendimento. Registre-se que as técnicas de estocagem mais relevantes são: carga unitária; caixas ou gavetas; prateleiras; raques; e empilhamento.

Movimentação interna

O manuseio ou movimentação interna significa transportar pequenas quantidades de bens por distâncias relativamente pequenas. É executada dentro de depósitos, fábricas e lojas, assim como no transbordo entre modais de transporte. Na movimentação interna é importante a utilização de métodos e equipamentos eficientes, com vista a reduzir custos para a organização, considerando que a atividade de manuseio necessita ser repetida diversas vezes, e envolve a segurança e integridade dos produtos.

Deve-se destacar que o almoxarifado, que se apresenta como uma área essencial no processo produtivo, funciona como um entreposto entre o fornecedor e a produção e entre a produção e o consumidor. Nesse sentido, assinala Dias (1993) que o almoxarifado está diretamente ligado à movimentação ou transporte interno de cargas, e não se pode separá-lo.

Atividade de distribuição

A atividade de distribuição é tradicionalmente tomada como um conjunto amplo de funções e subsistemas, consistindo num elenco de operações relacionadas com a expedição do material que está acondicionado na área de armazenagem. A distribuição é uma atividade dinâmica e variada que deve ser suficientemente flexível, visto que necessita mudar de acordo com as múltiplas restrições e solicitações que lhe são impostas. Observa-se, nesse sentido, que a gestão dos materiais representa os fluxos para e dentro do processo produtivo, enquanto a distribuição representa os fluxos desde o ponto de produção até o cliente ou utilizador final.

Princípios e práticas para reduzir os efeitos negativos dos estoques

É sabido que uma boa gestão de estoques reflete positivamente no desempenho operacional e nas finanças da empresa ou da organização pública. As ferramentas e indicadores mais comuns utilizados para apoiar o processo de gestão nas organizações são: giro de estoque, prazo médio de estoque e lote econômico de compra.

Observa-se que nas últimas décadas foram desenvolvidos diversos instrumentos – elenco de princípios e práticas – para reduzir os efeitos negativos dos estoques e melhorar o desempenho operacional das organizações. Destacam-se, entre eles, o *just in time* e a postergação.

Recorde-se que o princípio do *just in time* está relacionado à disponibilização do elemento (material, componente, produto) no momento em que ele é necessário, no processo produtivo ou nos canais de distribuição e venda. A utilização da postergação (*postponement*) consiste no adiamento da diferenciação a ser introduzida no produto final ao longo do processo produtivo ou da cadeia de distribuição.

Sistema integrado de administração de serviços gerais (SIASG)

O sistema de serviços gerais, integrado pelos órgãos e pelas entidades da administração federal direta, autárquica e fundacional, é o sistema que organiza a gestão das atividades de serviços gerais, compreendendo licitações, contratações, transportes, comunicações administrativas, documentação e administração de edifícios públicos e de imóveis. No âmbito do SISG, são estabelecidas diretrizes, normas e atividades operacionais que são comuns a todos os órgãos e entidades que o integram, visando a melhor coordenação e eficiência das atividades de apoio administrativo no governo federal. O Ministério do Planejamento, Orçamento e Gestão é o órgão central do SISG, exercendo essa competência por intermédio da Secretaria de Logística e Tecnologia da Informação (SLTI).

A criação e o aperfeiçoamento do sistema de serviços gerais (SISG), ressalta Matias-Pereira (2010), fazem parte dos esforços que o governo federal vem desenvolvendo a partir de meados da década de 1990 para tornar mais ágil os processos de compras e contratações na administração pública. O objetivo dessas medidas é diminuir custos e melhorar a qualidade das compras e dos serviços contratados e, dessa forma, ampliar a transparência e o controle social.

O sistema integrado de administração de serviços gerais (SIASG), conforme define o art. 7º do Decreto nº 1.094, de 23 de março de 1994, é um conjunto informatizado de ferramentas para operacionalizar internamente o funcionamento sistêmico das atividades que dizem respeito ao sistema de serviços gerais – SISG. Com esse propósito, realiza a gestão de materiais, edificações, veículos oficiais, comunicações administrativas, licitações e contratos. Tem como órgão central normativo o Ministério do Planejamento, Orçamento e Gestão.

> O Sistema integrado de administração de serviços gerais – SIASG é o sistema informatizado de apoio às atividades operacionais no âmbito do SISG. O SIASG se apresenta como uma ferramenta relevante na área de serviços gerais na administração federal, em especial nas atividades de cadastramento de fornecedores, catálogo de materiais e serviços e registro de preços de bens e serviços.

O SIASG, em termos operacionais, é um sistema *online* que tem por objetivo tornar disponível ferramental informatizado, para operacionalizar o funcionamento sistêmico das atividades da gestão de materiais, edificações públicas, veículos oficiais, comunicações administrativas, licitações e contratos, dos quais o MP é o órgão central normativo. O SIASG busca ofertar aos administradores condições adequadas a uma gestão que privilegie o uso racional dos recursos públicos. Com o objetivo de auxiliar a gestão das atividades de compras e contratações de serviços, o SIASG dispõe de módulo de cadastramento de fornecedores, catálogo de materiais, catálogo de serviços, divulgação eletrônica de compras, registro de preços praticados e gestão de contratos, além do Comunica, para troca de informações entre o gestor e os usuários do sistema.

O Departamento de Logística e Serviços Gerais (DLSG), integrante da estrutura da Secretaria de Logística e Tecnologia da Informação (SLTI), do Ministério do Planejamento, Orçamento e Gestão, é o órgão responsável pela formulação e implementação das políticas e diretrizes que são adotadas no âmbito do SISG. Com este propósito, o DLSG expede normas e orienta a sua aplicação nas áreas de administração de materiais, obras e serviços, transportes, comunicações administrativas e licitações e contratos. O DLSG também é responsável pelo gerenciamento e pela operacionalização sistêmica das atividades do SISG, por meio do Sistema Integrado de Administração de Serviços Gerais (SIASG).

> O Sistema Integrado de Administração de Serviços Gerais (SIASG) possui uma extensa ramificação pelos órgãos e pelas entidades integrantes do SISG, efetivada por meio de terminais informatizados. O sistema é constituído por diversos módulos – sendo que alguns ainda estão em desenvolvimento –, ofertando ainda o acesso na Internet a um conjunto de serviços e informações. O sistema tem a missão de integrar os órgãos da administração direta, autárquica e fundacional, em todos os níveis, com instrumentos e facilidades para o melhoramento dos serviços públicos. Os três módulos básicos do SIASG são o catálogo unificado de materiais e serviços, o cadastro unificado de fornecedores e o registro de preços de bens e serviços.

21

A Importância do Capital Humano na Administração Pública

Introdução

As sociedades no mundo atual – na medida em que aumenta o nível de consciência da cidadania – exigem de forma cada vez mais intensa uma boa governança e ética na administração pública. Atender essas exigências, entretanto, não é uma tarefa fácil. A competência e transparência da administração pública passam pela efetiva gestão de pessoas, combinadas com a gestão de recursos físicos e tecnológicos.

Isso nos permite formular as seguintes indagações: uma política consistente em gestão do capital humano pode agregar valor para as organizações públicas no Brasil? A gestão do capital humano no setor público permite incrementar a produtividade, maximizar a rentabilidade, a continuidade das entidades públicas, e atender as expectativas da sociedade?

Partimos do pressuposto que os governantes, para atender adequadamente às demandas da sociedade, necessitam contar com uma administração pública profissional, para melhorar a qualidade dos serviços públicos, bem como respaldar decisões que envolvem questões técnicas complexas nas diferentes áreas estratégicas para o país. Assim, torna-se essencial que intensifique os seus esforços para modernizar o Estado e a administração pública, priorizando a gestão do capital humano, considerando a sua importância para o desenvolvimento socioeconômico do país.

Capital intelectual

Capital intelectual, conforme argumentam Edvinsson e Malone (1998), está dividido em três formas básicas: capital humano, capital estrutural e capital de clientes. Para os autores o capital humano engloba o conhecimento, a qualificação, capacidade de geração de ideias, habilidades, experiências individuais dos empregados e gerentes, para que as tarefas e as tomadas de decisões façam parte da dinâmica de uma organização inteligente e flexível para aceitar as mudanças, aproveitando a criatividade e a inovação organizacional. Inclui também os seus valores, a cultura e a filosofia da organização.

Nesse sentido, o capital humano não pode ser de propriedade da organização. Esses ativos intangíveis surgiram em resposta a um crescente reconhecimento de que fatores extracontábeis podem ter uma importante participação no valor real de uma organização. Alguns entre eles eram muito óbvios: patentes, marcas registradas, direitos autorais, direitos exclusivos de comercialização – todos conferiam a seus proprietários uma vantagem competitiva que exercia um impacto sobre o lucro. Eles eram, de certa forma, vinculados ao aspecto de capital dos ativos da organização. Esse capital humano precisa ser maior do que simplesmente a soma dessas medidas, devendo, de preferência, captar igualmente a dinâmica de uma organização inteligente em um ambiente competitivo em mudança, considerando-se que os profissionais integrantes, sejam colaboradores, gerentes ou dirigentes, estejam, constantemente, aperfeiçoando e adquirindo novas habilidades. Essas novas habilidades, bem como a experiência dos veteranos, deverão ser compartilhadas por toda a organização. Implantará a sistemática para aquisição de novas competências pelos colaboradores e isolando o conhecimento como uma maneira de monopolizar poder e influência dentro da organização. Para o autores o capital humano também inclui a criatividade e a inovação organizacionais. É salutar avaliar com que frequência novas ideias são geradas dentro da organização, e como são implementadas, com a consequente porcentagem de sucesso (EDVINSSON; MALONE, 1998).

Teoria das organizações e capital humano

Observa-se que a teoria das organizações, desde Max Weber (1946), vem desenvolvendo esforços na busca de compreender o fenômeno organizacional. O capital humano, no contexto desse debate, também vem ganhando cada vez mais relevância. A elevação das preocupações dos estudiosos com o tema capital humano tem contribuído para evidenciar que, além dos aspectos que envolvem os resultados econômicos e financeiros, é essencial que ele (capital humano) seja levado em consideração no processo de aprendizagem organizacional.

É oportuno recordar que diversos teóricos, nos últimos séculos, se preocuparam em estudar o capital humano, com destaque para Adam Smith, Marx e

Marshall. São relevantes, também, no campo da teoria do capital humano, os estudos de Schultz, Becker, Lucas e Johnson.

Destaca Crawford (1994, p. 17), nesse debate, que as mudanças que vêm ocorrendo são tensas e turbulentas para muitas pessoas, mas transformar o mundo numa economia baseada em conhecimento é, provavelmente, o passo com maior probabilidade de sucesso já dado na história do desenvolvimento econômico do mundo.

Para a maior parte da população mundial este desenvolvimento irá melhorar sensivelmente a condição de vida, libertando-a do excessivo trabalho e esforço físico de sobrevivência, permitindo que desenvolvam seu potencial humano de maneira plena.

Para Crawford (1994, p. 44), a "depreciação" do capital humano está ligada à rapidez como o conhecimento e a tecnologia se tornam obsoletos. A educação contínua constitui um grande desafio para o capital humano. O único caminho para os trabalhadores da sociedade do conhecimento manterem suas habilidades e conhecimentos e atuarem efetivamente como capital humano é se comprometendo com um aprendizado contínuo e vitalício, o que afetará todos os trabalhadores, tanto como indivíduos quanto como empregados ou empregadores. Numa sociedade em que as pessoas retornam à escola ou são treinadas para novas carreiras na meia-idade, seminários ocasionais de dois dias serão inadequados.

Para diversos autores, a aprendizagem organizacional é o processo contínuo de detectar e corrigir erros. Errar significa aprender, envolvendo a autocrítica, a avaliação de riscos, a tolerância ao fracasso e a correção de rumo, até alcançar os objetivos. É a capacidade das organizações em criar, adquirir e transferir conhecimentos e em modificar seus comportamentos para refletir estes novos conhecimentos e *insights* (SENGE, 1999).

Para Senge (1999, p. 21), é por meio da aprendizagem contínua que a organização exercita a sua competência e inteligência coletiva para responder ao seu ambiente interno (objetivos, metas, resultados) e externo (estratégia). Nas organizações que aprendem as pessoas expandem continuamente sua capacidade de criar resultados que elas realmente desejam, onde maneiras novas e expansivas de pensar são encorajadas, onde a aspiração coletiva é livre, e onde as pessoas estão constantemente aprendendo a aprender coletivamente.

Torna-se oportuno, assim, ressaltar que é no campo operacional que se localiza, nas duas últimas décadas, em grande parte, a baixa capacidade do Estado brasileiro em responder adequadamente às demandas da população. As evidências dessas disfunções estão presentes nos resultados insatisfatórios nos campos econômicos, políticos e éticos do país. A proliferação nesse período de uma intensa politização da administração pública brasileira, sem levar em conta o critério da competência técnica, refletiu negativamente no desempenho governamental. Programas e projetos com deficiências de "gestão" tendem a dificultar o alcance dos objetivos das políticas públicas, além de propiciar a geração de corrupção.

> Capital intelectual pode ser entendido como a soma do conhecimento de todos em uma organização, o que lhe proporciona vantagens competitivas; é a capacidade mental coletiva, a capacidade de criar continuamente e proporcionar valor de qualidade superior.

O debate sobre a relevância da contratação de novos servidores públicos

O intenso debate junto à sociedade, nos últimos anos, sobre a necessidade da abertura de concursos públicos e de novas contratações de servidores públicos para a administração pública, mostra diferentes opiniões, em boa parte, contrárias a essas contratações. Observa-se que as decisões adotadas pelo governo federal no fortalecimento dos recursos humanos na administração pública, notadamente pelo governo Lula, foram significativas. Essas medidas, na sua maior parte, foram orientadas para reforçar as carreiras típicas de Estado, o que revela a preocupação do governo de melhorar a "gestão do capital humano". Sob o prisma das finanças públicas, no entanto, trata-se de uma decisão política preocupante, visto que estão provocando fortes impactos nas contas públicas do país. O esforço para conciliar as contradições contidas na interface entre essas duas questões que se contrapõem exige uma enorme capacidade de gestão do governante.

É relevante destacar, nesse debate, que a concretização das políticas econômicas e públicas necessita de um Estado moderno e inteligente, menos burocrático e que incentive a competitividade. Para que isso ocorra é necessário que o governo inclua na agenda política do país as reformas e mudanças que o Estado e a administração pública necessitam. Destaca-se entre elas a gestão do capital humano nas organizações públicas, em especial, a definição de instrumentos consistentes para avaliar o desempenho dos servidores e definir metas de desempenho nas organizações públicas, tendo como objetivo elevar a qualidade dos serviços públicos ofertados aos cidadãos e às empresas.

22

Agentes Públicos e a Investidura dos Agentes Públicos

Introdução

Observa-se que existem diversas formas de classificação dos agentes públicos. Os agentes públicos, num sentido geral, são as pessoas que desempenham funções estatais, de maneira transitória ou permanente, com ou sem remuneração. Integram a administração pública por qualquer forma de investidura ou vínculo, mandato, cargo, emprego ou função pública. Em síntese, esses agentes públicos são indivíduos que atuam no poder público servindo como meios expressivos para o cumprimento de sua vontade ou ação.

Para Bandeira de Mello (2007), os agentes públicos podem ser classificados da seguinte forma: agentes políticos; servidores estatais; e particulares em colaboração com a administração. Para o autor:

- Agentes políticos são os titulares dos cargos estruturais à organização política do país. Isto é, os ocupantes dos cargos que compõem o arcabouço constitucional do Estado e, portanto, o esquema fundamental do poder. Sua função é a de formadores da vontade superior do Estado.
- Servidores estatais. São aqueles que detêm com o Estado e suas entidades da administração indireta (de natureza pública ou privada) relação de trabalho de natureza profissional. São divididos em servidores públicos e servidores das pessoas governamentais de direito privado. Esses últimos são os empregados das empresas públicas, sociedade de economia mista e fundações de direito privado, cujo regime trabalhista é o da CLT.

Agentes públicos, na concepção de Meirelles (2006), são todas as pessoas físicas incumbidas, definitiva ou transitoriamente, do exercício de alguma função estatal. Para aquele autor a forma de classificação dos agentes públicos é a seguinte: agentes políticos; agentes administrativos; agentes honoríficos; agentes delegados; e agentes credenciados.

A classificação proposta por Di Pietro (2007), por sua vez, para os agentes públicos é a seguinte: agentes políticos; servidores públicos; militares; e particulares em colaboração com o Poder Público. Assim, para aquela autora:

- Agentes políticos são indivíduos que exercem típicas atividades de governo e exercem mandato, para o qual são eleitos ou mediante nomeação, como, por exemplo, os chefes dos Poderes Executivos, senadores, deputados, vereadores (eleição), ministros e Secretários (nomeação).

- Servidores públicos são as pessoas físicas que prestam serviços ao Estado e às entidades da administração indireta, com vínculo empregatício e mediante remuneração paga pelos cofres públicos, como por exemplo os servidores estatutários (cargo); empregados públicos (emprego); e servidores temporários (função).

- Militares são pessoas físicas que prestam serviços às Forças Armadas e às Políticas Militares e Corpos de Bombeiros Militares dos Estados. Registre-se que esse segmento possui uma legislação própria.

- Particulares em colaboração com o poder público são pessoas físicas que prestam serviços ao Estado sem vínculo empregatício, com ou sem remuneração.

> A expressão *agente público* costuma ser utilizada na literatura com o mesmo sentido de agente estatal. Em inúmeras ocasiões, entretanto, essa expressão é utilizada de forma mais restrita, fazendo referência apenas ao servidor público.

Formas de provimento na administração pública

O provimento é o ato de designação de uma pessoa para ocupar um cargo público, ou seja, é a forma de vinculação do agente ao cargo ou à função.

> As formas de provimentos estão definidas no art. 8º da Lei nº 8.112/90. A referida lei prevê as seguintes formas de provimento: I – nomeação; II – promoção; III – ascensão (revogada pela Lei nº 9.527, de 10.12.97); IV – transferência (revogada pela Lei nº 9.527, de 10.12.97); V – readaptação; VI – reversão; VII – aproveitamento; VIII – reintegração; IX – recondução.

As formas de provimento na administração pública são as seguintes:

Nomeação. É o ato administrativo para provimento originário do cargo público. Registre-se que para nomeação de servidor em cargos efetivos é necessário o concurso público, e que o mesmo preencha os requisitos para o cargo.

Posse. É o ato pelo qual atribui ao servidor as prerrogativas, direitos e deveres. O prazo para posse é de 30 dias.

Exercício. É o efetivo desempenho das funções atribuídas ao cargo. Somente após esse ato é que o servidor tem direito ao recebimento de sua remuneração. O prazo para entrar em exercício é de 15 dias.

Promoção. Ocorre quando o servidor é guindado a um cargo mais relevante.

Readaptação. É a mudança efetuada com a finalidade de realocar o servidor em outro cargo mais adequado com a sua superveniente limitação de capacidade física e mental, devidamente constatada em exames médicos.

Reintegração. É o retorno do servidor ao cargo que ocupava, depois de ter sido reconhecido que sua demissão ocorreu de forma ilegal.

Aproveitamento. Ocorre quando o servidor retorna ao seu cargo anterior, visto que o cargo que ocupava foi extinto ou declarado desnecessário.

Reversão. É o reingresso do servidor aposentado no serviço ativo, a pedido ou *ex officio* (quando não mais existem os motivos de sua aposentadoria).

Recondução. É o retorno do servidor estável ao cargo que ocupava anteriormente, por ter sido reprovado no estágio probatório.

Readmissão. É o retorno do servidor ao cargo anteriormente ocupado, sem prestar novo concurso. Registre-se que essa modalidade deixou de ser aplicável na administração pública.

Cargo, Emprego, Função e Cargos em Comissão: Síntese

Cargo. Possui vínculo estatutário.

Emprego. Possui vínculo contratual (celetista).

Função. Atividade temporária (art. 37, IX) ou permanente (art. 37, V).

Cargos em Comissão. Direção, chefia e assessoramento (art. 37, V). São acessíveis sem concurso público, e podem ser exonerados *ad nutum*, ou seja, sem motivação, sem necessidade de garantir o contraditório, ampla defesa e direito ao devido processo legal.

Os poderes da administração pública

Os poderes da administração pública são instrumentos disponibilizados à administração e que devem ser utilizados com a finalidade exclusiva para o atendimento do interesse público. Quando os agentes públicos excedem os limites das atribuições ou desviam das suas finalidades ocorre o abuso de poder e, por decorrência, a prática de ato ilícito.

Nesse sentido, constata-se que o poder administrativo é delegado à autoridade para suprimir interesses particulares que se opõem ao interesse público.

Poder-dever de agir. O gestor público tem o dever de agir, tendo por obrigação empregar esse poder em favor da comunidade. Registre-se que esse poder é irrenunciável.

Dever de eficiência. Ao agente público cabe desenvolver as suas atribuições com presteza, perfeição e rendimento funcional.

Dever de probidade. A administração pública, quando constatado, poderá invalidar o ato administrativo praticado com lesão aos bens e interesses públicos. A probidade impõe-se como fator indispensável na conduta do agente público, por tratar-se de uma condição necessária a legitimidade do ato administrativo.

Dever de prestar contas. É o dever de todo gestor público de prestar contas da gestão de bens e interesses alheios, nesse caso, de bens e interesses coletivos.

O uso e abuso do poder na administração pública

Os desvios tipificados nessa área são os seguintes: excesso de poder; desvio de finalidade; omissão da administração.

Excesso de poder. O excesso de poder acontece quando o agente público extrapola os limites de sua competência.

Desvio de finalidade. Essa prática ocorre quando o gestor público deixa de lado a finalidade prevista na norma que autoriza a sua atuação. Veja a esse respeito o princípio da indisponibilidade do interesse público.

Omissão da administração pública. O desvio de poder por omissão acontece quando o ente administrativo, contrariando o interesse público, se mantém inerte frente à pretensão do administrado. O desvio, dessa forma, se caracteriza quando a administração pública se recusa a manifestar-se, seja pelo deferimento ou indeferimento do pleiteado pelo particular.

Crimes contra a administração pública – dispositivos do Código Penal

O Código Penal brasileiro, conforme destaca Mirabete (2007), dedica, de forma exclusiva, o título XI, com a rubrica *"Dos Crimes contra a Administração*

Pública", com o propósito de proteger a administração pública das condutas lesivas de seus servidores, bem assim de particulares que se relacionam com a administração, possuindo como objetividade jurídica o interesse da normalidade funcional, probidade, prestígio, incolumidade e decoro da administração pública.

As condutas lesivas elencadas nessa parte do Código Penal são as seguintes: peculato; inserção de dados falsos; modificação ou alteração não autorizada nos sistemas de informações e acesso de forma não permitida; extravio; sonegação ou utilização de livros e documentos; emprego irregular de verbas ou rendas públicas; concussão; corrupção passiva e ativa; facilitação de contrabando; prevaricação; abandono de função; exercício funcional ilegalmente antecipado ou prolongado; violação ao sigilo funcional; violação ao sigilo de proposta de concorrência.

Conforme evidenciado pela doutrina, o conceito de funcionário público no direito penal não é o mesmo que o utilizado no direito administrativo. Em âmbito penal, funcionário público é todo aquele que, mesmo que transitoriamente ou sem remuneração, exerce cargo, emprego ou função na administração pública, em entidade paraestatal ou em empresa prestadora de serviço, contratada ou conveniada para a execução de atividade típica da administração pública.

Comentários aos crimes tipificados no Título XI do Código Penal:

- **Peculato**. O crime de peculato – que se encontra tipificado no art. 312 do Código Penal do Brasil – é definido como a subtração ou desvio de dinheiro ou bem público, para benefício próprio ou de outra pessoa, cometido por um funcionário público. O crime, porém, pode ser atribuído a pessoas que não ocupam cargos públicos. Veja art. 312 do Código Penal.

- **Peculato mediante erro de outrem**. É um dos crimes praticados por funcionário público contra a administração em geral consistente na apropriação de dinheiro ou qualquer utilidade que, no exercício do cargo, recebeu por erro de outrem. A pena prevista para este crime é de reclusão, de 1 a 4 anos, e multa. Veja art. 313 do Código Penal.

- **Inserção de dados falsos em sistema de informações**. Crime praticado por funcionário público autorizado contra a administração em geral, no qual consiste em inserir ou facilitar a inserção de dados falsos, alterar ou excluir indevidamente dados corretos nos sistemas informatizados ou bancos de dados da administração pública com o fim de obter vantagem indevida para si ou para outrem ou para causar dano. A pena prevista é de reclusão, de dois a 12 anos, e multa. Fundamentação: art. 313-A do Código Penal. Veja a esse respeito a Lei nº 9.983, de 2000, e o art. 95 da Lei nº 8.212, de 1991.

- **Modificação ou alteração não autorizada de sistema de informações**. O citado crime – que está tipificado no art. 313-B do Código Penal –

consiste na conduta de funcionário de modificar ou alterar sistema de informações ou programa de informática sem autorização ou solicitação da autoridade competente. A pena aplicável a este crime é de detenção, de três meses a dois anos, e multa.

- **Extravio, sonegação ou utilização de livros e documentos.** O crime é praticado por aquele que extraviar livro oficial ou qualquer documento, de que tem a guarda em razão do cargo; sonegá-lo ou inutilizá-lo, total ou parcialmente. A pena prevista é de reclusão, de um a quatro anos, se o fato não constitui crime mais grave. Veja art. 314 do Código Penal.

- **Emprego irregular de verbas ou rendas públicas.** O crime é cometido pelo agente público que emprega de maneira irregular verbas ou rendas públicas, ou seja, dá às verbas ou rendas públicas aplicação diversa da estabelecida em lei. A pena prevista é de detenção de um a três meses, ou multa. Veja art. 315 do Código Penal.

- **Concussão.** É o crime cometido por funcionário público, em que este exige para si ou para outrem vantagem indevida, direta ou indiretamente, ainda que fora da função ou antes de assumi-la, mas em razão dela. O crime é punido com pena de reclusão, de dois a oito anos, e multa. Veja art. 316 do Código Penal.

- **Corrupção passiva.** É o crime praticado por funcionário público que, em razão de sua função, ainda que fora dela, solicita ou recebe, para si ou para outrem, vantagem indevida, ou aceita promessa de tal vantagem. O agente público que cometer este delito estará sujeito a uma pena de reclusão que pode variar de dois a 12 anos, além de ter que pagar multa. Veja art. 317 e parágrafos do Código Penal.

> **Corrupção ativa.** O crime de corrupção ativa é aquele praticado por particulares contra a administração pública. Distinto da corrupção passiva – que pode ser praticada somente por funcionário público –, na corrupção ativa o crime pode ser praticado por qualquer sujeito, até mesmo um funcionário público que não esteja no exercício de suas funções. Assim, o sujeito ativo da corrupção ativa pode ser qualquer pessoa. Veja art. 333 do Código Penal.

- **Facilitação de contrabando ou descaminho.** O contrabando ou descaminho é crime comum, podendo ser praticado por qualquer pessoa. Se houver participação de funcionário público, com transgressão de dever funcional, incorrerá este no crime de facilitação de contrabando ou descaminho, nos termos do art. 318 do Código Penal. O sujeito passivo do delito é o Estado, quando prejudicado em seus direitos e em sua arrecadação de impostos. O crime em tela admite apenas a modalidade dolosa, vez que o agente exerce vontade livre e consciente de importar, exportar ou iludir. Veja art. 318 do Código Penal.

- **Prevaricação.** É um crime funcional, isto é, praticado por funcionário público contra a administração pública em geral, que se configura quando o sujeito ativo retarda ou deixa de praticar ato de ofício, indevidamente, ou quando o pratica de maneira diversa da prevista no dispositivo legal, a fim de satisfazer interesse pessoal. A pena prevista para essa conduta é de detenção, de três meses a um ano, e multa. Veja art. 319 do Código Penal.

- **Condescendência criminosa.** É um crime praticado por funcionário público quando deixar, por indulgência, de responsabilizar subordinado que cometeu infração no exercício do cargo ou, quando lhe falte competência, não levar o fato ao conhecimento da autoridade competente. A pena prevista para essa conduta é de detenção, de 15 dias a um mês, ou multa. Veja art. 320 do Código Penal.

- **Advocacia administrativa.** É definido pelo Código Penal que é crime patrocinar, direta ou indiretamente, interesse privado perante a administração pública, valendo-se da qualidade de funcionário. A pena prevista para essa conduta é de detenção, de um a três meses, ou multa. Parágrafo único do citado artigo qualifica, ainda, se o interesse é ilegítimo, que a pena prevista para essa conduta é de detenção, de três meses a um ano, além da multa. Veja art. 321 do Código Penal.

- **Violência arbitrária.** O Código Penal define como crime praticar violência, no exercício de função ou a pretexto de exercê-la. A pena prevista para essa conduta é de detenção, de seis meses a três anos, além da pena correspondente à violência. Veja art. 322 do Código Penal.

- **Abandono de cargo ou função públicas.** O crime de abandono de função consiste na ação voluntária do funcionário público em abandonar, largar, deixar cargo público causando dano ou prejuízo ao serviço público. É um dos crimes praticados por funcionário público contra a administração em geral. Consiste em abandonar cargo público, fora dos casos permitidos em lei. A pena prevista é de detenção, de 15 dias a um mês, ou multa. Se do fato resulta prejuízo público, a pena será de detenção, de três meses a um ano, e multa. Se o fato ocorre em lugar compreendido na faixa de fronteira, a pena é de detenção, de um a três anos, e multa. O sujeito ativo é o funcionário público que ocupa cargo público e abandona de maneira total, intencional e irresponsável, a função, causando ou podendo causar prejuízo à administração pública. Registre-se que para a configuração do delito é essencial que o Estado não tenha condições de suprir a falta daquele desertor, pois, uma vez composta a ausência, não haverá prejuízo para a administração, logo, não haverá crime. Veja art. 323 e parágrafos do Código Penal.

- **Exercício funcional ilegalmente antecipado ou prolongado.** Trata-se de um crime previsto no art. 324 do Código Penal, pressupondo que deve ser exercido somente por aquele que estiver em condições para esse exercício. Assim, é crime entrar no exercício de função pública antes de satisfeitas as exigências legais, ou continuar a exercê-la, sem autorização, depois de saber oficialmente que foi exonerado, removido, substituído ou suspenso. A pena prevista para essa conduta é de detenção, de 15 dias a um mês, ou multa.

- **Violação de sigilo funcional.** É um dos crimes praticados por funcionário público contra a administração em geral. Consiste em revelar fato de que tem ciência em razão do cargo e que deva permanecer em segredo, ou facilitar-lhe a revelação. A pena prevista é de detenção, de seis meses a dois anos, ou multa, se o fato não constitui crime mais grave. Nas mesmas penas deste artigo incorre quem: (a) permite ou facilita, mediante atribuição, fornecimento e empréstimo de senha ou qualquer outra forma, o acesso de pessoas não autorizadas a sistemas de informações ou banco de dados da administração pública; (b) se utiliza, indevidamente, do acesso restrito. Se da ação ou omissão resulta dano à administração pública ou a outrem, a pena será de reclusão, de dois a seis anos, e multa. Veja art. 325 do Código Penal.

- **Violação de sigilo de proposta de concorrência pública.** Trata-se de um crime contra a administração pública que consiste em devassar o segredo de oferta para celebrar contrato com a administração pública ou proporcionar a terceiro o ensejo de devassá-lo. A pena prevista para essa conduta é de detenção, de três meses a um ano, e multa. Veja art. 326 do Código Penal.

Os crimes praticados por servidor contra a administração pública não estão restritos aos delitos elencados no Código Penal, Título XI, da Parte Especial, arts. 312 a 327. Observa-se, por exemplo, que a regra contida no inciso I, do art. 132, da Lei nº 8.112/90, não está circunscrita às hipóteses previstas no Código Penal. As denominadas leis extravagantes penais também se regulam crimes praticados por servidor contra a administração pública, como é o caso do crime de sonegação fiscal que recebe a participação de funcionário público do fisco para a perpetração de delito previsto na Lei nº 4.729, de 1965.

Síntese da Legislação:

Crimes contra a administração pública: dispositivos do Código Penal

Peculato

Art. 312. Apropriar-se o funcionário público de dinheiro, valor ou qualquer outro bem móvel, público ou particular, de que tem a posse em razão do cargo, ou desviá-lo, em proveito próprio ou alheio:

Pena – reclusão, de dois a doze anos, e multa.

§ 1º Aplica-se a mesma pena, se o funcionário público, embora não tendo a posse do dinheiro, valor ou bem, o subtrai, ou concorre para que seja subtraído, em proveito próprio ou alheio, valendo-se de facilidade que lhe proporciona a qualidade de funcionário.

Peculato culposo

§ 2º Se o funcionário concorre culposamente para o crime de outrem:

Pena – detenção, de três meses a um ano.

§ 3º No caso do parágrafo anterior, a reparação do dano, se precede à sentença irrecorrível, extingue a punibilidade; se lhe é posterior, reduz de metade a pena imposta.

Peculato mediante erro de outrem

Art. 313. Apropriar-se de dinheiro ou qualquer utilidade que, no exercício do cargo, recebeu por erro de outrem:

Pena – reclusão, de um a quatro anos, e multa.

Inserção de dados falsos em sistema de informações

Art. 313-A. Inserir ou facilitar, o funcionário autorizado, a inserção de dados falsos, alterar ou excluir indevidamente dados corretos nos sistemas informatizados ou bancos de dados da Administração Pública com o fim de obter vantagem indevida para si ou para outrem ou para causar dano:

Pena – reclusão, de 2 (dois) a 12 (doze) anos, e multa.

Modificação ou alteração não autorizada de sistema de informações

Art. 313-B. Modificar ou alterar, o funcionário, sistema de informações ou programa de informática sem autorização ou solicitação de autoridade competente:

Pena – detenção, de 3 (três) meses a 2 (dois) anos, e multa.

Parágrafo único. As penas são aumentadas de um terço até a metade se da modificação ou alteração resulta dano para a Administração Pública ou para o administrado.

Extravio, sonegação ou inutilização de livro ou documento

Art. 314. Extraviar livro oficial ou qualquer documento, de que tem a guarda em razão do cargo; sonegá-lo ou inutilizá-lo, total ou parcialmente:

Pena – reclusão, de um a quatro anos, se o fato não constitui crime mais grave.

Emprego irregular de verbas ou rendas públicas

Art. 315. Dar às verbas ou rendas públicas aplicação diversa da estabelecida em lei:

Pena – detenção, de um a três meses, ou multa.

Concussão

Art. 316. Exigir, para si ou para outrem, direta ou indiretamente, ainda que fora da função ou antes de assumi-la, mas em razão dela, vantagem indevida:

Pena – reclusão, de dois a oito anos, e multa.

Excesso de exação

§ 1º Se o funcionário exige tributo ou contribuição social que sabe ou deveria saber indevido, ou, quando devido, emprega na cobrança meio vexatório ou gravoso, que a lei não autoriza:

Pena – reclusão, de três a oito anos, e multa.

§ 2º Se o funcionário desvia, em proveito próprio ou de outrem, o que recebeu indevidamente para recolher aos cofres públicos:

Pena – reclusão, de dois a doze anos, e multa.

Corrupção passiva

Art. 317. Solicitar ou receber, para si ou para outrem, direta ou indiretamente, ainda que fora da função ou antes de assumi-la, mas em razão dela, vantagem indevida, ou aceitar promessa de tal vantagem:

Pena – reclusão, de 2 (dois) a 12 (doze) anos, e multa.

§ 1º A pena é aumentada de um terço, se, em consequência da vantagem ou promessa, o funcionário retarda ou deixa de praticar qualquer ato de ofício ou o pratica infringindo dever funcional.

§ 2º Se o funcionário pratica, deixa de praticar ou retarda ato de ofício, com infração de dever funcional, cedendo a pedido ou influência de outrem:

Pena – detenção, de três meses a um ano, ou multa.

Facilitação de contrabando ou descaminho

Art. 318. Facilitar, com infração de dever funcional, a prática de contrabando ou descaminho (art. 334):

Pena – reclusão, de 3 (três) a 8 (oito) anos, e multa.

Prevaricação

Art. 319. Retardar ou deixar de praticar, indevidamente, ato de ofício, ou praticá-lo contra disposição expressa de lei, para satisfazer interesse ou sentimento pessoal:

Pena – detenção, de três meses a um ano, e multa.

Art. 319-A. Deixar o Diretor de Penitenciária e/ou agente público, de cumprir seu dever de vedar ao preso o acesso a aparelho telefônico, de rádio ou similar, que permita a comunicação com outros presos ou com o ambiente externo:

Pena – detenção, de 3 (três) meses a 1 (um) ano.

Condescendência criminosa

Art. 320. Deixar o funcionário, por indulgência, de responsabilizar subordinado que cometeu infração no exercício do cargo ou, quando lhe falte competência, não levar o fato ao conhecimento da autoridade competente:

Pena – detenção, de quinze dias a um mês, ou multa.

Advocacia administrativa

Art. 321. Patrocinar, direta ou indiretamente, interesse privado perante a administração pública, valendo-se da qualidade de funcionário:

Pena – detenção, de um a três meses, ou multa.

Parágrafo único. Se o interesse é ilegítimo:

Pena – detenção, de três meses a um ano, além da multa.

Violência arbitrária

Art. 322. Praticar violência, no exercício de função ou a pretexto de exercê-la:

Pena – detenção, de seis meses a três anos, além da pena correspondente à violência.

Abandono de função

Art. 323. Abandonar cargo público, fora dos casos permitidos em lei:

Pena – detenção, de quinze dias a um mês, ou multa.

§ 1º Se do fato resulta prejuízo público:

Pena – detenção, de três meses a um ano, e multa.

§ 2º Se o fato ocorre em lugar compreendido na faixa de fronteira:

Pena – detenção, de um a três anos, e multa.

Exercício funcional ilegalmente antecipado ou prolongado

Art. 324. Entrar no exercício de função pública antes de satisfeitas as exigências legais, ou continuar a exercê-la, sem autorização, depois de saber oficialmente que foi exonerado, removido, substituído ou suspenso:

Pena – detenção, de quinze dias a um mês, ou multa.

Violação de sigilo funcional

Art. 325. Revelar fato de que tem ciência em razão do cargo e que deva permanecer em segredo, ou facilitar-lhe a revelação:

Pena – detenção, de seis meses a dois anos, ou multa, se o fato não constitui crime mais grave.

§ 1º Nas mesmas penas deste artigo incorre quem:

I – permite ou facilita, mediante atribuição, fornecimento e empréstimo de senha ou qualquer outra forma, o acesso de pessoas não autorizadas a sistemas de informações ou banco de dados da Administração Pública;

II – se utiliza, indevidamente, do acesso restrito.

§ 2º Se da ação ou omissão resulta dano à Administração Pública ou a outrem:

Pena – reclusão, de 2 (dois) a 6 (seis) anos, e multa.

Violação do sigilo de proposta de concorrência

Art. 326. Devassar o sigilo de proposta de concorrência pública, ou proporcionar a terceiro o ensejo de devassá-lo:

Pena – detenção, de três meses a um ano, e multa.

Funcionário público

Art. 327. Considera-se funcionário público, para os efeitos penais, quem, embora transitoriamente ou sem remuneração, exerce cargo, emprego ou função pública.

§ 1º Equipara-se a funcionário público quem exerce cargo, emprego ou função em entidade paraestatal, e quem trabalha para empresa prestadora de serviço contratada ou conveniada para a execução de atividade típica da Administração Pública.

§ 2º A pena será aumentada da terça parte quando os autores dos crimes previstos neste Capítulo forem ocupantes de cargos em comissão ou de função de direção ou assessoramento de órgão da administração direta, sociedade de economia mista, empresa pública ou fundação instituída pelo poder público.

23

Ética e Moral na Administração Pública

Introdução

Ética, num sentido amplo, pode ser entendida como o estudo dos juízos de valores que dizem respeito à conduta humana susceptível de qualificação do ponto de vista do bem e do mal, seja relativamente a determinada sociedade, seja de modo absoluto. Assim, a ética e a moral devem ser enfocadas no contexto histórico e social.

Inúmeros filófosos e pensadores, em distintas épocas da história, abordaram especificamente assuntos relacionados a ética e a moral: os pré-socráticos, Aristóteles, os estoicos, os pensadores cristãos: patrísticos, escolásticos e nominalistas, Kant, Espinoza, Nietzsche, Paul Tillich, entre outros. Do ponto de vista etimológico, ética vem do grego *ethos*, e tem seu correlato no latim *morale*, com o mesmo significado de conduta, ou relativo aos costumes. Assim, etimologicamente, ética e moral são palavras sinônimas.

A reflexão que o indivíduo deve fazer na busca de responder a pergunta: como devo agir perante os outros? é o ponto de partida para o debate sobre a moral e a ética. Assim, a principal questão da moral e da ética diz respeito à vida em sociedade, que permite que o ser humano conviva com outros seres humanos tendo como referência um conjunto de normas e valores que regem a sua conduta.

Observa-se que moral e ética, às vezes, são palavras empregadas como sinônimos: conjunto de princípios ou padrões de conduta. Ética pode também significar Filosofia da Moral, portanto, um pensamento reflexivo sobre os valores e as normas que regem as condutas humanas. Em outro sentido, ética pode referir-se a um conjunto de princípios e normas que um grupo estabelece para seu exercício profissional, traduzidos nos códigos de ética de diferentes segmentos profissionais, como por exemplo advogados, médicos, engenheiros, entre outros.

É percetível que as sociedades, com o passar do tempo, vão mudando os seus comportamentos e dessa forma também mudam a postura dos seres humanos que as compõem. Observado esse fenômeno ao longo da história da civilização, vamos constatar que na Grécia antiga a existência de escravos era perfeitamente legítima, ou seja, as pessoas não eram consideradas iguais entre si, e o fato de umas não terem liberdade era considerado normal. Na Idade Média, a tortura era considerada prática legítima, seja para a extorsão de confissões, seja como castigo. Essa prática, na atualidade, é repudiada pela maior parcela das pessoas, além de ser imoral.

As principais diferenças entre ética e moral são as seguintes: ética é princípio, moral são aspectos de condutas específicas; ética é permanente, moral é temporal; ética é universal, moral é cultural; ética é regra, moral é conduta da regra; e ética é teoria, moral é prática.

Ética, gestão pública e cidadania

A ética – aceita como conjunto de princípios que direcionam o agir do homem – apresenta, quando estudada no âmbito da gestão pública, uma interligação, profunda, com a relação entre Estado e sociedade. Notadamente, quanto ao exercício da cidadania.

E. Kant, teórico clássico do pensamento político (final do século XVIII), identificava algumas características básicas de um cidadão. A primeira dessas características é a *autonomia*. Os cidadãos têm de ter capacidade de conduzir-se segundo o seu próprio arbítrio. A segunda é a *igualdade perante a lei*. E a terceira é a *independência*, ou seja, a capacidade de sustentar-se a si próprio. A simples observação dessas três características citadas por Kant dificilmente permitiria identificarmos um número expressivo de cidadãos que as atendesse.

Para John Stuart Mill (1977, p. 406), os cidadãos podiam ser divididos em duas categorias: os *ativos* e os *passivos*. Para aquele autor, os governantes, em muitos casos, preferem os cidadãos passivos, embora a democracia necessite dos cidadãos ativos, sobretudo na democracia, que tem a regra da maioria como uma de suas regras fundamentais. Seu pressuposto é a participação ativa. Não havendo participação ativa, será desvirtuada a regra da maioria. Nesse caso, uma minoria passa a tomar as decisões. A abstenção não é condizente com o regime democrático consolidado e cidadania efetiva.

É importante ressaltar que existem duas dimensões do conceito de cidadania. A primeira dimensão está relacionada à experiência dos movimentos sociais e deriva dela, ou seja, as lutas por direitos. Nesses embates está encampado o conceito clássico de cidadania, que é a titularidade de direitos. Agrega-se a essa experiência dos movimentos sociais uma ênfase mais ampla na consolidação da democracia. Nesse sentido, a construção da cidadania sinaliza para a estruturação e difusão de uma conduta democrática. A segunda dimensão, além da titularidade de direitos, deriva do republicanismo clássico, enfatizando a preocupação com a coisa pública, com a *res publica*.

Nesse sentido, argumenta Prats (2004) que:

> "Para encontrar la ética específica que requiere la buena política es necesario reconocer la política como un oficio, como una función socialmente necesaria, quizás la más importante y difícil de todas. Es necesario salir del menosprecio idiota de la política (los griegos consideraban 'idiota' al que se ausenta de los intereses de la ciudad, no se interesa y no participa en la polis) para repolitizar la sociedad, reencantarla y poder así reinventar y reformar la política, es decir, superar las malas políticas que hoy bloquean el desarrollo e ir instalando las buenas políticas que el desarrollo humano requiere. Hay que redescubrir el oficio de la política en la línea iniciada por los grandes pensadores republicanos que tanto insistieron en las 'virtudes públicas' conectadas pero distintas de las virtudes privadas."

Promoção da ética nas organizações

A promoção da ética nas organizações não é uma tarefa fácil. Esse esforço exige o fortalecimento institucional e estabelecimento de um padrão ético efetivo. Nesse sentido, contar com uma adequada "infraestrutura ética" (BERTOK, 2000) é a base para o desenvolvimento de um programa de promoção da ética eficaz, que pressupõe transparência e *accountability* e envolve:

- Gestão: criação de condições sólidas para o serviço público, por meio de uma política efetiva de recursos humanos e que contemple uma instância central voltada para a ética.
- Orientação: engajamento das lideranças, códigos que exprimam valores e padrões e socialização profissional, por meio de educação e treinamento.
- Controle: quadro normativo que garanta a independência dos procedimentos de investigação e processo, prestação de contas e envolvimento do público.

É perceptível que a definição de padrão ético efetivo faz parte de um movimento internacional para garantir a confiança das pessoas nas instituições e dar segurança aos seus quadros para que possam exercer suas funções em toda a sua plenitude. Verifica-se que num ambiente mais transparente e uma sociedade cada vez mais ciosa do respeito a uma conduta estritamente ética, muitos profissionais procuram não tomar certas decisões ou empreender certas ações simplesmente porque têm dúvidas se serão questionados quanto ao aspecto ético.

Características da gestão ética

Em que pese à diversidade cultural e as diferenças de caráter político e administrativo, torna-se possível identificar algumas características básicas que constituem a essência da gestão da ética, que tem por objetivo o estabelecimento de um padrão ético efetivo.

A gestão da ética transita em um eixo bem definido, constituído por:

- Valores éticos: representam a expectativa da sociedade quanto à conduta dos agentes públicos.
- Normas de conduta: são o desdobramento dos valores, funcionando como um caminho prático para que os valores explicitados sejam observados.
- Administração: tem o objetivo de zelar pelos valores e normas de conduta, assegurando sua efetividade.

Ética e transparência na administração pública

A retomada da preocupação com a ética pública surgiu com a ênfase dada na agenda política das nações pelos efeitos perversos que resultam da sua falta, deixando de ser vista apenas como um problema moral e passando a ser percebida como ameaça à ordem econômica, à organização administrativa e ao próprio Estado de Direito.

A geração de medidas para a promoção da ética exige medidas e investimentos para o fortalecimento institucional e modernização e o combate à corrupção, de forma a garantir capacidade de geração de resultados, assim como a reversão da sensação de impunidade que ainda subsiste na população. Mas nem o fortalecimento institucional, nem as sanções aplicadas aos casos de corrupção, se demonstram suficientes para assegurar a confiança das pessoas e a segurança dos funcionários sobre o respeito aos valores éticos e o que pode ou não pode em matéria de conduta individual.

Assim, o objetivo da gestão da ética visa a definição de padrões éticos de conduta nas organizações, de tal forma que não deixe nenhuma dúvida quanto à conduta que espera-se em situações específicas. Nessa trajetória bem definida encontram-se sedimentados os valores, regras de conduta e administração.

A definição de normas de conduta como meio prático para que os valores éticos sejam respeitados representa a objetivação do relacionamento do funcionário com suas partes. Contar com um aparato de administração para dar efetividade a valores e regras de conduta significa o reconhecimento de que a solução de dilemas éticos exige mais do que boa formação e bom-senso dos funcionários. Essa nova conduta requer o estabelecimento de padrão transparente e previsível.

Observa-se, de forma geral, que a grande maioria das administrações públicas dos países no mundo tem modelos de gestão da ética composta por um amplo elenco de regras de conduta cuja inobservância, em muitos casos, configura crime. Na maioria dos países da região da América Latina, inclusive no Brasil, coexiste uma multiplicidade de órgãos com responsabilidades por zelar por essas normas. Normas e entidades com responsabilidade variam conforme a esfera de poder e o nível de governo. É perceptível que é bastante elevado o nível de ineficiência, ineficácia e falta de efetividade do referido modelo, que se apresenta complexo, incongruente e descoordenado (MATIAS-PEREIRA, 2005).

Custos da falta de ética na governança

Para diferentes autores, a ética foi recolocada na agenda menos por seus aspectos benéficos do que pelos efeitos perversos que resultam da sua falta. A falta de ética compromete a capacidade de governança e representa risco à sobrevivência das organizações, públicas e privadas. Nesse sentido, o acesso à informação foi aumentado e democratizado, os negócios se tornaram mais visíveis, passando a ser acompanhados mais de perto pela sociedade. Os governos tornaram-se grandes edifícios de vidro transparente (PIQUET, 2000). Se a sociedade desconfia da integridade dos administradores públicos e dos políticos em geral, não adianta tentar convencê-la de que está errada (NOLAN, 1997).

Por sua vez, está evidenciado que a falta de ética e a corrupção existem em grande escala e os meios convencionais de repressão legal na maior parte do mundo têm apresentado resultados insatisfatórios. Registre-se que a teoria econômica nem sempre reconheceu a motivação ética como um fator importante na decisão dos agentes econômicos (SEN, 1989). Houve, por um determinado tempo, a crença que práticas não éticas poderiam funcionar como o "azeite necessário para fazer mover engrenagens emperradas", resultado prático da controvérsia sobre os efeitos econômicos da corrupção (HUNTINGTON, 1968).

Essa fase, entretanto, está sendo superada, verificando-se que a importância da ética para a efetividade dos contratos, assim como para a boa governança pública e corporativa, vem ganhando espaço (KAUFMANN, 2003). Essa mudança de comportamento, em termos de um clima ético nas organizações, vem ocorrendo nos últimos anos, sobretudo após os recentes escândalos envolvendo grandes empresas transnacionais como Enron, Worldcom, Arthur Andersen e Parmalat, entre outras.

Boas práticas em gestão da ética

- Revelação de interesses: as áreas que cuidam de gestão da ética contam com declarações nas quais os servidores revelam situações que efetiva ou potencialmente podem suscitar conflitos de interesses com o exercício da função pública. A partir dessa "autorrevelação", é importante identificar medidas para prevenir tais conflitos.
- Ênfase nos aspectos de comunicação, orientação e capacitação: em grande parte das vezes, o desvio ético não resulta de nenhum objetivo premeditado de transgredir as normas de conduta, mas de simples desconhecimento ou despreparo quanto à sua aplicação a situações reais do dia a dia, daí a importância de uma comunicação efetiva das normas, canais de orientação que funcionem e programas de capacitação e treinamento sistemáticos.
- Avaliação: é importante que as áreas de gestão da ética contem com indicadores que permitam aferir os resultados dos trabalhos desenvolvidos.

Comportamento ético no serviço público

A falta de ética não distingue países ou organizações. Reconhecer esse problema, ao invés de escondê-lo sob o tapete, representa sinal de maturidade, que dá lugar à discussão sobre o que pode e deve ser feito para promover a ética. Ainda que exista uma relativa unanimidade em torno do objetivo da promoção da ética, esse consenso se dilui quando a questão se coloca no desenho e implementação de ações que se demonstrem suficientes para o alcance do objetivo definido.

Ao contrário do que se poderia pensar, a controvérsia se estabelece não como resultado de qualquer conspiração contra a ética. Paradoxalmente, muitas vezes seu principal combustível resulta daqueles comprometidos e conscientes da importância da ética e do mal que sua falta acarreta.

Os programas de promoção da ética não raras vezes são vistos como programas direcionados a organizações corruptas e gente sem ética. Para isso contribui inclusive o fato de, na maioria das vezes, serem intitulados como programas de combate à corrupção. Afinal, quem poderia ser objeto do combate à corrupção?

Os programas de promoção da ética pressupõem fortalecimento da capacidade de governança pública e corporativa, mas também o estabelecimento de um padrão ético efetivo em matéria de conduta. De um lado, a criação das condições necessárias ao cumprimento da missão organizacional. De outro, o estabelecimento de forma transparente das regras de conduta que devem ser observadas.

O fortalecimento institucional não tem se revelado suficiente para garantir a confiança das pessoas externas à organização e para dar segurança a seus funcionários sobre os limites que devem ser observados na conduta individual. Aí é que surge a gestão da ética.

A gestão da ética transita em um eixo bem definido onde se encontram valores éticos, regras de conduta e administração. As regras de conduta devem traduzir os valores de forma mais simples e funcionar como um caminho prático para se assegurar que eles, os valores, estão sendo levados em conta. Com efeito, nem sempre observar valores éticos na prática cotidiana se revela tão simples quanto se gostaria. À administração cabe zelar pela efetividade de valores e regras.

Falar em objetivar regras de conduta em uma sociedade marcada pelas relações pessoais e de parentesco não deixa de ser objetivo pleno de dificuldades. Falar em administrar ética configura-se como outro grande desafio, pois representa transferir a solução de certos dilemas éticos do foro íntimo para o foro público e o reconhecimento de que somente formação e bom-senso, ainda que imprescindíveis, não são suficientes para assegurar padrão ético nas organizações.

Atividade governamental e desvio ético

A atividade governamental é responsável por significativos efeitos sobre a vida dos cidadãos. A relação que existe entre a administração e o administrado pode ser traduzida em termos monetários ou não. Em geral, a ação dos órgãos governamentais tende a causar prejuízos ou lucros econômico-financeiros para o setor privado. Por sua vez, os órgãos de governo possuem infinitas atribuições, prerrogativas e orçamentos. Entre esses órgãos existem alguns que interagem pouco com o setor privado. Entretanto, outros têm um significativo poder sobre os negócios das empresas e a vida dos cidadãos. Assim, verifica-se que a dimensão do poder do órgão de governo sobre o setor privado é determinante para elevar a possibilidade de risco da ocorrência de relacionamentos ilegítimos entre os representantes do poder público e os do setor privado.

O desvio ético pode ser motivado pela "pressão" ou pela "tentação". No primeiro caso, o servidor sucumbe a ordens ilegais ou ilegítimas de seus superiores ou a pedidos de agentes privados poderosos. Ele age assim com vistas a preservar-se no cargo que ocupa.

Abstraindo-se das questões relacionadas ao *status* do cargo ou ao grau de engajamento político-partidário do servidor, ele busca manter seu salário ou suas gratificações extras. Trata-se, portanto, de uma postura "passiva", na qual o servidor apenas mantém as vantagens do cargo, nada ganhando extraordinariamente pela conduta ilícita ou ilegítima. Deixando de lado as eventuais repercussões administrativas e criminais, em termos estritamente monetários, o servidor será tão mais suscetível à "pressão" quanto maior for a perda potencial de rendimentos no caso de ser destituído do cargo.

Assim, a disseminação ampla e regular da informação tem-se mostrado um instrumento poderoso para assegurar confiança e *accountability*. Entretanto, o sigilo nas esferas governamentais, bem como no setor privado, ainda persiste em muitos países. A intensificação da pressão e a demanda por acesso à informação através de movimentos de cidadania e organizações da sociedade civil refletem a preocupação da sociedade com a corrupção. Portanto, é necessário que se busque o equilíbrio entre a obrigação de divulgar a informação e o grau de proteção que lhe deve ser atribuído.

Considerações Finais

Fica cada vez mais evidente que a mudança de paradigma no mundo contemporâneo, que passou de uma sociedade industrial para uma sociedade apoiada no conhecimento, está exigindo dos alunos, professores, pesquisadores e especialistas em gestão governamental e políticas públicas uma melhor compreensão do funcionamento da administração pública.

Assim, buscamos neste livro reforçar e destacar os temas mais relevantes sobre a gestão estratégica na administração pública no Brasil. O nosso objetivo principal, portanto, foi contribuir para aumentar o nível do conhecimento sobre a gestão estratégica no setor público, com vista a permitir ao leitor/aluno uma melhor compreensão sobre o papel da administração pública no contexto dos negócios, da economia e da administração.

No debate promovido ao longo do livro buscamos demonstrar como se realiza a ação do Estado para viabilizar e garantir direitos, ofertar serviços e distribuir recursos por meio da gestão pública. Nessa discussão, ressaltamos que o Brasil tem como fator limitador do seu processo de desenvolvimento socioeconômico e ambiental sustentável uma administração pública que ainda apresenta enormes deficiências e fragilidades. Essa administração pública, em grande parte, está apoiada numa estrutura pesada, burocrática e centralizada, o que tem dificultado a sua capacidade de responder, de forma tempestiva e com qualidade, enquanto organização, às demandas e aos desafios da modernidade.

Nesse sentido, entendemos que a construção de um novo modelo de gestão estratégica para a administração pública no Brasil precisa levar em consideração três dimensões: o contexto, a estratégia, o modelo de gestão e a gestão de pessoas. Nesse esforço, é importante não desconsiderar as rápidas mudanças que estão ocorrendo na sociedade, especialmente o nível de cidadania da população brasileira, que exige eficiência, eficácia, efetividade e transparência na aplicação dos recursos públicos. Fica evidente, assim, para cumprir o seu papel de forma adequada, que a administração pública precisa criar as condições necessárias para garantir os direitos constitucionais dos cidadãos.

É relevante destacar que os governantes necessitam levar em conta que os efeitos das decisões e ações da gestão pública refletem de forma intensa sobre os cidadãos, os segmentos sociais e agentes econômicos. Nesse sentido, acreditamos que o debate e a busca da compreensão do funcionamento da administração pública podem ser um fator decisivo para o envolvimento crescente da sociedade nesse debate, bem como para estimular que as organizações públicas abandonem a postura reativa e assumam uma postura proativa. Com isso, estimulando os gestores públicos a utilizarem modelos mais eficientes, eficazes e efetivos, com o foco na orientação e na racionalização das ações e atividades da administração pública, que leve a uma elevação da qualidade dos serviços ofertados à população. Assim, esperamos que este livro cumpra o seu propósito, notadamente junto aos estudantes, professores, pesquisadores e analistas do setor público, ao permitir uma visão estratégica da gestão pública no Brasil.

Referências

ABRAMO, C. W.; CAPOBIANCO, E. R. Licitaciones y contratos públicos. El caso de Brasil. *Nueva Sociedad*, v. 194, p. 69-90, nov./dic. 2004.

ACKOFF, Russel L. *A Concept of corporate planning*. New York: Wiley, 1970.

_____. *Planejamento empresarial*. São Paulo: Livros Técnicos e Científicos, 1980.

_____. *Planejamento de pesquisa social*. São Paulo: Herder, 1967.

ALBAVERA, Fernando S. *Planificación estratégica e gestión pública por objetivos*. Série Gestión Pública nº 32, Instituto Latinoamericanoy del Caribe de Planificación Económica y Social (ILPES), Santiago do Chile: ILPES, 2003.

ALFORD, R.; FRIEDLAND, R. *Powers of theory*. Cambridge: Cambridge University Press, 1986.

ALLISON, Graham T. Conceptual models and the Cuban missile crisis. *American Political Science Review*, v. 63, nº 3, Sept. 1960.

ALMEIDA FORTIS, M. F. Orçamento orientado a resultados: instrumento de fortalecimento democrático na América Latina? *Revista do Serviço Público*, v. 60, nº 2, p. 125-140. abr./jun. 2009.

ALMOND, G. A.; VERBA, S. *The civic culture*. Princeton: Princeton University Press, 1963.

ALT, Paulo Renato C.; MARTINS, Petrônio G. *Administração de materiais e recursos patrimoniais*. São Paulo: Saraiva, 2003.

ANSOFF, H. Igor. *A nova estratégia empresarial*. São Paulo: McGraw-Hill, 1989.

_____. *Administração estratégica*. São Paulo: Atlas, 1983.

_____. *Do planejamento estratégico à administração estratégica*. São Paulo: Atlas, 1990.

ANSOFF, H. Igor; *Estratégia empresarial*. São Paulo: McGraw-Hill, 1977.

_____; MCDONNELL, A. J. *Implantando a administração estratégica*. São Paulo: Atlas, 1993.

ANSOFF, H. Igor; McDONNELL, E. F. *Implementando a administração estratégica*. 2. ed. São Paulo: Atlas, 1993.

APPIO, Eduardo. *Controle judicial das políticas públicas no Brasil*. Curitiba: Juruá, 2005.

APTER, David. *The politics of modernization*. Chicago: The University of Chicago Press, 1965.

ARAUJO, F. C.; LOUREIRO, M. R. Por uma metodologia pluridimensional de avaliação da LRF. *Revista de Administração Pública*, Rio de Janeiro, 39 (6), p. 123-152, nov./dez. 2005.

ARBACHE, Fernando Saba et al. *Gestão de logística, distribuição e trade marketing*. Rio de Janeiro: FGV, 2004.

ARENDT, Hannah. *A condição humana*. Rio de Janeiro: Forense, 1991.

ARISTOTLE. *Politics*. New York: Oxford University Press, 1946.

ARNOLD, J. R. Tony. *Administração de materiais*: uma introdução. São Paulo: Atlas, 1999.

ARRETCHE, Marta T. S. Emergência e desenvolvimento do Welfare State: teorias explicativas. *BIB*, Rio de Janeiro, 39:3-40, 1995.

_____. *Estado federativo e políticas sociais*: determinantes da descentralização. Rio de Janeiro: Revan, 2000.

_____. Tendências no estudo sobre avaliação. In: RICO, Elizabeth M. (Org.). *Avaliação de políticas sociais*: uma questão em debate. São Paulo: Cortez, 1998.

ARTHUR, W. Brian. Competing technologies, increasing returns, and lock-in by historical events. *Economic Journal*, 1989, 99,3.

AVRITZER, L. O orçamento participativo e a teoria democrática: um balanço crítico. In: AVRITZER, L.; NAVARRO, Z. (Org.). *A inovação democrática no Brasil*: o orçamento participativo. São Paulo: Cortez, 2003.

AYRES, Antonio de Pádua S. *Terceirização de TI*: tecnologia e ferramentas de gestão. São Paulo: Atlas, 2009.

BACHRACH, P.; BARATZ, M. S. Poder e decisão. In: CARDOSO, F. H.; MARTINS, C. E. *Política e sociedade*. São Paulo: Nacional, 1979. v. 1.

_____; _____. *Power and poverty*. Cambridge: Oxford University Press, 1970.

_____; _____. Two faces of power. *American Political Science Review*, 56, 1962.

BAILY, Peter J. H. et al. *Compras*: princípios e administração. São Paulo: Atlas, 2000.

BALLOU, Ronald H. *Gerenciamento da cadeia de suprimentos*: planejamento, organização e logística empresarial. 4. ed. Porto Alegre: Bookman, 2001.

_____. *Logística empresarial*. São Paulo: Atlas, 2007.

BANDEIRA DE MELLO, Celso Antônio. *Curso de direito administrativo*. 17. ed. São Paulo: Malheiros, 2004.

_____. *Curso de direito administrativo*. 22. ed. rev. e atual. São Paulo: Malheiros, 2007.

_____. *Curso de direito administrativo*. 28. ed. São Paulo: Malheiros, 2011.

_____. _____. 21. ed. São Paulo: Malheiros, 2007.

BARDACH, Eugene. *Los ocho pasos para el análisis de políticas públicas*. México: Centro de Documentación y Docencia Económicas, 1998.

BASTOS, Celso Ribeiro. *Curso de direito administrativo*. 5. ed. São Paulo: Saraiva, 2001.

BAUMGARTNER, F. R.; JONES, B. D. *Agendas and instability in American politics*. Chicago: University of Chicago Press, 1993.

_____; _____. Punctuated equilibrium theory: explaining stability and change in American policymaking. In: SABATIER, P. A. *Theories of the policy process*. Oxford: Westview, 1999.

BELLONI, I.; MAGALHÃES, H.; SOUZA, L. C. *Metodologia de avaliação em políticas públicas*: uma experiência em educação profissional. São Paulo: Cortez, 2000.

BENSON, J. K. A dialetical view. *Administrative Science Quarterly*, v. 18, nº 1, 1977.

BERTAGLIA, Paulo Roberto. *Logística e gerenciamento da cadeia de abastecimento*. São Paulo: Saraiva, 2003.

BERTOK, Janos. La ética en el sector público: su infraestructura. In: *Las reglas del juego cambiaron, la lucha contra el soborno y la corrupción*. París: OCDE, 2000, p. 143-159.

BITTENCOURT, Sidney. *Pregão passo a passo*: uma nova modalidade de licitação. Rio de Janeiro: Temas & Ideias, 2000.

BLAU, P. M. *The dinamics of bureaucracy*. Chicago: University of Chicago Press, 1955.

BLOWERS, A. *Something in the air*: corporate power and environment. London: Harper & Row, 1984.

BOBBIO, Norberto. *Direito e Estado no pensamento de Emanuel Kant*. São Paulo: Mandarim, 2000.

BOLAY, F. W. *Planejamento de projetos orientado por objetivos* – Método ZOPP. Tradução de Markus Brose. Recife: GTZ, 1993.

BONAVIDES, Paulo. *Curso de direito constitucional*. 26. ed. São Paulo: Malheiros, 2011.

_____. *Do Estado Liberal ao Estado Social*. 7. ed. São Paulo: Malheiros, 2004.

BORZEL, Tanja A. What's so special about policy networks? An Eploration of the Concept and Its Usefulness in Studying European Governance. *European Integration online* Papers, 1 (16), 1997.

BOVET, D. M.; THIAGARAJAN, S. Logística orientada para o cliente. *HSM Management*, São Paulo, ano 3, nº 18, p. 122-128, jan./fev. 2000.

BOWERSOX, Donald J. et al. *Gestão logística de cadeias de suprimentos*. Porto Alegre: Bookman, 2006.

BOWERSOX, Donald J. et al. *Logística empresarial*: o processo de integração da cadeia de suprimento. São Paulo: Atlas, 2001.

BOYNE, G. A. Competitive tendering in local government: a review of theory and evidence. *Public Administration*, v. 76, p. 695-712, 1998.

BRASIL. Constituição (1988). *Constituição da República Federativa do Brasil*. Brasília: Senado Federal, 2010.

_____. *Constituição Federal da República do Brasil de 1988*. Brasília: Senado Federal, 2008.

_____. *Constituição Federal de 1988*. Brasília: Senado Federal, 2011.

_____. Decreto nº 5.450, de 31 de maio de 2005. Regulamenta o pregão, na forma eletrônica. Disponível em: <http://www.planalto.gov.br>.

_____. Decreto-lei nº 200, de 25 de fevereiro de 1967. Dispõe sobre a organização da Administração Federal, estabelece diretrizes para a Reforma Administrativa. Disponível em: <http://www.planalto.gov.br>.

_____. Lei de Responsabilidade Fiscal. Lei Complementar nº 101, de 4 de maio de 2000. Disponível em: <http://www.planalto.gov.br>.

_____. Lei nº 10.520, de 17 de julho de 2002. Institui, no âmbito da União, Estados, Distrito Federal e Municípios, modalidade de licitação denominada pregão, para aquisição de bens e serviços comuns. Disponível em: <http://www.planalto.gov.br>.

_____. Lei nº 11.079, de 2004. Regulamenta a parceria público privada – PPP. Disponível em: <http://www.planalto.gov.br>.

_____. Lei nº 11.107, de 2005. Dispõe sobre normas gerais de contratação de consórcios públicos. Disponível em: <http://www.planalto.gov.br>.

_____. Lei nº 12.232, de 2010, que normatiza as licitações públicas de serviços de publicidade, aperfeiçoa a contratação das agências. Disponível em: <http://www.planalto.gov.br>.

_____. Lei nº 8.666, de 21 de junho de 1993. Regulamenta o art. 37, inciso XXI, da Constituição Federal, institui normas para licitações e contratos da Administração Pública. Disponível em: <http://www.planalto.gov.br>.

_____. Lei nº 8.987, de 1995. Dispõe sobre o regime de concessão e permissão da prestação de serviços públicos previsto no artigo 175 da Constituição Federal. Disponível em: <http://www.planalto.gov.br>.

_____. Ministério da Administração e Reforma do Estado. Plano Diretor da Reforma do Aparelho de Estado. Brasília: MARE, 1995.

_____. Ministério do Planejamento, Orçamento e Gestão – Secretaria de Gestão, Programa Nacional de Gestão Pública e Desburocratização – GESPÚBLICA. Prêmio Nacional da Gestão Pública – PQGF, "Instrumento para Avaliação da Gestão Pública 2008/2009", Brasília: MP, SEGES, 2008 (versão 1/2008).

_____. Ministério do Planejamento, Orçamento e Gestão. Decreto nº 5.378, de 23 de fevereiro de 2005. Institui o Programa Nacional de Gestão Pública e Desburocratização – GESPÚBLICA. Disponível em: <http://www.dji.com.br/decretos/2005-005378/2005-005378.htm>.

BRASIL. Ministério do Planejamento, Orçamento e Gestão. *Plano de gestão do PPA 2004-2007*. Brasília, 2004. Texto para discussão.

_____. Ministério do Planejamento, Orçamento e Gestão. Secretaria de Logística e Tecnologia da Informação. Departamento de Logística e Serviços Gerais. Sistema de gestão de contrato: SICON: Manual do usuário. Brasília: MP/DLSG-SLTI, 2006. Disponível em: <http://www.comprasnet.gov.br>.

_____. Ministério do Planejamento, Orçamento e Gestão. Secretaria de Logística e Tecnologia da Informação. Pregão eletrônico: manual do fornecedor. Brasília: MP/Secretaria de Logística e Tecnologia da Informação, 2005.

_____. Ministério do Planejamento, Orçamento e Gestão. Secretaria de Logística e Tecnologia da Informação. Sistema de registro de preços – SRP: manual do usuário. Brasília: MP/Secretaria de Logística e Tecnologia da Informação, 2005.

_____. Plano Brasil de Todos. *Plano Plurianual 2004-2007*. Brasília: MP, 2003. v. 1.

_____. Plano Brasil de Todos. *Plano Plurianual 2008-2011*. Brasília: MP, 2007, v. 1.

_____. Plano Brasil de Todos. *Plano Plurianual 2012-2015*. Brasília: MP, 2011, v. 1.

_____. *Relatório de Avaliação do Plano Plurianual 2004-2007*: exercício 2008 – ano-base 2007. Caderno 21, Brasília: MP, 2008.

_____. Tribunal de Contas da União – TCU. Licitações e contratos: orientações básicas. Brasília, 2003.

BRESSER-PEREIRA, Luiz Carlos. *A reforma do aparelho do Estado e a Constituição de 1988*. Brasília: ENAP, 1997. v. 1.

_____. Sociedade civil: sua democratização para a reforma do Estado. In: BRESSER-PEREIRA, Luiz Carlos; WILHEIM, Jorge; SOLA, Lourdes (Org.). *Sociedade e Estado em transformação*. São Paulo: UNESP/ENAP, 1999.

BURNS, T.; STALKER, G. *The management of innovation*. London: Tavistock, 1961.

CAIDEN, G. E. Globalizing the theory and practice of public administration. In: GARCIA-ZAMOR, J. C.; KATHOR, R. (Ed.). *Public administration in the global village*. London: Praeger, 1994.

CAMARGO, J. M. Política social no Brasil: prioridades erradas, incentivos perversos. *São Paulo em Perspectiva*, 18(2):68-77, 2004.

CAPELLA, A. C. Perspectivas teóricas sobre o processo de formulação de políticas públicas. In: HOCHMAN, G.; ARRETCHE, M.; MARQUES, E. *Políticas públicas no Brasil*. Rio de Janeiro: FIOCRUZ, 2007.

CARDOSO JR., José Celso. *Planejamento governamental e gestão pública no Brasil*: elementos para ressignificar o debate e capacitar o Estado. Texto para discussão 1584, Brasília: IPEA, 2011.

CARVALHO FILHO, José dos S. *Manual de direito administrativo*. 21. ed. Rio de Janeiro: Lumen Juris, 2009.

CARVALHO, José Murilo. *Cidadania no Brasil*: o longo caminho. Rio de Janeiro: Civilização Brasileira, 2002.

_____. *Logística*. 3. ed. Lisboa: Edições Silabo, 2002.

CARVALHO, M. C. B. Avaliação participativa: uma escolha metodológica. In: RICO, Elizabeth M. (Org.). *Avaliação de políticas sociais*: uma questão em debate. São Paulo: Cortez, 1998.

CASTELLS, M. *A sociedade em rede*. São Paulo: Paz e Terra, 1999.

_____. *La era de la información*: economía, sociedad y cultura. Madri: Alianza, 1998. v. 2.

_____. *La era de la información*: la sociedad en red. Madri: Alianza, 1997. v. 1.

_____. *Rumo ao Estado rede?* Globalização Econômica e Instituições Políticas na Era da Informação. Seminário: Sociedade e Reforma do Estado. Anais. Ministério da Administração Federal e Reforma do Estado. São Paulo, 26 a 28 de março de 1998.

CASTRO, M. H. G. Avaliação de Políticas e Programas Sociais. *Caderno Pesquisa* nº 12, Campinas: Unicamp/Núcleo de Estudos de Políticas Públicas – NEPP, 1989. Disponível em: <www.unicamp.nepp.gov.br>. Acesso em: 9 jun. 2011.

CAVALCANTI, M. M. A. *Avaliação de políticas públicas e programas governamentais*: uma abordagem conceitual. Disponível em: <www.interfacesdesaberes.fafica.com/seer/>. Acesso em: 16 out. 2006.

CAVALCANTI, Paula A. *Sistematizando e comparando os enfoques de avaliação e de análise de políticas públicas*: uma contribuição para a área educacional. 2007. 289f. Tese (Doutorado em Educação) – Universidade Estadual de Campinas. Campinas: UNICAMP, 2007.

CERTO, Samuel C.; PETER, J. Paul. *Administração estratégica, planejamento e implantação da estratégia*. 2. ed. São Paulo: Makron Books, 1993.

_____; _____. *Administração estratégica*. São Paulo: Makron Books, 1993.

CHILD Organization, structure, environment and performance: the role of strategic choice. *Sociology*, 6, 1972.

CHRISTOPHER, M. *Logística e gerenciamento da cadeia de suprimentos*: estratégias para a redução de custos e melhoria dos serviços. São Paulo: Pioneira, 1997.

CLAD Consejo Científico. *Una nueva gestión pública para América Latina*. Caracas: CLAD, 1998.

CLEGG, S. *Frameworks of power*. London: Sage, 1989.

_____. *Modern organizations*. London: Sage, 1990.

_____. *Power, rule and domination*. London: Routledge & Kegan Paul, 1975.

_____. *The theory of power and organization*. London: Routledge & Kegan Paul, 1979.

_____; DUNKERLEY, D. *Critical issues in organizations*. London: Routledge & Kegan Paul, 1977.

CLEGG, S.; DUNKERLEY, D. *Organization, classs and control*. London: Routledge & Kegan Paul, 1980.

COBB, Roger W.; ELDER, Charles D. Issues and agendas. In: THEODOULOU, Stella; CAHN, Matthew A. *Public policy*: the essential readings. Upper Saddle River: Prentice Hall, 1995.

COHEN, E.; FRANCO, R. *A avaliação de projetos sociais*. Petrópolis: Vozes, 1993.

COHEN, J. Sociedade civil e globalização: repensando categorias. *Dados*. Rio de Janeiro, v. 46, nº 3, p. 419-459, 2003.

_____; ARATO, A. *Civil society and political theory*. Cambridge: Massachusetts Institute of Technology, 1994.

COHEN, M.; MARCH, J.; OLSEN, J. A garbage can model of organizational choice. *Administrative Science Quarterly*, 17, p. 1-25, 1972.

CONFEDERAÇÃO NACIONAL DA INDÚSTRIA (CNI). Políticas públicas de inovação no Brasil: a agenda da indústria. Brasília: CNI, 2005.

CONNOLY, William. *The bias of pluralism*. New York: Atherton, 1969.

CORE, F. G. *Reforma gerencial dos processos de planejamento e orçamento*. Brasília: ENAP. Disponível em: <www.enap.gov.br>. Acesso em: 9 jun. 2011.

CÔRTES, S. M. V. Participação de usuários nos conselhos municipais de saúde e de assistência social de Porto Alegre. In: PERISSINOTTO, R.; FUKS, M. *Democracia*: teoria e prática. Rio de Janeiro e Curitiba: Relume Dumará e Fundação Araucária, 2002.

_____. Viabilizando a participação em Conselhos de Política Pública Municipais: arcabouço institucional, organização do movimento popular e *policy communities*. In: HOCHMAN, G.; ARRETCHE, M.; MARQUES, E. *Políticas públicas no Brasil*. Rio de Janeiro: FIOCRUZ, 2007.

COSTA, E. A. da. *Gestão estratégica*. São Paulo: Saraiva, 2002.

COSTA, F. L.; CASTANHAR, J. C. Avaliação de programas públicos: desafios conceituais e metodológicos. *Revista de Administração Pública*, Rio de Janeiro, 37 (5), p. 969-992, set./out. 2003.

COSTA, S. Esfera pública, redescoberta da sociedade civil e movimentos sociais no Brasil. Uma abordagem tentativa. *Novos Estudos*, São Paulo, nº 38, p. 38-52. 1994

COTTA, T. C. Metodologia de avaliação de programas sociais: análise de resultados e de impactos. *Revista do Serviço Público*, Brasília, ano 49, nº 2, p. 105-126, abr./jun. 1998.

CRAWFORD, Richard. *Na era do capital humano*. São Paulo: Atlas, 1994.

CRENSON, M. A. *The unpolitics of air pollution*. Baltimore: Johns Hopkins Press, 1971.

CRETELLA JÚNIOR, José. *Curso de direito administrativo*. 17. ed. Rio de Janeiro: Forense, 2000.

_____. _____. 18. ed. rev. e atual. Rio de Janeiro: Forense, 2002.

CRETELLA JÚNIOR, José. *Das licitações públicas*. 8. ed. Rio de Janeiro: Forense, 1995.

_____. *Licitações e contratos do Estado*. 9 ed. Rio de Janeiro: Forense, 2006.

_____. *Manual de direito administrativo*. 7. ed. Rio de Janeiro: Forense, 2000.

CRETELLA NETO, José. *Comentários à Lei das Parcerias Público-Privadas – PPPs*. Rio de Janeiro: Forense, 2005.

CROZIER, M. *Estado modesto, Estado moderno*. Brasília: FUNCEP, 1989.

CUNHA, A.; REZENDE, F. Orçamento e desenvolvimento. In: CAVALCANTI, B. S.; RUEDIGER, M. A.; SOBREIRA, R. *Desenvolvimento e construção nacional*: políticas públicas. Rio de Janeiro: Editora FGV, 2005.

CUNHA, C. G. S. *Avaliação de políticas públicas e programas governamentais*: tendências recentes e experiências no Brasil. Disponível em: <www.scp.rs.gov.br>. Acesso em: 21 mar. 2007.

DAGNINO, E. Os movimentos sociais e a emergência de uma nova noção de cidadania. In: DAGNINO, E. (Org.). *Anos 90*: política e sociedade no Brasil. São Paulo: Brasiliense, 1994.

_____. Sociedade civil, espaços públicos e a construção democrática no Brasil: limites e possibilidades. In: DAGNINO. E. (Org.). *Sociedade civil e espaços públicos no Brasil*. Rio de Janeiro: Paz e Terra, 2002.

DAGNINO, Renato P. *Ciência e tecnologia no Brasil*: o processo decisório e a comunidade de pesquisa. Campinas: Editora da Unicamp, 2007.

_____. *Gestão estratégica da inovação*: metodologias para análise e implementação. Taubaté: Editora Cabral Universitária, 2002. Disponível em: <http://www.oei.es/salactsi/rdagnino1.htm>.

DAHL, R. A. The concept of power. *Behavioral Science*, 2, 1957.

_____. A critique of the Ruling-Elite model. *American Political Science Review*, 52, 1958.

DALLARI, Adilson Abreu. *Aspectos jurídicos da licitação*. 6. ed. São Paulo: Saraiva, 2003.

_____. Parcerias em transporte público. In: SUNDFELD, Carlos Ari. *Parcerias Público-Privadas*. São Paulo: Malheiros, 2005.

DALTON, M. *Men who manage*. New York: John Wiley, 1959.

DELMANTO, Roberto; DELMANTO JUNIOR, Roberto; DELMANTO, Fabio Machado de Almeida. *Código penal comentado*: acompanhado de comentários, jurisprudência, súmulas em matéria penal e legislação complementar. 6. ed. Rio de Janeiro: Renovar, 2002.

DE PLÁCIDO E SILVA. *Vocabulário jurídico*. Rio de Janeiro: Forense, 2001.

DEUBEL, André-Noël Roth. Políticas públicas: formulación, implementación y evaluación. *Revista Opera*, nº 8, p. 202-204, 2009.

DIAS, Marco Aurélio P. *Administração de materiais*: uma abordagem logística. 4. ed. São Paulo: Atlas, 1993.

DIAS, R.; DAGNINO, R. P. Políticas de ciência e tecnologia: sessenta anos do relatório Science: the endless frontier. *Avaliação*, 11 (2), 2006.

DI MAGGIO, Paul J.; POWELL, Walter W. The iron cage revisited: institutional isomorphism and collective rationality in organizational fields. In: POWELL, Walter W.; DI MAGGIO, Paul J. (Org.). *The new institutionalism in organizational analysis*. Chicago: University of Chicago Press, 1991. p. 41-62.

DI PIETRO, Maria Sylvia. *Direito administrativo*. 20. ed. São Paulo: Atlas, 2007.

_____. _____. 23. ed. São Paulo: Atlas, 2010.

DOWBOR, Ladislau. Governabilidade e descentralização. *Revista do Serviço Público*, ano 45, v. 118, nº 1, p. 95-117, jan./jul. 1994.

DRAIBE, S. M. *Metodologia de análise comparativa de programas sociais*. Cepal. Paper elaborado para o Projeto Regional Reformas de Políticas para Aumentar a Efetividade do Estado na América Latina, 1991.

DROR, Y. *Design for policy sciences*. New York, Elsevier, 1971.

_____. Muddling through: science or inertia. *Public Administration Review*, 24, 1964.

_____. *Public policymaking re-examined*. Oxford: Transaction Publishers, 1983.

DRUCKER, Peter. *Administração de organizações sem fins lucrativos*: princípios e práticas. São Paulo: Pioneira, 1990.

_____. *Prática de administração de empresas*. Rio de Janeiro: Fundo de Cultura, 1962.

_____. *Sociedade pós-capitalista*. São Paulo: Pioneira, 1993.

DUCHATEAU, P. V.; AGUIRRE, B. Estrutura política como determinante dos gastos federais. Anais do XXXV ENCONTRO NACIONAL DE ECONOMIA – ANPEC, Recife, 4 a 7 de dezembro de 2007.

DYE, T. R. *The policy analysis*. Alabama: The University of Alabama Press, 1976.

_____. *Understanding public policy*. Englewood Cliffs: Prentice Hall, 1984.

_____. 8. ed. New Jersey: Prentice Hall, 1992.

DYKE, Vernon Van. *Political science*: a philosophical analysis. Stanford: Stanford University Press, 1960. p. 113.

EASTON, D. *A framework for political analysis*. Englewood Cliffs: Prentice Hall, 1965.

_____. *A system analysis of political life*. New York: Wiley, 1965.

_____. *The political system*. New York: Wiley, 1953.

_____ (Org.). *Modalidades de análise política*. Rio de Janeiro: Zahar, 1970. Cap. 7.

EDVINSSON, Leif; MALONE, Michael S. *Capital intelectual*. São Paulo: Makron Books, 1998.

ELMORE, R. Organisational models of social program implementation. *Public Policy*, 26 (2), p. 185-228, 1978.

ESPING-ANDERSEN, Gosta. As três economias políticas do welfare state. *Lua Nova*, nº 24, set. 1991.

ESPING-ANDERSEN, Gosta. O futuro do welfare state na nova ordem mundial. *Lua Nova*, 35, 1995.

_____. *The three worlds of welfare capitalism*. Princeton: Princeton University Press, 1990.

ETZIONI, A. Mixed-scaning: a third approach to decision-making. *Public Administration Review*, 27, 1967.

EVANS, Peter. Government action, social capital and development: reviewing the evidence on synergy. *World Development*, v. 24, nº 6, p. 1033-1103, 1996.

FARAH, Marta Ferreira Santos. Inovação e governo local no Brasil contemporâneo. In: JACOBI, Pedro; PINHO, José Antonio (Org.). *Inovação no campo da gestão pública local*: novos desafios, novos patamares. Rio de Janeiro: Editora FGV, 2006, p. 41-77.

FARIA, Carlos Aurélio Pimenta de. A política da avaliação de políticas públicas. *RBCS – Revista Brasileira de Ciências Sociais*, São Paulo, v. 20, nº 59, p. 97-109, out. 2005.

_____. Ideias, conhecimento e políticas públicas: um inventário sucinto das principais vertentes analíticas recentes. *RBCS*, v. 18, nº 51, 2003.

FARIA, Edimur Ferreira de. *Curso de direito administrativo positivo*. 3. ed. Belo Horizonte: Del Rey, 2000.

FARIA, R. Avaliação de programas sociais: evoluções e tendências. In: RICO, Elizabeth M. (Org.). *Avaliação de políticas sociais*: uma questão em debate. São Paulo: Cortez, 1998.

FERNANDES, Jorge Ulisses J. *Sistema de registro de preço e pregão presencial e eletrônico*. Belo Horizonte: Fórum, 2006.

FERREIRA FILHO, Manuel Gonçalves. *Comentários à constituição brasileira de 1988*. São Paulo: Saraiva. v. 1.

FIGUEIREDO, Lucia Valle. *Curso de direito administrativo*. 6. ed. São Paulo: Malheiros, 2003.

FIGUEIREDO, M. F.; FIGUEIREDO, A. M. C. Avaliação política e avaliação de políticas: um quadro de referência teórica. *Análise & Conjuntura*, Belo Horizonte, v. 1, nº 3, p. 107-127, set./dez. 1986.

FIUZA, Eduardo P. S. *Licitações e governança de contratos*: a visão dos economistas. Brasília: IPEA, 2009. Disponível em: <http://www.ipea.gov.br>.

_____. *Licitações e governança de contratos*: a visão dos economistas. In: SALGADO, Lucia H.; FIUSA, Eduardo (Org.). Marcos Regulatórios no Brasil: É tempo de rever regras? Rio de Janeiro: Ipea, 2009, p. 239-274. Disponível em: <http://www.ipea.gov.br/portal/images/stories/15_Livro_completo.pdf>. Acesso em: 22 set. 2011.

FLEURY, Paulo Fernando; WANKE, Peter; FIGUEIREDO, Kleber Fossati (Org.). *Logística empresarial*: a perspectiva brasileira. São Paulo: Atlas, 2000.

FORESTER, John. La racionalidad limitada y la política de salir del paso. In: AGUILAR VILLANUEVA, L. F. *La hechura de las políticas*. México: Miguel Ángel Porrúa, 1996.

_____. *Planning in the face of power*. Los Angeles: University of California Press, 1989.

FREY, Klaus. Políticas públicas: um debate conceitual e reflexões referentes à prática da análise de políticas públicas no Brasil. *Revista Planejamento e Políticas Públicas*, nº 21, p. 211-259, jun. 2000.

FRIEND, J. K.; POWER, J. M.; YEWLET, C. J. *Public planning*: the intercorporate dimension. London: Tavistock, 1974.

GAETANI, F. Estratégia e gestão de mudanças nas políticas de gestão pública. In: LEVY, Evelin; ANÍBAL, Pedro (Org.). *Gestão pública no Brasil contemporâneo*. São Paulo: Fundap; Casa Civil, 2005.

_____. *Gestão e avaliação de políticas e programas sociais*: subsídios para discussão. Textos para Discussão ENAP, abr. 1997.

GARCES, A.; SILVEIRA, J. P. Gestão pública orientada para resultados no Brasil. *Revista do Serviço Público*, ano 53, nº 4, p. 53-75, out./dez. 2002.

GARCIA R. C. Subsídios para organizar avaliações da ação governamental. *Revista Planejamento e Políticas Públicas*, Brasília: Ipea, nº 23, p. 7-70, jun. 2001.

GARCIA-ZAMOR, J. C.; KATHOR, R. (Ed.). *Public administration in the global village*. London: Praeger, 1994.

GASPARINI, Diógenes. *Direito administrativo*. 7. ed. São Paulo: Saraiva, 2002.

_____. *Direito administrativo*. 11. ed. São Paulo: Saraiva, 2006.

GIL, Antônio Loureiro. *Qualidade total nas organizações*: indicadores de qualidade, gestão econômica da qualidade, sistemas especialistas de qualidade. São Paulo: Atlas, 1992.

GLUCK, F. N.; KAUFMANN, S.; WALLECK, A. S. *Strategic management for competitive advantage*. Boston: Harvard Business School Press, 1980.

GOMES, F. G. Conflito social e welfare state: Estado e desenvolvimento social no Brasil. *Revista de Administração Pública*, 40(2): 201-234, 2006.

GOMEZ, A. S. Hacia la autonomia escolar em Colombia. In: COSTA, V. L. C. (Org.). *Descentralização de educação*: novas formas de coordenação e financiamento. São Paulo: Fundap, Cortez, 1999.

GORDON, I.; LEWIS, J.; YOUNG, K. Perspectives on policy analysis. *Public Administration Bulletin*, v. 25, p. 26-35, 1977.

GOULDNER, A. W. *Patterns of industrial bureaucracy*. Glecoe III: Free Press, 1954.

GUARESCHI, Neuza; COMUNELLO, Luciele Nardi; NARDINI, Milena; Júlio César Hoenisch. Problematizando as práticas psicológicas no modo de entender a violência. In: STREY, M. N.; AZAMBUJA, M.; JAEGER, F. (Ed.). *Violência, gênero e políticas públicas*: gênero e contemporaneidade. Porto Alegre: Editora da Pontifícia Universidade Católica do Rio Grande do Sul, 2004. v. 2.

GUILHON ALBUQUERQUE, José A. *Instituição e poder*: a análise concreta das relações de poder nas instituições. 2. ed. Rio de Janeiro: Graal, 1986.

GURGEL, Floriano C. A. *Administração dos fluxos de materiais e produtos*. São Paulo: Atlas, 1996.

HAAL, Peter A.; TAYLOR, Rosemary C. R. Political science and the three new institutionalisms. *Political Studies*, v. XLIV, nº 5, 1996.

HAAS, Peter M. Introduction: epistemic communities and international policy coordination. *International Organization*, 47 (1), 1992.

HABERMAS, Jürgen. *Direito e democracia*: entre factilidade e validade. Rio de Janeiro: Tempo Brasileiro, 1997. v. 2.

_____. *Mudança estrutural da esfera pública*. Rio de Janeiro: Tempo Brasileiro, 1984.

_____. *Teoría de la acción comunicativa*: recionalidad de la accion y racionalización social. Madrid: Taurus, 1999. v. 1.

_____. *The theory of communicative action*: lifeworld and system: a critique of functionalist reason. Boston: Beacon Press, 1989.

HACKER, Jacob; PIERSON, Paul. Business Power and social policy: employers and the formation of the American Welfare State. *Polics & Society*, nº 2, v. 30, p. 277-325, 2002.

HAM, Cristopher; HILL, Michael. *O processo de elaboração de políticas no estado capitalista moderno*. Campinas: GAPI-UNICAMP. Disponível em: <http://www.ige.unicamp.br/gapi/HAM_HILL_PROCESSO_DE_ELABORACAO_DE_POLITICAS.pdf>.

_____; _____. *The policy process in the modern capitalist state*. 2. ed. Brighton, Sussex: Wheatsheaf Books, 1993.

HAMEL, G.; PRAHALAD, C. K. *Competindo pelo futuro*: estratégias inovadoras para obter o controle do seu setor e criar os mercados de amanhã. Rio de Janeiro: Campus, 1995.

HATTAM, V. C. *Labor visions and state power*: the origins of business unionism in the United States. Princeton: Princeton University Press, 1993.

HECLO, H. *Modern social policies in Britain and Sweden*. New Haven: Yale University Press, 1974.

_____. Review article: policy analysis. *British Journal of Political Science*, 1972.

HENKEL, Mary. *Government, evaluation and change*. London: Jessica Kingsley, 1991.

HILL, Charles; JONES, Gareth. *Strategic management*: an Integrated Approach. 3. ed. Boston: Houghton Mifflin Company, 1995.

HILL, M. New agendas in the study of the *policy process*. *Harvester Wheatsheaf*, Great Britain, 1993.

HOOGWOOD, B.; GUNN, L. A. *Policy analysis for the real world*. Oxford: Oxford University Press, 1984.

HUNGRIA, Nelson. *Comentários ao código penal*. 6. ed. Rio de Janeiro: Forense, 1981.

HUNTER, F. *Community power structure*. Chapel Hill: University of North Carolina Press, 1953.

HUNTINGTON, S. P. *A terceira onda*: a democratização no final do século XX. São Paulo: Ática, 1994.

_____. *Ordem política nas sociedades em mudança*. São Paulo: Edusp, 1975.

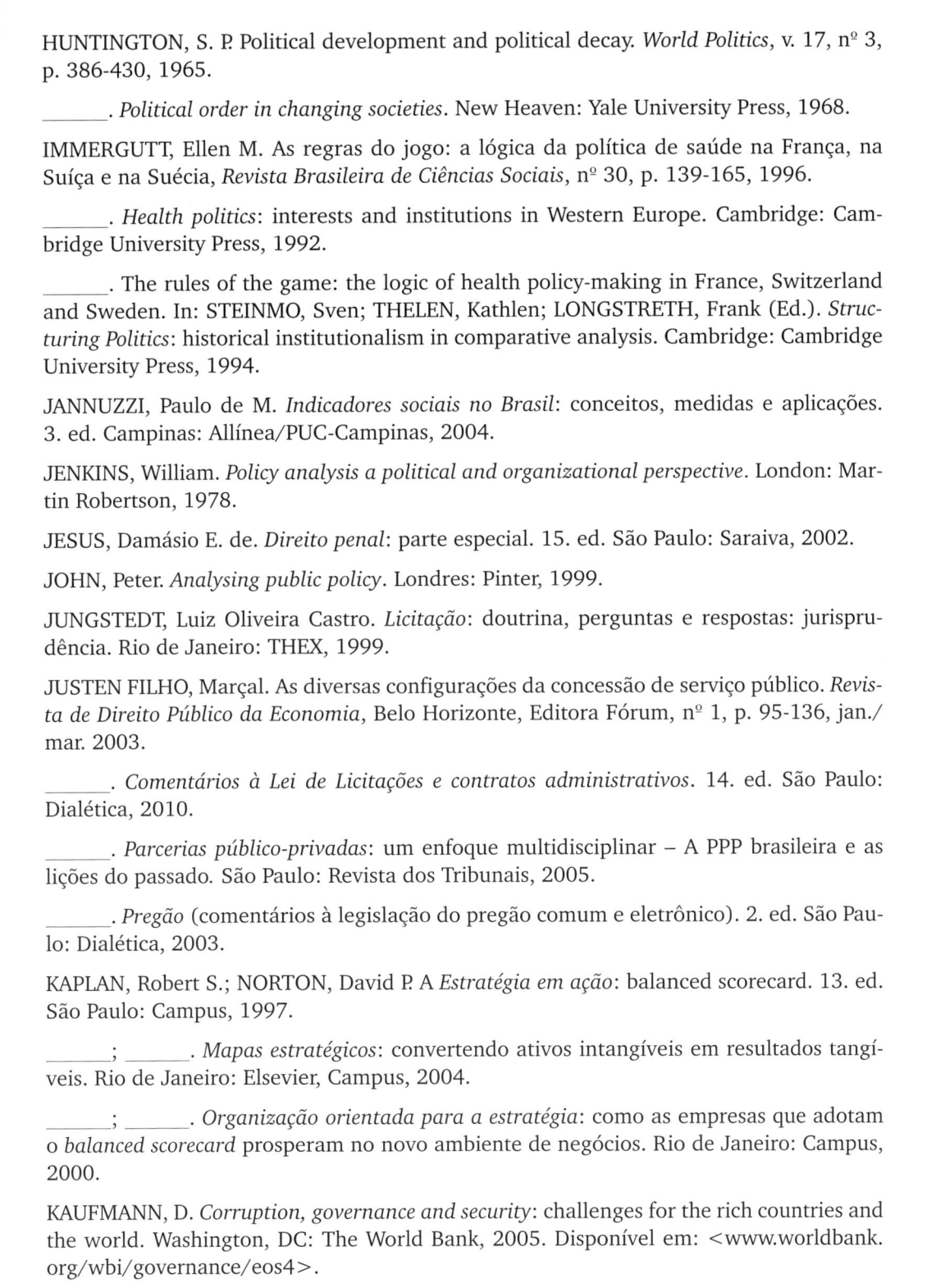

HUNTINGTON, S. P. Political development and political decay. *World Politics*, v. 17, nº 3, p. 386-430, 1965.

_____. *Political order in changing societies*. New Heaven: Yale University Press, 1968.

IMMERGUTT, Ellen M. As regras do jogo: a lógica da política de saúde na França, na Suíça e na Suécia, *Revista Brasileira de Ciências Sociais*, nº 30, p. 139-165, 1996.

_____. *Health politics*: interests and institutions in Western Europe. Cambridge: Cambridge University Press, 1992.

_____. The rules of the game: the logic of health policy-making in France, Switzerland and Sweden. In: STEINMO, Sven; THELEN, Kathlen; LONGSTRETH, Frank (Ed.). *Structuring Politics*: historical institutionalism in comparative analysis. Cambridge: Cambridge University Press, 1994.

JANNUZZI, Paulo de M. *Indicadores sociais no Brasil*: conceitos, medidas e aplicações. 3. ed. Campinas: Allínea/PUC-Campinas, 2004.

JENKINS, William. *Policy analysis a political and organizational perspective*. London: Martin Robertson, 1978.

JESUS, Damásio E. de. *Direito penal*: parte especial. 15. ed. São Paulo: Saraiva, 2002.

JOHN, Peter. *Analysing public policy*. Londres: Pinter, 1999.

JUNGSTEDT, Luiz Oliveira Castro. *Licitação*: doutrina, perguntas e respostas: jurisprudência. Rio de Janeiro: THEX, 1999.

JUSTEN FILHO, Marçal. As diversas configurações da concessão de serviço público. *Revista de Direito Público da Economia*, Belo Horizonte, Editora Fórum, nº 1, p. 95-136, jan./mar. 2003.

_____. *Comentários à Lei de Licitações e contratos administrativos*. 14. ed. São Paulo: Dialética, 2010.

_____. *Parcerias público-privadas*: um enfoque multidisciplinar – A PPP brasileira e as lições do passado. São Paulo: Revista dos Tribunais, 2005.

_____. *Pregão* (comentários à legislação do pregão comum e eletrônico). 2. ed. São Paulo: Dialética, 2003.

KAPLAN, Robert S.; NORTON, David P. A *Estratégia em ação*: balanced scorecard. 13. ed. São Paulo: Campus, 1997.

_____; _____. *Mapas estratégicos*: convertendo ativos intangíveis em resultados tangíveis. Rio de Janeiro: Elsevier, Campus, 2004.

_____; _____. *Organização orientada para a estratégia*: como as empresas que adotam o *balanced scorecard* prosperam no novo ambiente de negócios. Rio de Janeiro: Campus, 2000.

KAUFMANN, D. *Corruption, governance and security*: challenges for the rich countries and the world. Washington, DC: The World Bank, 2005. Disponível em: <www.worldbank.org/wbi/governance/eos4>.

KAUFMANN, D. *Rethinking governance*: empirical lessons challenge orthodoxy. Washington, DC: The World Bank, 2003.

KAUFMANN, Roger. *Strategic planning plus*: an organizational guide. Flenview: Scott Foresman, 1991.

KELLY, Rita M.; PALUMBO, Dennis. Theories for policy making. In: HAWKESWORTH, Mary; KOCH, Maurice (Org.). *Encyclopedia of government and politics*. London and New York, v. II. p. 643-655, 1992.

KENT, John L.; FLINT, Daniel J. Perspectives on the evolution of logistics thought. *Journal of Business Logistics*, v. 18, nº 2, p. 15-29, 1997.

KINGDON, John W. *Agendas, alternatives, and public policies*. United States of America: Addison-Wesley Longman, 1994.

_____. *Agendas, alternatives, and public policies*. 2. ed. New York: Harper Collins College Publishers, 1995.

KLIKSBERG, Bernardo. *O desafio da exclusão*: para uma gestão social eficiente. São Paulo: FUNDAP, 1993.

_____. *Repensando o Estado para o desenvolvimento social*: superando dogmas e convencionalismos. Brasília: UNESCO, 1998.

_____. Uma gerência pública para novos tempos. *Revista do Serviço Público*, Brasília: Cadernos ENAP, ano 45, v. 118, nº 1, 1994.

KLITGAARD, Robert. *A corrupção sob controle*. Rio de Janeiro: Zahar, 1994.

LASSWELL, H. D. *Politics*: who gets what, when, how. Cleveland: Meridian Books, 1936.

_____. The policy orientation. In: LERNER, D.; LASSWELL, H. (Ed.). *The policy sciences*, Stanford: Stanford University Press, 1951.

LAWRENCE, Paul R.; LORSCH, Jay W. *A organização e ambiente*. São Paulo: Vozes, 1993.

_____; _____. *O desenvolvimento de organizações*: diagnóstico e ações. São Paulo: Blüche, 1972.

LINDBLOM, C. E. The intelligende of democracy. New York: The Free Press, 1965; Still muddling, not yet through, *Public Administration Review*, 39, 1979.

_____. *O processo de decisão política*. Brasília: Editora Universidade de Brasília, 1981.

_____. Still muddling, not yet through. *Public Administration Review*, Washington, DC, v. 39, nº 6. Nov./Dec. 1979, p. 517-526. Disponível em: <http://links.jstor.org/sici?sici=0033-3352%28197911%2F12%2939%3A6%3C517%3ASMNYT%3E2.0.CO%3B2-E>. Acesso em: 11 jun. 2011.

_____. The science of muddling through. *Public Administration Review*, Washington, DC, v. 19, nº 2, Spring 1959, p. 79-88. Disponível em: <http://www.jstor.org/stable/973677>. Acesso em: 11 jun. 2011.

LONGO, F. A consolidação institucional do cargo de dirigente público. *Revista do Serviço Público*, ano 54, nº 2, p. 5-31, abr./jun. 2003.

LOWI, Theodore. American business, public policy, case studies and political theory, *World Politics*, v. XVI, nº 4, p. 677-715.

LÜCHMANN, L. H. H. Os conselhos gestores de políticas públicas: desafios do desenho institucional. *Ciências Sociais*/Unisinos, 38 (161): 43-79, 2002.

LUKES, S. *Power*: a radical view. London: Macmillan, 1974.

LYNN, L. E. *Designing public policy*: a casebook on the role of policy analysis. Santa Monica: Goodyear, 1980.

MAHONEY, J.; THELEN, K. A theory of gradual institutional change. In: MAHONEY, J.; THELEN, K. *Explaining institutional change*: ambiguity, agency, and power. New York: Cambridge University Press, 2010.

MAKÓN, Marcos Pedro. La gestión por resultados es sinónimo de presupuesto por resultados? *Revista Internacional de Presupuesto Público*, nº 66, ano 36, mar./abr. 2008. Disponível em: <http://www.asip.org.ar/es/content/la-gesti%C3%B3n-por-resultados-%C2%BFes-sin%C3%B3nimo-de-presupuesto-por-resultados>.

MANGABEIRA UNGER, Roberto. Saúde: questão de consciência. *Folha de S. Paulo*, São Paulo, 25 jan. 2010.

MARANHÃO, Jorge. *Liberdade & cidadania*. Disponível em: <http://www.imil.org.br/artigos/liberdade-cidadania/>. Acesso em: 3 jun. 2011.

MARCELINO, Gileno F. *Estratégia e estrutura*. Brasília: Editora da Universidade de Brasília, 1999.

MARCH, J. Bounded rationality, ambiguity and the engineering of choice, *Bell Journal of Economics*, 9, 1978.

_____. Theories of choice and making decision, *Society*, 20, 1982.

_____; SIMON, Herbert, *Organizations*. New York: Wiley, 1958.

MARSHALL, T. S. *Cidadania, classe social e status*. Rio de Janeiro: Zahar, 1967.

MARTINS, H. F. Burocracia e a revolução gerencial: a persistência da dicotomia entre política e administração. *Revista do Serviço Público*, Brasília, v. 48, nº 1, p. 43-79, 1997.

MARTINS, Petrônio G.; ALT, Paulo Renato C. *Administração de materiais e recursos patrimoniais*. 2. ed. São Paulo: Saraiva, 2006.

MATIAS-PEREIRA, José. *Curso de administração pública*. 3. ed. São Paulo: Atlas, 2010.

_____. *Curso de administração estratégica*. São Paulo: Atlas, 2011.

_____. *Finanças públicas*: a política orçamentária no Brasil. 5. ed. São Paulo: Atlas, 2010b.

_____. *Governança no setor público*. São Paulo: Atlas, 2010c.

_____. *Governança no setor público*. São Paulo: Atlas, 2010d.

_____. *Manual de gestão pública contemporânea*. 3. ed. São Paulo: Atlas, 2010a.

_____. *Manual de gestão pública contemporânea*. 3. ed. Atlas: São Paulo, 2010b.

MATIAS-PEREIRA, José. *Manual de gestão pública contemporânea*. São Paulo: Atlas, 2007.

_____; MARCELINO, G.; KRUGLIANSKAS, I. Industrial and technological Policy and development. *Journal of Technology Management & Innovation*. v. 1, nº 3, p. 17-28, 2006.

_____; KRUGLIANSKAS, I. Gestão de inovação: a lei de inovação tecnológica como ferramenta de apoio às políticas industrial e tecnológica do Brasil. *Rae Eletrônica*, v. 4, nº 2, art. 18, jul./dez. 2005.

MATUS, C. *Política, planejamento e governo*. 2. ed. Brasília: IPEA, 1996.

MAYO, E. *The human problems of an industrial civilization*. Cambridge: Harvard University Press, 1933.

McGREGOR, Douglas. *The human side of enterprise*. New York: McGraw-Hill, 1960.

MEAD, L. M. Public policy: vision, potential, limits. *Policy Currents*, p. 1-4, 1995.

MEIRELLES, Hely Lopes. *Direito administrativo brasileiro*. 33. ed. São Paulo: Malheiros, 2007.

MELO, M. A. As sete vidas da agenda pública brasileira. In: RICO, Elizabeth M. (Org.). *Avaliação de políticas sociais*: uma questão em debate. São Paulo: Cortez, 1998.

_____. Estado, governo e políticas públicas. In: MICELI, S. (Org.). O que ler na ciência social brasileira (1970-1995): Ciência política. São Paulo e Brasília: Sumaré, Anpocs e Capes, 1999. v. 3.

MELTSNER, A. J. *Policy analysts in the bureaucracy*. Berkeley: University of California Press, 1976, p. 77-79.

MENEZES, Francisco. *Estratégia para o fim da miséria*. Disponível em: <http://www4.planalto.gov.br/consea/noticias/artigos/2011/01/estrategia-para-o-fim-da-miseria>. Acesso em: 3 jun. 2011.

MENICUCCI, Telma M. G. *Público e privado na política de assistência à saúde no Brasil*: atores, processos e trajetória. Rio de Janeiro: Fiocruz, 2007.

_____. *Ruptura e continuidade*: a dinâmica entre processos decisórios, arranjos institucionais e contexto político – o caso da política de saúde. Texto para Discussão nº 21, Belo Horizonte: Escola de Governo da Fundação João Pinheiro, 2005.

MENY, Ives; THOENIG, Jean-Claude. *Las políticas públicas*. Barcelona: Ariel, 1992.

MERTON, R. K. *Social theory and social structure*. Glencoe III: Free Press, 1957.

MILL, J. S. *Consideration on representative government*. Collected papers of John Stuart Mill, University of Toronto Press, Routledge and Kegan Paul, v. XIX, London, 1977.

MILLS, C. W. *The elite power*. New York: Oxford University Press, 1956.

MINOGUE, M. Theory and practice in public policy and administration. *Policy and Politics*, 1983.

MINTZBERG, Henry; QUINN, J. B. *O processo da estratégia*. 3. ed. Porto Alegre: Bookman, 2001.

_____. *Safári de estratégia*. Porto Alegre: Bookmam, 2000.

MIRABETE, Julio Fabbrini. *Manual de direito penal*. 19. ed. São Paulo: Atlas, 2004. v. 3.

MORALES, Carlos. Provisão de serviços sociais através de organizações públicas não estatais: aspectos gerais. In: BRESSER-PEREIRA, Luiz Carlos; GRAU, Nuria. *O público não estatal na reforma do Estado*. Rio de Janeiro: Editora Fundação Getulio Vargas, 1999.

MOREIRA, Daniel Augusto. *Introdução a administração da produção e operações*. São Paulo: Pioneira, 1998.

MOREIRA NETO, Diogo de Figueiredo. *Curso de direito administrativo*. Rio de Janeiro: Forense, 2005.

MOTTA, Carlos Pinto Coelho. *Eficácia nas licitações e contratos*: estrutura da contratação, concessões e permissões, responsabilidade fiscal, pregão, parcerias público-privadas. 10. ed. Belo Horizonte: Del Rey, 2005.

MOTTA, P. R. M. *Gestão contemporânea*: a ciência e a arte de ser dirigente. Rio de Janeiro: Record, 1996.

NACIONES UNIDAS. *Normas de consulta de la administración pública internacional*, Resolución 56/244, de 2001. New York: Naciones Unidas, 2001.

NADER, Rosa Maria. A avaliação como ferramenta para uma gestão pública orientada para resultados. O caso do Governo Federal Brasileiro. X Congresso Internacional del CLAD, 2005. Disponível em: <http://www.clad.org.ve>.

NASSUNO, Marianne. Proposta de organização da administração direta para a gestão por resultados. III Congresso Consad de Gestão Pública. Anais. Painel Governança para resultados: metodologias e experiências recentes. Brasília: Consad, 15-17 jun. 2010, p. 1-24. Disponível em: <http://www.consad.org.br/sites/1500/1504/00001736.pdf>.

NOLAN, Lord. *Normas de conduta para a vida pública*. Brasília: ENAP, Cadernos ENAP nº 12, 1997.

NORONHA, Edgard Magalhães. *Direito penal*. 23. ed. São Paulo: Saraiva, 2000. v. 4.

NORTH, Douglas. *Institutions, institutional change performance*. Cambridge: Cambridge University Press, 1990.

NOVAES, Galvão A. *Logística e gerenciamento da cadeia de distribuição*. Rio de Janeiro: Campus, 2001.

OCDE. *Confianza en el gobierno*. Medidas para fortalecer el marco ético en los países de la OCDE. Paris: OCDE, 2000.

_____. *La ética en el servicio público*. Madrid: MAP, 1997.

_____. *Las reglas del juego cambiaron, la lucha contra el soborno y la corrupción*. Paris, OCDE, 2000.

_____. Recomendación del consejo sobre el mejoramiento de la conducta ética en el servicio público. In: *Las reglas del juego cambiaron, la lucha contra el soborno y la corrupción*. Paris: OCDE, 2000.

OLIVEIRA, Djalma de Pinho Rebouças de. *Estratégia empresarial*: uma abordagem empreendedora. 2. ed. São Paulo: Atlas, 1991.

OLIVEIRA, Djalma de Pinho Rebouças de. *Planejamento estratégico*: conceitos, metodologia e práticas. 11. ed. São Paulo: Atlas, 1997.

_____. *Planejamento estratégico*: conceitos, metodologia, práticas. 14. ed. São Paulo: Atlas, 1999.

ORTOLANI, L. F. B. *Política pública*. Disponível em: <www.pr.gov.br/batebyte/edicoes/1993/bb/politica.htm>. Acesso em: 8 set. 2006.

OSBORNE, David; GAEBLER. Ted. Reinventando o governo. 6. ed. Brasília: MH Comunicação, 1995.

_____; _____. *Reinventing government*: how the entrepreneurial spirit is transforming the public sector. Reading, MA: Addison-Wesley, 1992.

PARES, Ariel; VALLE, Beatrice. A retomada do planejamento governamental no Brasil e seus desafios. In: GIACOMONI, James; PAGNUSSAT, José Luiz (Org.). *Planejamento e orçamento governamental* – coletânea. Brasília: ENAP, 2006. v. 1.

PARSONS. Talcott. *La estructura de la acción social*. Madri: Guadarrama, 1968.

PEDONE, L. *Formulação, implementação e avaliação de políticas públicas*. Brasília: Fundação Centro de Formação do Servidor Público, 1986.

PERROW, C. *Complex organizations*: a critical essay. New York: Foresman, 1972.

PETERS, B. G. *American public policy*. Chatham: Chatham House, 1986.

_____. *El nuevo institucionalismo*. La teoría institucional en ciencia política. Barcelona: Gedisa, 2003.

PFEIFFER, Peter. *Planejamento estratégico municipal no Brasil*: uma nova abordagem. Brasília: ENAP, 2000.

PIERSON, Paul. Coping with permanent austerity: Welfare State reestructuring in affluent democracies. In: PIERSON, P. (Ed.). *The new politics of the Welfare State*. Oxford: Oxford University Press, 2001.

_____. *Dismantling the welfare state?* Reagan, Thatcher, and the politics of retrenchment. Cambridge: Cambridge University Press, 1994.

_____. *Politics in time*: history, instituitions, and social analysis. Princeton: Princeton University Press, 2004.

_____. Public policies as institutions. In: SHAPIRO, I.; SKOWRNEK, S.; GALVIN, D. (Org.). *Rethinking political institutions*. New York: New York University Press, 2006.

_____. *World politics*, v. 45, nº 4, July 1993.

PIQUET CARNEIRO, João G. O novo código de ética do servidor público. In: SEMINÁRIO NACIONAL DE ADMINISTRAÇÃO PÚBLICA GERENCIAL, 3., anais; Salvador, 2000.

PIRES, Sílvio R. I. *Gestão da cadeia de suprimentos*: supply chain management. São Paulo: Atlas, 2004.

POLSBY, N. W. *Community power and political theory*: a further look at problems of evidence and inference. 2. ed. New Haven: Yale University Press, 1980.

POOLER, H. V. *Global purchasing*: reaching for the world. New York: Chapman & Hael, 1992.

PORTELLA PEREIRA, José L. Brasil real x Brasil oficial. *Jornal Folha de S. Paulo*, 16 jun. 2011. Disponível em: <http://www1.folha.uol.com.br/colunas/joseluizportella/930589--brasil-real-x-brasil-oficial.shtml>.

PORTER, M. E. *Estratégia competitiva*: técnicas para análise de indústrias e da concorrência. 7. ed. Rio de Janeiro: Campus, 1986.

_____. *Estratégia*: a busca da vantagem competitiva. Rio de Janeiro: Campus, 1998.

_____. *Vantagem competitiva*: criando e sustentando um desempenho superior. Rio de Janeiro: Campus, 1989.

_____. *Vantagem competitiva*: criando e sustentando um desempenho superior. Rio de Janeiro: Campus, 1996.

_____. What is strategy? *Harvard Business Review*, p. 62-74, Nov./Dec. 1996.

PRADO, Luiz Regis. *Curso de direito penal brasileiro* – Parte Especial. São Paulo: Revista dos Tribunais, 2001. v. 4.

PRATIS, Joan. *Ética para políticos 1*: autodominio y autoconocimiento. Governanza, 6. ed., 1 junio 2004. Disponível em: <http://www.iigov.org/gbz/article.drt?edi=14021&art=14039>.

PRESSMAN, J. L.; WILDAVSKY, A. A. *Implementation*. Berkeley: University California Press, 1973.

REIS, E. P. Reflexões leigas para a formulação de uma agenda de pesquisa em políticas públicas. *Revista Brasileira de Ciências Sociais*, 18(51), 2003.

RIBEIRO, Romiro. Licitações – Regime Diferenciado de Contratação Públicas – RDC – Medida Provisória 521 de 2010. Nota Técnica nº 8. Brasília: Câmara dos Deputados – Consultoria de Orçamento e Fiscalização Financeira, maio de 2011. Disponível em: http://www2.camara.gov.br/atividade-legislativa/orcamentobrasil/orcamentouniao/estudos/2011/nt08.pdf.

RICO, E. M. (Org.). *Avaliação de políticas sociais*: uma questão em debate. São Paulo: Cortez, 1998.

ROSE-ACKERMAN, Susan. *Corruption and government*: causes, consequences and reform. Cambridge: Cambridge University Press, 1999.

RUA, Maria das Graças; AGUIAR, Alessandra T. A política industrial no Brasil 1985-1992: políticos, burocratas e interesses organizados no processo de policy-making. *Planejamento e Políticas Públicas*, nº 12, jul./dez. 1995.

_____. *Análise de políticas públicas*: conceitos básicos. Washington: Indes/BID, 1997, mimeo.

_____. As políticas públicas e a juventude dos anos 90. In: _____. *Jovens acontecendo na trilha das políticas públicas*. Brasília: CNPD, 1998. v. 2.

_____. *Desmistificando o problema*: uma rápida introdução ao estudo dos indicadores. Brasília: ENAP, 2004. Disponível em: <www.sare.pe.gov.br/escola/oficina/teoria_de_MeMa_dest.doc>. Acesso em: 18 ago. 2006.

SABATIER, P. A. The status and development of policy theory: a reply to hill. *Policy Currents*, 7(4): 1-10, 1997.

SALAMAN, G. *Work organizations*. London: Longman, 1979.

SALISBURY, Robert H. The analysis of public policy: a search for theories and roles. In: RANNEY, Austin (Ed.). *Political Science and Public Policy*. Chicago: Markham, 1970.

SANTOS, L. N. *Princípios de governança corporativa*: aplicabilidade na gestão pública. Rio de Janeiro: ESG, 2002.

SANTOS, R. S.; RIBEIRO, E. M.; GOMES, F. G. Compreendendo a natureza das políticas do Estado capitalista. *Revista de Administração Pública*, 41(5): 819-834, 2007.

SARAVIA, Enrique. Introdução à teoria da política pública. In: SARAVIA, Enrique; FERRAREZI, Elisabete (Org.). *Políticas públicas*. Coletânea. Brasília: ENAP, 2006. v. 1.

SAUL, A. M. Avaliação Participante: uma abordagem crítico-transformadora. In: RICO, Elizabeth M. (Org.). *Avaliação de políticas sociais*: uma questão em debate. São Paulo: Cortez, 1998.

SAUNDERS, P. *Urban politics*. London: Peguin, 1980.

SBRAGIA, R.; ANDREASSI, T.; CAMPANÁRIO, M. A.; STAL, E. *Inovação*: como vencer este desafio empresarial. São Paulo: Clio, 2006.

SCARPINELLA, Vera. *Licitação na modalidade de pregão*. São Paulo: Malheiros, 2003.

SCHMITT, Carl. *O conceito de político*. Petrópolis: Vozes, 1992.

SCHMITTER, Philippe. Reflexões sobre o conceito de política. *Cadernos da UnB*, Política e ciência política. Brasília: Editora Universidade de Brasília, 1982. v. 2.

_____. Reflexões sobre o conceito de política. In: BOBBIO, Norberto et al. *Curso de introdução à ciência política*. 2. ed. Brasília: Editora Universidade de Brasília, 1984.

SCHWELLA, Erwin. Inovação no governo e no setor público: desafios e implicações para a liderança. *Revista de Administração Pública*, Rio de Janeiro, v. 56, nº 3, p. 259-276, jul./set. 2005.

SELZNICK, P. *Leadership in administration*. New York: Harper & Row, 1957.

SEN, Amartya. *Sobre ética y economía*. Madrid: Alianza Universidad, 1989.

SENGE, Peter. *A dança das mudanças*. Rio de Janeiro: Campus, 1999.

SILVA, José Afonso da. *Curso de direito constitucional positivo*. 15. ed. São Paulo: Malheiros, 1998.

_____. *Curso de direito constitucional positivo*. 22. ed. São Paulo: Malheiros, 2003.

SILVA, Ricardo Toledo. Dossiê: Estado, políticas públicas e universidade. *Revista de Cultura e Extensão da Pró Reitoria de Cultura e Extensão Universitária*, USP-SP. Cap. Dossiê 2, nº 0, jul./dez. 2005. Disponível em: <http://www.usp.br/prc/revista/dossie2.html>. Acesso em: 27 jun. 2011.

SIMÕES, E. E.; NAGAMINI, M.; VARGAS, E. T.; MOTOYAMA, S. *50 Anos do CNPq*: contados pelos seus presidentes. São Paulo: FAPESP, 2002.

SIMON, H. A. *Administrative behaviour*. Glencoe: Free Press, 1945, New York: Macmillan, 1957.

_____. *Comportamento administrativo*. Rio de Janeiro: USAID, 1957.

SKOCPOL, Theda. Bringing the state back in: strategies of analysis in current research. In: EVANS, Peter B.; RUESCHEMEYER, Dietrich, SKOCPOL, Theda (Ed.). *Bringing the state back in*. Cambridge: Cambridge University Press, 1985.

_____; THELEN, Katlen. *Protecting soldiers and mothers*. The political origins of social policy in the United States. Harvard University Press, 1995.

SLOMSKI, V. *Manual de contabilidade pública*: um enfoque na contabilidade municipal. 2. ed. São Paulo: Atlas, 2003.

SOUZA, Celina. Estado da arte da pesquisa em políticas públicas. In: HOCHMAN, G.; ARRETCHE, M.; MARQUES, E. *Políticas públicas no Brasil*. Rio de Janeiro: Fiocruz, 2007.

_____. Políticas Públicas: uma revisão da literatura. *Sociologias*, Porto Alegre, ano 8, nº 16, p. 20-45. jul./dez. 2006.

SOUZA, T. S.; BARROS, A. P. Meio ambiente e políticas públicas. In: REDE DE DEFESA AMBIENTAL DO CABO DE SANTO AGOSTINHO. Carteira de projetos: planos de ação comunitários de meio ambiente/Projeto Nucodema. Cabo de Santo Agostinho, PE: Rede de Defesa Ambiental do Cabo de Santo Agostinho, 2007.

SPINK, P. K. *Avaliação democrática*: propostas e práticas. Rio de Janeiro: Associação Brasileira Interdisciplinar de Aids, 2001.

SPULBER, D. Auctions and contract enforcement. *Journal of Law, Economics and Organization*, v. 6, nº 2, p. 325-344, 1990.

STEINMO, Sven. Historical institutionalism in comparative politics. In: STEINMO, Sven; THELEN, Kathlen; LONSTRETH, Frank (Ed.). *Structuring politics* – historical institutionalism in comparative analysis. Cambridge: Cambridge University Press, 1994.

SUBIRATS, J.; GOMÁ, R. Políticas Públicas: hacia la renovación del instrumental de análisis. In: GOMÀ; SUBIRATS (Org.). *Políticas públicas en España. Contenidos, Redes de Actores y Niveles de Gobierno*. Barcelona: Ariel, 1998.

SUNDFELD, Carlos Ari. *Licitação e contrato administrativo*. 2. ed. São Paulo: Malheiros, 1995.

_____ et al. *Parcerias Público-Privadas*. São Paulo: Malheiros, 2005.

SZKLAROWSKY, L. F. *Organizações sociais*. Brasília: MPOG, 2002.

TATAGIBA, L. Os conselhos gestores e a democratização das políticas públicas. In: DAGNINO, E. (Org.). *Sociedade civil e espaços públicos no Brasil*. Rio de Janeiro: Paz e Terra, 2002.

TAYLOR, C. R.; WIGGINS, S. N. Competition or compensation: supplier incentives under the American and Japanese subcontracting systems. *American Economic Review*, v. 87, nº 4, p. 598-618, 1997.

TAYLOR, F. *Principles of scientific management*. New York: Harper, 1911.

TAYLOR, F.. The concept of power, *Behavioural Science*, 2, 1957.

TCU. Tribunal de Contas da União. *Licitações e contratos*: orientações básicas. Brasília: TCU, 2003.

THELEN, Kathlen. Historical institutionalism in comparative politics. *Annu Rev Polit Sci*, v. 2, p. 369-404, 1999.

THÉRET, B. As instituições entre as estruturas e as ações. *Lua Nova*, nº 58, p. 225-254, 2003.

TSEBELIS, G. *Processo decisório em sistemas políticos*: veto players no presidencialismo, multicameralismo e pluripartidarismo, 1997.

UNION EUROPEA. *Código europeo de buena conducta administrativa*. Luxemburgo: Oficina de Publicaciones de las Comunidades Europeas, 2005.

USAID. Manual de lucha anticorrupción, oficina de democracia y gobernanza. *Oficina para la Democracia, Conflicto y Asistencia Humanitaria*, feb. 1999.

VELÁSQUEZ, Fabio. A observadoria cidadã na Colômbia: em busca de novas relações entre o Estado e a sociedade civil. In: PEREIRA, B.; CUNILL, N. (Org.). *O público não estatal na reforma do Estado*. Rio de Janeiro: FGV, 1999.

VIANA, João J. *Administração de materiais*: um enfoque prático. 2. ed. São Paulo: Atlas, 2002.

VIANNA, Ana Luiza. Abordagens metodológicas em políticas públicas. *Revista de Administração Pública*. Rio de Janeiro, v. 30, nº 2, p. 5-43, 1996.

WALD, Arnold; DE MORAES, Luiza Rangel; WALD, Alexandre de M. *O direito de parceria e a lei de concessões*. 2. ed. São Paulo: Saraiva, 2004.

WALSH, K.; HINNINGS, B. Power and advantage in organizations. *Organizations Studies*, 1981.

WEBER, Max. A política como vocação. In: GERTH, H. H.; MILLS, C. Wright (Org.). *Ensaios de sociologia*. 5. ed. Rio de Janeiro: Guanabara, 1982.

_____. *Economia e sociedade*. 4. ed. Brasília: Editora Universidade de Brasília, 2004. v. 1.

_____. *El político y el científico*. Madrid: Alianza, 1984.

_____. *La ética protestante y el espíritu del capitalismo*. Madrid: Alianza, 2003.

_____. *The theory of social and economic organization*. Trans, A. M. Henderson e T. Parsons. Glencoe: Free Press, 1961.

WEIR, Margaret. Ideas and the politics of bounded innovation. In: STEINMO, Sven; THELEN, Kathlen; LONSTRETH, Frank (Ed.). *Structuring politics*: historical institutionalism in comparative analysis. Cambridge: Cambridge University Press, 1994.

WEISSHAUPT, Jean Robert. *As funções socioinstitucionais do serviço social*. São Paulo: Cortez, 1988.

WILDAVSKY, Aaron. *Budgeting*: a comparative theory of budgetary processes. Boston: Little, Brown, 1975.

WILDAVSKY, Aaron. *Speaking truth to power*: the art and craft of policy analysis. Boston, 1979.

WILLIAMSON, O. E. *The economic institutions of capitalism*. New York: Free Press, 1985.

WILSON, Woodrow. *O estudo da administração*. Rio de Janeiro: Editora da FGV, Cadernos de Administração Pública, 1955.

WRAMPLER, B. Orçamento participativo: uma explicação para amplas variações nos resultados. In: AVRITZER, L.; NAVARRO, Z. (Org.). *A inovação democrática no Brasil*: o orçamento participativo. São Paulo: Cortez, 2003.

WRIGHT, P.; KROLL, M. J.; PARNELL, J. *Administração estratégica*: conceitos. São Paulo: Atlas, 2000.

ZILLER, Jacques. Egalité et merite. L'accès à la fonction publique dans les États de la Communauté européene. Apud ZILLER, Jacques (Org.). *Fonction publique et fonctionnaires* – comparaisons internationales. Problemes Politiques et Sociaux. La Documentation Française, Paris (France), nº 601, fév. 1989.

ZYMLER, Benjamim; ALMEIDA, Guilherme Henrique De La Rocque. *O controle externo das concessões de serviços públicos e das parcerias público-privadas*. Belo Horizonte: Fórum, 2005.

Legislação Consultada:

Constituição Federal/1988

Decreto nº 3.643, de 2000

Decreto nº 5.992, de 2006

Decreto nº 6.170, de 2007

Decreto nº 6.258, de 2007

Decreto nº 71.733, de 1973

Decreto-lei nº 200, de 1967

Lei nº 11.284, de 2006

Lei nº 9.790, de 1999

Lei nº 4.320, de 17 de março de 1964 (Lei de Orçamentos)

Lei Complementar nº 101, de 4 de maio de 2000 (Lei de Responsabilidade Fiscal)

Formato	17 x 24 cm
Tipologia	Charter 11/13
Papel	Alta Alvura 90 g/m² (miolo)
	Supremo 250 g/m² (capa)
Número de páginas	232
Impressão	Bartira Gráfica